裘柳钦民间舞蹈音乐文选（上）

北京舞蹈学院院庆60周年献礼
新中国舞蹈发展史·舞蹈人物研究丛书
北京市教育委员会科技创新平台资助项目

总主编／李 续
主 编／邓佑玲
副主编／仝 妍

裘柳钦 ◎ 著

中央民族大学出版社

新中国舞蹈发展史·舞蹈人物研究丛书 总编委会

主　任：王传亮　李　续
副主任：迟行刚　明文军　郭　磊　邓佑玲　王　伟　彭　红
委　员：王传亮　李　续　吕艺生　许定中　熊家泰　潘志涛
　　　　王国宾　迟行刚　明文军　郭　磊　邓佑玲　王　伟
　　　　彭　红　肖苏华　王佩英　孟广城　贾美娜　袁　禾
　　　　赵铁春　温　柔　张　平　满运春　高　度　欧　鹿
　　　　张建民　杨　鸥　韩美玲　张　旭　韩春启　张朝霞
　　　　张守和　陈建男　钟　宁　李天欣　仝　妍
总主编：李　续
主　编：邓佑玲
副主编：仝　妍

《裘柳钦民间舞蹈音乐文选》 编委会

主　编：邓佑玲
副主编：仝　妍
执行编辑：李　莘

目　　录

上　册

第一部分　裘柳钦小传

快乐的童年 …………………………………………… (1)

中学时代 ……………………………………………… (7)

走进音乐的殿堂 ……………………………………… (12)

与舞蹈音乐结缘 ……………………………………… (16)

恢复工作 ……………………………………………… (21)

事业的转型 …………………………………………… (32)

社科教学 ……………………………………………… (46)

发挥余热 ……………………………………………… (58)

第二部分　裘柳钦历年发表的部分学术论文

"止步锣"的叫法不妥

——"止步锣"不能代替"单喘气锣" ……………… (67)

朝鲜族与维吾尔族民间舞蹈音乐的比较研究 ……… (72)

关于音乐理论基础课加强素质教育的探讨 ………… (78)

关于中国民间舞课堂伴奏形式的探讨 ……………… (84)

浅谈中国民间舞蹈音乐的记谱问题 ………………… (88)

唢呐曲牌《句句双》浅析 …………………………… (92)

舞蹈院校学生加强音乐修养很有必要 ……………… (96)

在舞蹈史论系1996届毕业论文宣讲会上的总结发言（代序）……………………………………………………………（101）
小议东北秧歌曲牌的标题 ……………………………（103）
选择和丰富中国民间舞课堂音乐的若干方法 …………（106）
音乐艺术的特征 ………………………………………（110）
中国民间舞蹈音乐的继承与发展 ………………………（115）
中国民间舞蹈音乐的曲式分析 …………………………（119）
中西乐理之比较研究 …………………………………（128）

第一部分　裘柳钦小传

快乐的童年

1942年农历三月初十，舞蹈音乐家裘柳钦出生在浙江省嵊州市崇仁镇的一个普通农民家庭。

嵊州市地处浙东腹地，是绍兴市管辖的五个县、市之一，建于秦汉之际，古称剡县，初唐时曾设嵊州，宋时改为嵊县。1995年8月28日，经国务院批准撤县设市，嵊县正式更名为嵊州市。

嵊州市地理位置示意图

嵊州市山清水秀，人杰地灵，素有"东南山水越为最，越地风光剡为先"之说。古有王羲之、李白、杜甫、朱熹、陆游等文人墨客入剡揽胜，近代又孕育了马寅初、任光、袁雪芬、刘文西、马晓春等文化名人。**嵊州是越剧的发源地。**①

崇仁镇是浙东著名的古镇,依山傍水,风景秀丽,具有地方特色的群众民间文艺活动历来非常活跃。每逢节日、会期(物资交流大会),这里都热闹非凡。镇里演出的戏曲有越剧、徽班(京剧)、绍剧、东阳班、新昌高腔、余姚鹦歌班;音乐有吹打乐(浙东锣鼓):《辕门》、《十番》、《都花》、《绣球》;民间舞蹈有:龙舞、狮舞、回头拜、大头和尚、调无常、调五马、叠罗汉等,② 广受人民群众的喜爱。

裘柳钦的童年就是在这种丰富多彩的民俗文化氛围中熏陶成长起来的。

裘柳钦的父亲

裘柳钦的父亲是当地的种田能手。在五亩二分八厘土地上精耕细作,生产的粮食不但能自给自足,还有余粮(糯米)制作黄酒。酒在裘柳钦爷爷开的12平方米的小店里出售,自产自销,可以获取比粮食价格高几倍的经济效益。中华人民共和国建国后,崇仁镇办起了国营酿造厂,裘柳钦的父亲进厂当了工人,很快成为该厂的技术掌门。裘柳钦的母亲是普通的家庭妇女,十分勤劳能干。除了抚养子女、日常家务外,她还养蚕、养猪、

---

① 嵊县政协文史资料委员会:《越剧溯源》,浙江文艺出版社,1992年。
② 嵊县政协文史资料委员会:《越剧溯源》,浙江文艺出版社,1992年。

1987年春节,裘柳钦回家探亲时与母亲的合影

养鸡、养鸭。蚕茧出售给国家,得到的收入也能补贴家用。

夫妻二人育有五子二女,在五个兄弟中,裘柳钦排行老四,另有两个姐姐。

父母亲对子女要求很严,教导他们:读书要刻苦努力,生活要艰苦朴素,待人要诚恳友善,还要尊敬师长。

这是一个和谐幸福的大家庭,家庭成员对音乐艺术自发的热爱使家庭中充满了浓厚的艺术气息。裘柳钦的父亲喜欢音调高亢的绍兴大班(绍剧),尤其喜欢1961年浙江省绍剧团拍摄的戏曲艺术片《孙悟空三打白骨精》,对剧中孙悟空的扮演者章宗义(六龄童)、猪八戒的扮演者章宗信(七龄童)的表演以及唐僧的扮演者陈鹤皋的演唱赞不绝口。

家里其他的人都喜欢越剧。特别是大哥、二哥,都能用二胡演奏越剧传统戏《梁山伯与祝英台》、《红楼梦》、《西厢记》、《追鱼》、《情探》等剧目的主要唱段,也能演唱。

1961年春节，裴柳钦的二哥从新疆生产建设兵团、三哥从广州部队某部回家探亲，他本人从上海音乐学院放寒假回家，全家人团聚，兄弟姐妹7人合影（左一为裴柳钦）。

1959年，裴柳钦的二哥在新疆生产建设兵团庆祝建国10周年的晚会上，演出越剧《梁祝》中的第三场"十八相送"，他在剧中饰演梁山伯。

1948年3月初，不满6周岁的裘柳钦开始上小学了。当时的招生制度是学生春季入学，学年从3月初到第二年的1月放寒假之前。裘家离崇仁小学很近，可以自己和邻居家的小朋友一起上学和放学回家，不需家长接送。小学开设的课程主要是国文（语文）和算术。语文课从三字经开蒙："人之初，性本善，性相近，习相远……"让学生们从小就接受中国传统文化的教育。不但要会念，还要能背诵，同时学会用毛笔书写。每一个学生都有一套书写工具：浙江生产的湖笔，安徽歙县的砚台和胡开文牌的墨。老师要求学生写字的姿势要端正大方，然后练习笔画。算术则离不开加减乘除。

1949年5月19日下午，学校正在上课，突然传来了一阵密集的枪声。老师立即停止上课，让学生们趴在地上，钻到课桌底下。这一天，崇仁解放了，从此人们在中国共产党的领导下开始了新的生活。

小学的五六年级被称为高小，增加了珠算课。算盘是老祖宗留下的运算工具，在农村，几乎家家都有算盘。孩子们开始打算盘时速度很慢，通过不断练习，速度逐渐加快，运算时噼里啪啦的清脆响声，伴随着学童快乐成长的点点滴滴，成为裘柳钦脑海中永不磨灭的美好记忆。

1953年，国家的招生制度发生了改变，学生从春季入学改为秋季入学，大概是为了与国际接轨吧。1954年1月，裘柳钦从小学毕业后，要到9月份才能上初中。整个上半年都需要在家中等待。

这期间，除了复习小学的课本外，裘柳钦还做了两件事：

一是看闲书（当地人把课本以外的书统称为闲书），看《水浒传》、《西游记》。按他当时的文化程度，书中的字还有好些不认识。有的字通过查字典学会，太难的字干脆就不管它，也能大概把书读懂。小说中"武松打虎"、"鲁提辖拳打镇关西"、"孙悟空大闹天宫"的情节深深吸引着裘柳钦，读到入神时竟会忘了吃饭的时间。《水浒传》中的一百零八将，按照英雄排座次的顺序，裘柳钦能够将36位天罡星的名字和外号背得滚瓜烂熟，72位地煞星的名字也能说出一部分。

裘老现在回忆起来，感到一个人如果从小就背诵一些三字经、唐诗宋词、小说中的人物等，对提高人的记忆力是很有帮助的。

二是摆弄家里的几件民族乐器。裘家有笛子、箫、二胡、小三弦，裘柳钦觉得很有趣，经常是爱不释手。崇仁镇上有几位盲艺人，他们以给人算命、卜卦为生。为了吸引人，经常在他们的小店里演奏民族乐器，曲目主要是当地的民间乐曲。

崇仁横街的伯生瞎子演奏小三弦、二胡、琵琶有一定水平。每当裘柳钦上街路过他们那里，常常停下脚步，听他们演奏。在那个没有电视、没有广播的年代里，听听盲人演奏演唱，也可以算是一种文化享受。

嵊州深厚的文化底蕴和家庭成员对艺术的喜爱，在裘柳钦童年的心田中播下了热爱艺术的种子。小学的六年间，老师布置作业很少，又没有家长望子成龙互相攀比带来的压力，可以用四个字来形容裘柳钦的童年生活，就是轻松、快乐。

中 学 时 代

1954年9月初的一天，裘柳钦到1950年建校的崇仁中学（1956年改为嵊县第三中学）上学。当年崇仁中学招了甲、乙、丙、丁4个班，每个班50多人，裘柳钦被分在丁班。由于裘柳钦的学习成绩名列前茅，又能积极参加学校组织的多项活动，得到了班主任、大队辅导员王又仁老师的赏识。在他的推荐下，经大家的同意，由裘柳钦担任崇仁中学少先队大队长，手臂上佩戴三条红杠的臂章，好不神气。在崇仁中学期间，裘柳钦经常与几位爱好音乐的同学在一起听唱片，并在一起吹、拉、弹、唱，演奏的音乐大多为广东音乐和江南丝竹乐。广东音乐有：《小桃红》、《步步高》、《三潭印月》、《平湖秋月》等。江南丝竹有《欢乐歌》、《薰风曲》、《行街》等。常常吸引很多人听他们的演奏。

1957年初中毕业后，裘柳钦面临一次升学的考验。升学的路子相当狭窄，只能报考嵊县中学，当时全县只有嵊县中学是完全中学，其余五个大镇：崇仁、长乐、甘霖、黄泽、三界中学都是初级中学。崇仁中学初三丁班52名毕业生，只有10人考取了嵊县中学，升学率不足20%，裘柳钦算幸运，是20%之内的人。

嵊县中学是一所老学校，1905年（光绪三十一年）建校，校名为嵊县中学堂，后改为嵊县中学，现校改名为嵊州中学，是浙江省重点中学。学校建在嵊县城隍山的半山腰（今嵊州越剧艺校所在地）。嵊州中学与崇仁中学的教学质量都很好，文体活动也相当活跃。学校有宣传队，寒暑假期间还组织在全县范围内作巡回演出，主要是演出越剧和民族器乐演奏。张一诚的笛子、金治本的琵琶、张方洪和袁开朗的二胡、王元宇的三弦都相当不错，张一诚于1959年考入上海音乐学院民族音乐系。大家经常在一起演奏，在这样的环境下，裘柳钦对民族器乐的热爱迅速升温，很快便达到了痴迷的程度。

1957年嵊县中学也招了4个班级，分属甲、乙、丙、丁，裘柳钦被分在乙班。班主任张都老师是从浙江师范学院毕业的年轻教师，教数学课。他是一位艺术爱好者，唱歌（美声唱法）很好听，还拉得一手很好的手风琴，他对裘柳钦喜欢音乐很理解，并给予大力支持。按嵊县中学的教学管理制度，学生除了白天正常上课外，每天都要集体上早自习和晚自习。

经张都老师特批，裘柳钦可以在自习时间到音乐教室或城隍山去拉二胡、吹笛子。学校的音乐老师钱柏松老师对裘柳钦也给予了特殊照顾，他把学校唯一的一台钢琴的钥匙给了裘柳钦一把，裘柳钦可以随时去音乐教室使用钢琴。裘柳钦不会弹钢琴，但可以对照钢琴的键盘学习乐理，听音，进行音乐的听觉训练。

1959年合影：永远在一道
张方洪（左）、裘柳钦（中）、袁开朗（右）

1959 年合影：二胡笛子二重奏

县里每年都组织文艺会演，学校也经常组织演出。裘柳钦只是宣传队里一个小小的乐队队长，但在校内的知名度却很高，几乎全校的师生员工都认识他，因为裘柳钦经常上台表演节目，多次参加嵊县文教局主办的文艺会演，为嵊县中学争得荣誉。那时裘柳钦演奏的二胡曲有刘天华的《病中吟》、《良宵》、《光明行》、《烛影摇红》，瞎子阿炳的《二泉映月》、《听松》；曾加庆的《新农村》、《山村变了样》等；演奏的笛子曲有冯子存的《喜相逢》、《放风筝》、《五梆子》，刘管乐的《荫中鸟》、《卖菜》、赵松庭的《早晨》、《三五七》等。还有《小放牛》等乐曲。

1959年嵊县中学宣传队合影（第三排右三为裘柳钦）

  裘柳钦把大量的时间用在了学习音乐上，仍丝毫也没有影响裘柳钦的学习成绩。他的成绩在班级里处于中上等的水平，相比之下数理化的成绩好于文、史课程。到高中三年级的时候，又一次面临升学的问题，裘柳钦的父母及全家都支持他继续升学，但对报考什么学校，什么专业的问题，他们十分的开明，完全由裘柳钦自主决定，不做任何干预。

  在决定志愿之前，裘柳钦也有过激烈的思想斗争，按照学习成绩，裘柳钦应该报考理工类的学校。他对浙江大学光学仪器系、机械系和土木工程系有兴趣；另一方面，裘柳钦对音乐的痴迷又令他很想报考上海音乐学院民族音乐系。两者相比，考取浙江大学的概率大于考取上海音乐学院。

  上海音乐学院是在1927年建立的中国第一所音乐学院。当时的校名为"国立音乐院"，艺术院校的规模都相当小，招生的名额很少，要求很高。

  经过反复思考分析，裘柳钦觉得音乐学院虽然难考，但他已经做了比较充分的准备。根据了解，从1956年上海音乐学院民族音乐系建系至1959年4年间，这个全部学生不到60人的系，竟有4位嵊县人考取，他们是1956年从浙江越剧团乐队赴考的李民雄、裘春尧；1957年考取的陈龙章；1959年考取的张一诚。

李民雄曾有江南鼓王之称，毕业后留校任教，后来是音乐学系的教授，曾兼任中国民族管弦乐学会打击乐专业委员会的名誉会长。裘春尧是崇仁人，毕业后分回杭州，任浙江歌舞剧院（当时称浙江省民间歌舞团）的弹拨乐首席、琵琶独奏演员。陈龙章毕业后留在本院附中任二胡专业教师。张一诚则到上海歌剧院工作，70年代初移居海外定居。

既然已有4个人考取，裘柳钦想自己也有可能成为该系学生。艺术院校的考试是早于高考提前举行的。音乐学院属于文科的范畴，报考音乐学院，如果没有录取，还可参加普通高考的考试，但只能报考文科，不能报考理工科。经过反复考虑，裘柳钦决定冒险一试，报考音乐学院。

1960年，中央音乐学院、上海音乐学院和中国人民解放军艺术学院在全国范围内联合招生，在杭州设有考点，于是裘柳钦就到杭州应试，他只填报了上海音乐学院，那两所学校没有报。考点设在西湖边上的浙江美术学院院内，在那里初试、复试、乐理、视唱练耳、口试，然后就是等待通知。

考完音乐学院，裘柳钦立即返回嵊县中学，继续复习功课，准备参加高考。7月上旬某日，当裘柳钦参加高考考完第一门课后，班主任张都老师通知裘柳钦已被上海音乐学院录取，当时裘柳钦的心情是兴奋不已啊！立即决定退出高考。那些紧张备考的日子对裘柳钦也是非常的煎熬。

被上海音乐学院录取后，裘柳钦并没有马上回崇仁，而是继续留在学校，与班上的大部分同学一起参加了半个月的义务劳动。当时嵊县中学正准备搬家，但在北直街往北延伸线边上的新校舍尚未完工，大家在那里做些杂工，算是有始有终，为母校做了一点小小的回报。

走进音乐的殿堂

上海音乐学院坐落在淮海中路1131号院内,这里是一处闹中取静的地段,北邻淮海中路,南靠复兴中路,东边是汾阳路,西边与另一单位毗邻。走进音乐学院的大门,只见这里的建筑中西结合,有50年代建成的南大楼,北大楼,是学校上课的教室。办公区是一些法式的建筑,殖民时代,这里属于法租界,是法国人建造的房子。靠近复兴中路的地方,有一幢二层小楼,称为第八琴房,每层都有20多间面积不超过10平方米的房间,这里便是民族器乐专业学生居住的地方。二层为宿舍兼琴房,两人一间,一层是琴房,不住人,每间都有一架钢琴,供大家练琴使用。一个人在宿舍练琴,另一个人就可以去一层琴房练琴,屋内的墙体都有隔音装置。这样的环境是非常理想的。

软件方面,这里云集了以贺绿汀院长、丁善德、谭抒真副院长为代表的一批著名的音乐家任教。全院共设有6个系:管弦系、民族音乐系、声乐系、钢琴系、理论作曲系、指挥系,还有一些干部进修班。全院学生共300多人,而教职员工的数量也有300多人,师生比例约为1∶1。民族音乐系分民族音乐理论、民族音乐作曲和民族乐器演奏三个专业,不同的乐器作为器乐专业下的子专业。民族音乐系的系主任是著名音乐理论家沈知白教授,副主任是国乐大师卫仲乐教授。

系里三个专业的一年级学生算一个班,由作曲家胡登跳和三弦教育家、演奏家李乙为政治辅导员。器乐专业共16名学生,加上理论、作曲专业的学生共22人,有一半来自本院的附属中学,一半来自普通高中。与前几届相比,这是人数最多的一届。

来自附中的学生,都已经经过了7年的正规专业训练(初中三年,高中四年),有的甚至上过3年附属小学,与他们相比,普通高中上来的学生在专业上差距不小。

除专业课、大合奏、小合奏外,共同课包括4类:专业基础课、专业共同课、社科课及文化课。音乐基础课有两门:基本乐课、钢琴(从附中升上来的学生这两门课免修)。基本乐课包括基本乐理和视唱练耳,民族音乐系三个专业的同学在一起上这门课。另一门音乐基础课——钢琴课是贺绿汀院长十分重视的课程，他经常讲："一个学音乐的人，如果不会弹钢琴，就如同一个当会计的人不会打算盘一样。"他要求任何一个专业的学生必须学习两年以上的钢琴。

裘柳钦从来没有学过钢琴，需要从头学起。这门课的教学形式跟专业主课是一样的，采用一对一的形式，由老师面对面的授课。因每个学生的程度都不一样，故教材也是因材施教，由任课老师决定的。钢琴老师教得非常认真耐心。下课后，裘柳钦花了较多的时间来进行练习，每天练习多种调性的音阶、琶音、练习曲、独奏曲，一练就是一两个小时，星期天也经常加班加点地练习。

两年下来，结业考试时，裘柳钦汇报了车尔尼练习曲（作品299）的其中一首，299是快速练习，有一定难度。外国作品是前苏联作曲家卡巴列夫斯基的一首变奏曲，中国作品是吴祖强、杜鸣心作曲的舞剧《鱼美人》的选曲《水草舞》。

此外，裘柳钦也弹奏过贺绿汀作曲的《晚会》、李瑞星根据沪剧曲牌《紫竹调》改编的乐曲《上海郊区好风光》等。在校的3—5年级，已停止钢琴课，但裘柳钦依然抽空继续练习。他本想毕业参加工作后继续练习，但不久就赶上了"文化大革命"。由于停下的时间太长，钢琴技艺就再也拣不回来了，从此与钢琴告别，这也是一件遗憾的事。

其他音乐的共同课可分为两类：一类是音乐史论课；二是作曲技术理论课。音乐史论课包括中国古代音乐史、中国近现代音乐史、外国音乐史、民族音乐概论（包括民歌、歌舞音乐、戏曲音乐、曲艺音乐、民族器乐）。民歌是创作的重要基础，所以还单独开设了民歌课，其中汉族民歌部分，老师要求用方言演唱。此外还有打击乐课，主要学习京剧锣鼓。

作曲技术理论课有和声、曲式与作品分析、赋格与对位、配器等课程。这4门课程是作曲专业的主课，作为共同课来学习，要求当然不会和作曲专业一样。相比之下，和声课学得比较仔细一点，学习两年，教材是莫斯科音乐学院的音乐理论家伊·斯波索宾等人合著的课本，课外有大量的作业。

社科课程是所有艺术院校基本相同的。有各种马列课程、艺术概论、美学概论和中、外美学史等。文化课程主要是古典文学和外语（俄语）。

专业课方面，裘柳钦在陆修棠、杨雨森、陈俊英等老师的指导下，经过五年刻苦的练习，有了较大提高。

5年时间很快就过去了，在计划经济的年代里，大学毕业生由国家包下来分配工作，每个人都要填写毕业志愿，裘柳钦和大多数人一样，庄严地写了两句话：服从国家分配，到祖国最需要的地方去。裘柳钦被分配到北京，通知书上写着到中央文化部干部司去报到。中央文化部实际上就是国务院所属的文化部，干部司即今天的人事司。

在上海音乐学院的5年期间，裘柳钦非常珍惜这个学习的机会，很少上街，留下的照片也很少，下面几张照片作为那段时间的纪念。

上海音乐学院民乐系1960级全体学生合影（后排右一为裘柳钦）

上海音乐学院民乐系器乐专业1960级全体学生合影（后排右一为裘柳钦）

1965年7月政治辅导员李乙老师在校园内与学生合影（左一陈大伟、左二裘柳钦、左三李乙、右一韩中伟）

1965年7月二胡专业五位同学合影（左一梁卓然、左二裘柳钦、中间张怀粤、右二汪朴、右一陈大伟）

与舞蹈音乐结缘

到文化部报到后，干部司的工作人员通知裘柳钦到中国舞蹈学校报到。中国舞蹈学校是文化部直属艺术院校之一，当时文化部直属院校一共有 11 所学校，北京 8 所，京外 3 所，它们是：中央音乐学院、中国音乐学院、中央美术学院、中央戏剧学院、北京电影学院、中国戏曲学校、中国舞蹈学校、北京芭蕾舞蹈学校，外地的有上海音乐学院、上海戏剧学院、浙江美术学院。

20 世纪 60 年代前期，国家的文艺方针提倡"三化"，即革命化、民族化、大众化。当时在文艺界一部分人中存在着重洋轻中的倾向，为了使民族文化更好地发展，1964 年，根据周恩来总理的提议，文化部决定将民族器乐、民族声乐、民族音乐理论、民族音乐作曲等专业，从中央音乐学院分出来，成立以马可为院长的中国音乐学院；将北京舞蹈学校分为中国舞蹈学校和北京芭蕾舞蹈学校；将中央歌剧院分为中央歌剧院和中国歌剧舞剧院。文化部的直属院校从 9 所扩展成 11 所。陈锦清任中国舞蹈学校校长，戴爱莲任北京芭蕾舞蹈学校校长。

北京舞蹈学校是在党中央、国务院的关怀下，于 1954 年 9 月 6 日建立的我国第一所舞蹈学校，以爱国华侨、著名舞蹈家戴爱莲为首任校长。1964 年将北京舞蹈学校一分为二后，两所学校仍在宣武区陶然亭路 39 号陶然亭公园北门对面的同一个院内，与以往一样，使用同一幢大楼，同一个食堂，同一个宿舍，同一个礼堂，只是在大楼的门前挂出了两块牌子。

中国舞蹈学校内，有一个民族乐队，这便是裘柳钦参加工作后的第一个部门。

从 1954 年建校时开始，学校组织了若干教研组，以保证教学工作的正常开展。其中包括由音乐教师组成的音乐教研组，组内有一个由 10 人左右组成的小型民乐队和由若干人组成的钢琴组。

此后不久，又将音乐组分为民乐队和钢琴组两个基层单位。民乐队最早的成员有金兆庚（曾任学校第一届 5 人领导小组成员）、刘式昕、王泽南、董学朴、王文汉、李振峰、刘志文、夏淑娥等。本院民乐队是北京市在中华人民共和国建国初期建立的少数几个民乐队之一。

随着学校招生规模的不断扩大，民乐队的成员也相应增加。1962年中央音乐学院大专毕业生4人，1965年上海音乐学院、沈阳音乐学院、天津音乐学院本科毕业生4人及中央音乐学院附中毕业生2人加盟，使乐队人数达到将近30人，并配备了专业作曲和指挥。乐队承担了三项任务：

1. 担任全校学生民间舞课的课堂伴奏、教员进修课的伴奏

在课堂伴奏中，乐队对音乐演奏中的民族风格和地方特色要求比较讲究：一方面要求每位乐队队员在演奏本专业乐器时讲究风格；另一方面则要求每位乐队队员一专多能，要兼奏一些特色乐器，如维吾尔族的热瓦甫，朝鲜族的筚篥、箫，蒙古族的四胡，藏族的牛角胡，傣族的巴乌、葫芦丝等，并要求打击乐具有专业、半专业水平。

2. 收集、整理伴奏音乐教材

建校初期，伴奏音乐教材几乎是空白状态。因此，尽快地选用、整理教材成为一项十分紧迫的工作。民乐教师用请进来或走出去等举措（当时请过不少知名的民间艺人），记录整理了一批民间舞曲。在学校资料室的协助下，20世纪50年代至60年代初期，编辑出版了油印内部教材，如《新疆维吾尔族舞蹈音乐教材》、《藏族民间舞蹈音乐》、《蒙古族舞蹈音乐基训教材》、《朝鲜族民间舞音乐教材》、《东北秧歌音乐教材》、《河北秧歌音乐教材》、《山东鼓子秧歌音乐教材》、《安徽花鼓灯音乐》等。这些音乐风格地道，与舞蹈紧密结合，集萃了各有关民族、有关地区民间舞蹈音乐的精华。

与此同时，民乐教师还记录、整理了与中国民族民间舞蹈相关的大量的鼓点，如东北秧歌的10余种鼓点；安徽花鼓灯的近30种鼓点；山东鼓子秧歌、胶州秧歌、海阳秧歌的鼓点；朝鲜族长鼓和维吾尔族手鼓的部分鼓点。

特别值得一提的是安徽花鼓灯的鼓点。安徽花鼓灯流行于怀远、凤台、凤阳、颍上、蚌埠、淮南等地，其伴奏形式是使用背鼓、大锣、大钹、小锣组成的锣鼓乐队。打击乐演奏者非常熟悉舞蹈的动作，他们与舞者之间合作十分默契，鼓演奏者能根据不同的舞蹈动作立即给以相应的锣鼓点，他们不需要看谱。而其他地方的人是做不到的，所以必须要把乐谱记录下来，按谱演奏。

1954年学校请了安徽省怀远县著名鼓师常春利先生（艺名"老蛤蟆"）来校传授鼓艺，常春利先生是怀远县最好的鼓师，也是安徽省最好

的鼓师。他是一个没有文化的人，当然也不懂乐谱。

常春利教鼓的方法是口传心授，教的内容是开场锣鼓（又称"场面锣"）。当地在表演花鼓灯之前，为招揽观众，一般都要先演奏打击乐，如《蛤蟆跳井》、《小五番》、《小十番》、《闹元宵》等，它包括了所有用于花鼓灯舞蹈动作的基本鼓点，甚至更为丰富，一套鼓点打下来，长达十几分钟。常先生打一套开场锣鼓，叫大家跟着打，大家简直束手无策，教了两个星期，没有一个人能学下来，只得让他回安徽。安徽花鼓灯是汉族民间舞蹈的重要组成部分，必须要开课，怎么办？

第二年，1955年学校再次请常先生来教花鼓灯的鼓点，常先生的教学方法没有丝毫的改变，但乐队的情况却发生了一点变化。

王文汉老师在1955年的2月从东北人民艺术剧院音乐舞蹈团调到了北京舞蹈学校。王文汉老师出身于民间艺人世家，他从5岁起就跟随父亲和兄长学习打鼓，后来又学吹唢呐，在鼓乐班里长大成人[①]，王家鼓乐班是辽阳市最出名的鼓乐班子。他的大哥王文洲在整个辽南地区都很有名。

王文汉老师没有学过安徽花鼓灯鼓点的打法，开始时也不知所措，但他毕竟是民间艺人出身，东北秧歌的鼓点和京剧锣鼓的鼓点都打得很好。所以，他听出了一些门道，即在10多分钟的大段锣鼓点中，经常出现一些重复的鼓点。

于是，他问常先生，这些鼓点有没有名称，常先生一一作答，鼓点都是有名称的，如：喘气锣、登步锣、连槌锣等，王文汉老师就提出建议，希望常先生一个鼓点一个鼓点地教，由当时的乐队负责人王泽南老师用锣鼓经的口诀记录下来。

很快，记谱的工作圆满结束。然后再将这些鼓点组合起来，变成锣鼓乐段，随着舞蹈动作的连续组合，锣鼓点的组合也同时完成。这就说明，北京舞蹈学校建校初期的乐队老师是破天荒地解决了安徽花鼓灯的记谱问题。

在教学和编创节目的过程中，老师们发现"喘气锣"的鼓点的拍数有长有短，有的是4拍，也有6拍、8拍甚至是10拍或5拍，为了更准确地区分这些在安徽统称"喘气锣"的鼓点，乐队老师根据拍数的多少或鼓点的特点，细分成"单喘气锣"、"双喘气锣"、"前喘气锣"、"后喘气锣"、"前后喘气锣"、"半喘气锣"、"空喘气锣"、"前后喘气锣接半喘气锣"（简

---

① 鼓乐班子，俗称鼓乐房子，是辽南农村中专业或半专业的唢呐等鼓乐艺人的卖艺组织，常为农村婚丧吹奏，也常给高跷会伴奏。

称"前后半")、"双喘气锣接半喘气锣"(简称"双半")、"后喘气锣接半喘气锣"(简称"后半")共 10 种,使安徽花鼓灯锣鼓点的记谱又向科学化的方向迈进了一大步。20 世纪 80 年代初开始,有人将"单喘气锣"称作"止步锣",这只是传承过程中出现的一种误传、讹传,应予以纠正。

1957 年,王文汉、王泽南等老师又创造了更为简便的安徽花鼓灯锣鼓谱的"代字"记谱法,即用一个汉字或汉字简化后的符号、符号的组合等办法来代替一个鼓点,给安徽花鼓灯的教学带来了极大的方便。经过 60 年的教学实践,证明这是一种非常好的记谱方法,其实用价值显而易见。

发明一种记谱方法用今天的说法,就是取得了一项重大的科研成果,而当时发明者却从来也没有这样想过。他们只是做了一种奉献,甚至连奉献这个词也没有想过,只是为了让大家在教学的过程中使用得方便一些而已。前人栽树,后人乘凉。这种记谱方法,直到今天仍在为中国民族民间舞的教学发挥着积极的作用。建校初期的舞蹈伴奏音乐的开拓者们为舞蹈音乐的传习做出了巨大的贡献,他们是一些值得后人尊敬的人。

3. 完成演出任务

"文化大革命"前录音技术没有普及,因此,舞校学生的实习演出、接待外宾演出、公演均由乐队担任现场伴奏。民族舞专业的学生经常演出的剧目有《红绸舞》、《荷花舞》、《鄂尔多斯舞》、《友谊舞》、《飞天》、《挤奶员舞》、《拔萝卜》、《游春》、《牧笛》、《共饮一江水》、《草原上的热巴》、《春江花月夜》、《双人弓舞》、《闻鸡起舞》、《盅碗舞》、《艰苦岁月》、《丰收歌》、《洗衣歌》、《三千里江山》、《顶水抗旱》、《奴隶之歌》、《牧业丰收》、《摘葡萄》等。

因乐队常年参加课堂伴奏,有以下优势:a. 风格性强,无论是汉族舞蹈或少数民族舞蹈,都具有鲜明的民族风格和地方特色;b. 舞蹈性强,音乐与舞蹈的特点相结合,并与舞蹈的韵律很好地融合在一起,成为一个视听效果相一致的艺术整体。不足之处是声部之间还不够平衡,有的声部较弱。

从裘柳钦到中国舞蹈学校报到的那天起,就与舞蹈音乐结了缘。裘柳钦将为探索舞蹈音乐的规律而奋斗终生。无论是演奏、教学、创作、科研,都将围绕这一目标而工作。

1965 年 8 月底,裘柳钦到舞蹈学校乐队工作不久,学校接到上级的指示,要求完成一项政治任务,组织两个"四清"文化工作队到北京郊区工作半年,具体时间是 1966 年的上半年。学校决定,马上抽调人员组成文化工作队。

一个队由专业科主任李正一带队，成员有舞蹈教师唐满城、郜大琨、邱友仁、沈元敏；乐队教师董学朴、王长涛、张景和裘柳钦；钢琴教师麦美生、孙希康和59级（七年级）24名学生。另一队由专业科副主任富守仁带队，部分教师及60级（六年级）学生。每个队用一个学期时间在正常上课的情况下，准备两台节目。节目以学生表演的舞蹈节目和课堂训练组合为主，加一些其他的节目。裘柳钦所在的这个队，排出了一个河南曲剧的小戏《游乡》，主要人物姚三元由唐满城饰演，河南曲剧的主奏乐器是坠胡，所以裘柳钦用了半年的时间，临时抱佛脚，练习坠胡。此外，还有器乐节目，女声独唱、快板书等。一个学期下来，已基本准备就绪。

临行前的1966年1月份，八年级（舞蹈学校的学制是七年制，怎么出来一个八年级？因为这班学生在1964年参加《东方红》大歌舞的排练和拍摄工作而延迟半年毕业）学生的毕业演出在北京工人俱乐部进行。中共中央政治局委员、中央书记处书记、全国人大常委会副委员长、中共北京市委第一书记彭真同志观看了演出，陪同观看的有文化部和北京市的领导和部分兄弟院校的领导。

彭真同志对这台节目给予充分的肯定。座谈会上，中央音乐学院党委书记赵沨同志还专门谈到了乐队的问题，他对乐队的伴奏也表示肯定，但他指出这个乐队的规模还不够。他主动提议选派中央音乐学院管弦系1966届的部分毕业生充实到舞蹈学校乐队，包括小提琴、大提琴、双簧管、黑管、圆号、小号等乐器。1966年的5月开始了"文化大革命"，赵沨同志开的支票没有兑现。

1966年3月初，演出队便出发到郊区房山县周口店公社娄子水大队，协助在那里的工作队展开工作。这个大队是北京市的一个重点，工作队的成员都是北京军区政治部抽调的干部。北京军区副政委、开国中将张南生（大家亲昵地戏称他"张老头"）亲自负责，卓琳同志也在那里蹲点。

舞蹈学校的师生只是协助做一些调查、研究等辅助性的工作，有较多的时间排练演出。演出在房山县的范围内开展，以周口店公社为主。由于做了充分的准备，演出很受群众的欢迎。演出队去的最远的地方是一个叫蒲洼的山村，在房山县与河北省交界的地方，解放战争期间属晋察冀边区。这是一个很穷的山村，因1949年作曲家曹火星在这里创作了革命歌曲《没有共产党就没有新中国》而大大提高了知名度。

1966年5月底，演出队提前结束"四清"文化工作队的工作返回学校，此时，"文化大革命"已经开始，学校处于无政府状态。

恢 复 工 作

1966年5月16日，"文化大革命"开始，学校处于无政府状态，停课闹革命，教学、演出等日常工作中止，从1966年起学校停止招生。

4年过去了，"文化大革命"丝毫没有结束的迹象。根据中央的安排，文化部直属艺术院校、艺术院团（除"样板团"外），全部都下放到北京部队所属农场锻炼。1970年5月20日，中国舞蹈学校全体教职员工离开北京到河北省石家庄市郊区陆军第27军高炮团农场，北京芭蕾舞蹈学校师生到低炮团农场。日常工作是学习党的路线、方针、政策；参加农业劳动；继续搞运动。历时三年，到1973年6月陆续返回北京。此时，中国舞蹈学校和北京芭蕾舞蹈学校重新合并为一所学校，定名为中央五七艺术大学舞蹈学校。

回到学校后，学校部分恢复招生，这是一个从"乱"到"治"的过渡阶段。乐队成员有进有出，仍然保持在30人左右，乐队队长王文汉，副队长裘柳钦、屈连江（1974年调回中国音乐学院工作），任期是1973—1977年10月。

1975年，在中断了10年以后，学校恢复了组织发展工作。这一年，裘柳钦光荣地加入了中国共产党，成为一名中国共产党的正式党员（按当时的《党章》规定，没有预备党员）。

赵沨同志在1966年1月观看1958级学生毕业演出时有关我院乐队建设的谈话令裘柳钦印象深刻，始终没有忘记。70年代的几个舞蹈作品，如《草原女民兵》、《拉木歌》、《打起莲湘庆丰收》的伴奏音乐也已悄悄发生变化，北京军区战友歌舞团的《草原女民兵》，使用以民乐为主加若干西洋管弦乐器的混合编制，音乐效果相当好，这正是赵沨同志在10年前提出的设想。

为了乐队的建设，大家做了两项工作：一是现有的部分乐队队员自愿兼学西洋乐器，大概有6个人响应了乐队的这一举措，这时裘柳钦本人也向中央芭蕾舞团的演奏家学习小提琴演奏。第二件事是向学校领导打了一份报告，要求招收一个音乐专修班，名额为35人，包括一个单管编制的管弦乐队演奏员和补充若干名民乐的演奏员。这些学生毕业后全部留校，演出时有一个单管编制的管弦乐队，一个中等规模的民族乐队，两个乐队还能有分有合，即出现混合编制的配备。

这个方案经领导反复研究，获得校领导的支持。1976年6月，确定了在北京、上海、无锡、苏州、大连、丹东设立招生点，并责成金兆庚、裘柳钦负责招生工作。

由于招收的大部分是西洋乐器专业的学生，隔行如隔山，为了保证招生质量，学校聘请了中央芭蕾舞团王恩悌（指挥家）、王小寿（双簧管演奏家）等6人协助招生。由于音乐院校已有10年没有招生，而本校的招生赶在音乐院校恢复招生之前，因此生源十分丰富且质量上乘。但当时学生在录取前，要由当地区、县教育局进行政审。由于多年的"左倾"思潮尚未消除，一些有海外关系的学生被关在了门外，最后落实共招收了32人（管弦乐29人，中途有两人退学，民乐3人）。该班学生1977年3月入学，1979年7月毕业，学制两年半（中专）。

1976年10月粉碎"四人帮"，标志着"文革"的结束，学校的工作逐渐转入正常运转。不久，学校又安排金兆庚和裘柳钦担任该班的班主任（第二年起，班主任为裘柳钦、吴人健，金兆庚转任民乐队队长）。这个班主任的工作不同于一般意义上的班主任，除了政治思想教育和日常管理外，课程设置、外聘教员、组织专业考试以及乐队的排练演出，都要由班主任来管理。

音乐专修班的学生入学后，需要立即解决的问题有两个：一是外聘教员，由于我校是舞蹈学校，所以这个班的主科老师几乎全部都要外聘。大家想尽办法，要给学生安排最好的老师。

裘柳钦和金兆庚老师到处求人，在不长的时间内，给每个学生都安排了专业教师。他们中有中央音乐学院和中国音乐学院的音乐教育家、世界青年联欢节金质奖章获得者；国内顶级交响乐团的独奏家、首席小提琴、首席中提琴、首席小号、首席圆号、首席打击乐（详见音乐专修班专业教师一览表）。在音乐中专的一个班级中，有这么多著名音乐家任教，恐怕在任何一所音乐学院都很难做到。

音乐专修班专业教师一览表

1977.3

教师姓名	教师工作单位	专业	学生姓名
周恩清	中央音乐学院	小提琴	朱跃进　倪春林
隋克强	中央音乐学院	小提琴	吴　央
王志忠	中央音乐学院	小提琴	吕丰田　吴松林　黄迎　赵瑾
盛中国	中央乐团	小提琴	栗瑞民
杨秉逊	中央乐团	小提琴	黄　瑛
张云璋	中央芭蕾舞团	小提琴	刘　蓓
阎泰公	中央广播交响乐团	小提琴	赵　青
于　音	解放军艺术学院	小提琴	孙海燕　夏明友
吴玉申	中央芭蕾舞团	中提琴	张金春
周志华	中央音乐学院附中	大提琴	陆　萌
涂泽光	中央广播交响乐团	大提琴	李　慈
叶正凯	总政歌剧团	低音提琴	范亦军
朱同德	中央音乐学院	长笛	王俊庆
祝　盾	中央音乐学院附中	双簧管	李令华
陶纯孝	中央音乐学院	单簧管	杨　军　刘建民
曹金旗	海政歌舞团	小号	祖　戈
陈加敏	中央乐团	小号	祖　戈
杨　杰	新影乐团交响乐队	圆号	张国维
张友善	新影乐团交响乐队	圆号	张国维
高　仁	新影乐团交响乐队	圆号	方　明
张震武	中央芭蕾舞团	圆号	方　明
杨玉国	总政歌舞团	长号	鄂立布
左　因	中央音乐学院	竖琴	刘　春
刘光泗	总政歌舞团	打击乐	王建国
杨　月	总政歌舞团	打击乐	王建国
王范地	中国音乐学院	琵琶	孙宝萝
刘德海	中央乐团	琵琶	吴玉霞
李光华	中央音乐学院附中	琵琶	吴玉霞
王文汉	北京舞蹈学院	唢呐	韩殿歧
胡海泉	新影乐团民族乐队	唢呐	韩殿歧

这些老师在这里兼课基本上是尽义务的，后来付给的一点课时费也是极少的，只是一点表示感谢的意思而已。他们是一些值得尊敬的人，我们不能忘记他们。

急需解决的第二个问题是练琴的地点，舞校没有琴房，到什么地方练琴？音乐是音响的听觉艺术，一练琴就有声音，这又必然影响到舞蹈专业的学生，特别是上文化课，容易让学生思想不集中。

大家想出的办法是以礼堂后台的化妆间为主要练琴地点，其他地点自己去找，因此就出现象吴玉霞这样用功的学生，每天早晨6点一起床，立即到教学楼楼道口拐角处面对着墙练习，注意力集中，旁若无人。所以很多人经过此地，她也没有听见。一心只是《十面埋伏》、《大浪淘沙》、《草原英雄小姐妹》……其他如浴室外间换衣间、甚至洗手间也在练琴。那时，大家最担心的是怕在礼堂后台发生火灾，因此要经常地反复地提醒学生注意安全。

每学期还要组织专业考试，要把那些任课老师请来参加监考、打分。老师们如果有时间，也会尽量来参加。

那段时间，裘柳钦既是民乐队的负责人，又是音乐专修班的班主任；既要参加正常上课和民乐队的排练演出，又要参加管弦乐队的排练演出。因音乐专修班的中提琴只有一位学生，所以，排练时裘柳钦也在那里拉中提琴。当时参加了芭蕾舞剧《天鹅湖》第二幕、《卖火柴的小姑娘》、《红岩青松》等的排练演出，还参加了管弦乐合奏《瑶族舞曲》和弦乐合奏《二泉映月》、莫扎特《小夜曲》的排练演出。每天超负荷的工作，使裘柳钦的身体虚弱起来，体重一度降到100斤以下，幸好没有出现大病，使工作仍在正常开展。

音乐专修班虽然是一个中专的班级，但由于安排了一流的教师，加上学生的努力，教学效果良好，后来出了不少人才。如吴玉霞在1979年7月毕业后，赶上第二年1980年5月在上海举办的第一届全国琵琶比赛获二等奖，那次比赛一等奖1人，二等奖5人，这5人中吴玉霞的排序第一。王建国现在是中国音乐家协会的秘书长，此前曾任中央民族乐团副团长。张金春曾任中央歌剧院党委委员、交响乐团团长。

1977年8月，老校长陈锦清回到了学校。1977年底，文化部决定撤消中央五七艺术大学，恢复各艺术院校建制，原中国舞蹈学校和北京芭蕾舞蹈学校又恢复统一为北京舞蹈学校。1978年1月31日，文化部党组重新任命陈锦清为北京舞蹈学校领导小组组长。①

1978年10月1日，经国务院批准，学校升格为大学建制，定名北京舞蹈学院，招收本科生和专科生，1999年开始招收硕士研究生。

陈锦清出任北京舞蹈学院首任院长，她回到学校后，看到中专芭蕾舞专业1978届、1979届两个班的学生即将毕业，又看到了学校有个音乐专修班，十分高兴，决定于1979年再次建立实验芭蕾舞团（第一次是在1959年12月，建立了北京舞蹈学校附属芭蕾舞实验剧团，于60年代初从学校分离出去，成立了中央芭蕾舞团）。从两个芭蕾舞专业毕业班的104名学生中，留下了70人左右成立演员队；以音乐专修班的毕业生为基础，扩充人员，建立60人左右的双管编制的管弦乐队，舞蹈工作队从本院舞台工作队中抽调。

1979年7月北京舞蹈学院音乐专修班在陶然亭老校区礼堂前的毕业照
（在前排就坐的参加合影领导有学校首任党委书记王光（右五）、副院长贾作光（右六）、党委副书记杨凤竹（右四）及富守仁（右三）、尹佩芳（左四）、金兆庚（左五）、吴海楼（左三）、张敦意（左二）、诸信恩（右二）、裘柳钦（右一）、茅钊镛（左一）、吴人健（二排左六）

1979年除音乐专修班毕业留校的27人以外，裘柳钦等人又去上海音乐学院附中协商，从他们那里要了15人左右，并从北京音乐爱好者中招聘

---

① 陆泽群：《北京舞蹈学院四十年历程》，载《北京舞蹈学院学报》1994年第1期。

了 10 多人，总计达到 60 人，正式组建成双管编制的管弦乐队。由从中央芭蕾舞团乐队调来的吴海楼任乐队队长，诸信恩任常任指挥，中央芭蕾舞团指挥卞祖善任客座指挥。至此，裘柳钦在管弦乐队的工作正式结束了，只做民乐队的工作。

　　北京舞蹈学院实验芭蕾舞团建立后不久，很快取得了成绩，常在国际比赛中得奖，社会影响力与日俱增。而中央芭蕾舞团却因演员年龄的逐渐老化，力量反而下降。所以，中央芭蕾舞团不断地去文化部请求，希望把舞蹈学院实验芭蕾舞团划归他们。1984 年他们的要求终于获得批准，舞蹈学院只得忍痛割爱，将该团演员整体交给中央芭蕾舞团。

　　与此同时，他们并不想要乐队，因芭蕾舞团乐队队员虽多数已步入中年，但这个年龄，对于一个演奏者继续工作完全没有问题。在无法解决这一矛盾的时候，正好文化部批准成立了李谷一领衔的中国轻音乐团。于是就将这个乐队一分为二，大部分去了中国轻音乐团，少部分划归中央芭蕾舞团。

　　民族器乐的 3 位同学孙宝萝、吴玉霞、韩殿歧毕业后留校编入民乐队工作。因吴玉霞在琵琶比赛中获奖，于是中央民族乐团、东方歌舞团等单位都想把她挖走，先借调她出国演出，最后还是调到了中央民族乐团任弹拨乐首席、琵琶独奏演员，现为全国政协委员，国家一级演奏员。

　　1980 年前后，开始出现用录音伴奏舞蹈，民乐队并没有要管弦乐队的演奏员，而是又从其他艺术单位和音乐爱好者中招聘，补充了 7 位队员。另外又从中央音乐学院附中要了一名毕业生，一下子增加了 11 人，使民乐队人员达到将近 40 人，又形成了一个高潮。领导班子作了改组，裘柳钦任民乐队队长，王文汉、王民为副队长。

　　从 1981 年 3 月到 1984 年年底，在这一届任期内，大家做了以下几件工作：

　　1. 35 岁以下的青年教师必须每学期做一次业务汇报，曲目自选，有条件的可以加伴奏（自请伴奏）。

　　2. 请有关专家来院给乐队队员上课；中国音乐学院附中副校长、指挥家楚世及上和声课；中国音乐学院作曲家、作曲系副主任茅匡平老师上配器课；中国戏曲学院的音乐老师上赋格与对位课；中央芭蕾舞团作曲家石夫作新疆音乐讲座（共 10 讲，包括维吾尔、哈萨克、塔吉克等族音乐）；旁听钢琴组请的中国音乐学院副院长黎英海教授的汉族调式及其和声。听课人员必须认真听，做好记录，按时完成老师布置的作业。黎英海老师还多次谈到乐队老师与钢琴老师互相学习的问题：钢琴老师要向乐队老师学习旋律写作；乐队老师要向钢琴老师学习多声部写作。

3. 组织青年教师参加全国民族器乐（北方片）独奏比赛，1982年6月在济南举办的比赛本来没有我院参赛，裘柳钦多次到文化部教科司找教学处处长高浩明，提出申诉。经比赛组委会研究，后来就专门成立了一个由我院和中国戏曲学院参赛选手组成的文化部院校代表队（中央音乐学院和中国音乐学院已由本院的名义单独组成代表队），本院选手龚小明的板胡独奏和中国戏曲学院附中学生雷群安的月琴独奏获得表演奖。

4. 组织教材编选及出版：从70年代中期开始，部分乐队老师与民间舞老师相配合，编创了课堂组合音乐。这些音乐的特点是在保持传统风格的基础上，强调了时代特征，尽可能使中国传统文化与现代感情相结合，优秀的课堂组合有王俊武作曲的《青稞丰收》、《春到茶山》、《船歌》、《大兰花》等；甄荣光作曲的《毛主席的恩情深似海》、《歌唱新生活》等；王文汉作曲的《喜庆丰收》、《双花曲》等；裘柳钦作曲的《欢腾的工地》、《牧童暮归》等；王延亭作曲的《愉快的踢踏》等。

乐队老师还选用了一些民歌、民族器乐曲的片段或曲牌、舞蹈舞剧音乐的片段等。在此基础上选编了一本《中国民间舞教材伴奏曲选》（1984年，人民音乐出版社出版），1985年前全校公开出版的书很少，乐队出了一本书被认为是一件比较大的事情。由于北京舞蹈学院是全国舞蹈界的龙头老大，许多院校都到这里找资料。因此，这本今天看来水平不是很高的书迅速传遍舞蹈界，在当时曾为舞蹈教学做出过较大贡献。这本书的出版并没有署名是裘柳钦主编，而是署名北京舞蹈学院民乐队编。千里之行，始于足下，这本书的出版给了裘柳钦信心，于是在以后才有了论文及著作的陆续出版。

从70年代后期到80年代中期，乐队还承担了一些演出活动，演出的剧目除部分选用"文革"前的剧目外，还有《草原女民兵》、《喜送粮》、《敦煌彩塑》、《金山战鼓》、《拉木歌》、《打起莲湘庆丰收》等，乐队指挥诸信恩、杨志杰。

80年代中后期，演出中的现场音乐伴奏几乎全由录音所代替，这大概主要是由于市场经济的成本核算所决定的吧。录音演出虽然省了钱，但这对舞蹈这种视听融合的艺术，其演出效果却已大打折扣。

1982年学校开始评选优秀共产党员，这是第一次评选，名额只有4名，裘柳钦是其中之一，首次获得北京舞蹈学院优秀共产党员的光荣称号。此后在 1988 年、1991 年、1994 年、1996 年、2003 年，先后 6 次获得此光荣称号。最后一次是在 2003 年，裘柳钦已于 2002 年退休，被社科部返聘。

以下是裘柳钦多年来所获荣誉证书的部分照片：

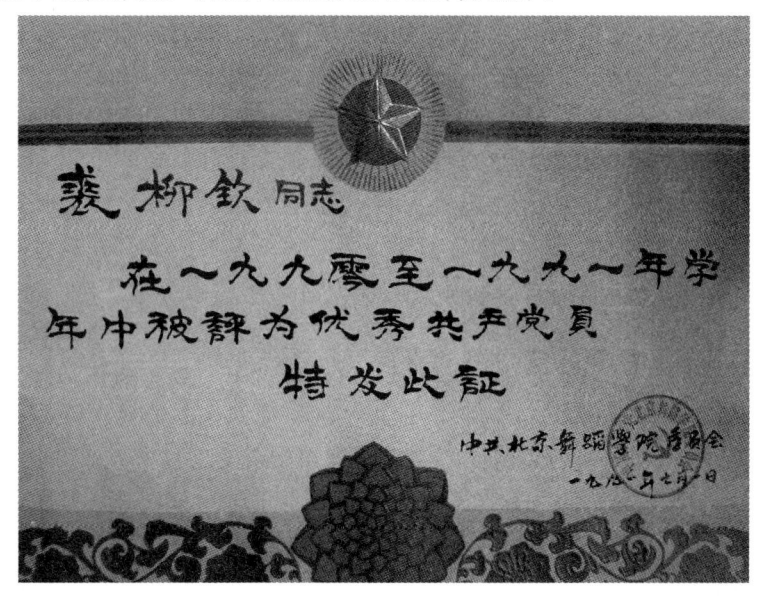

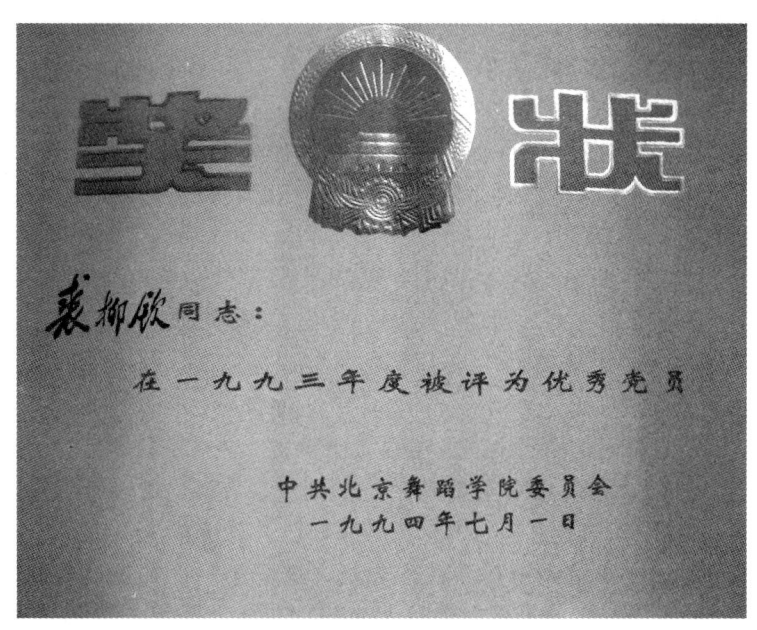

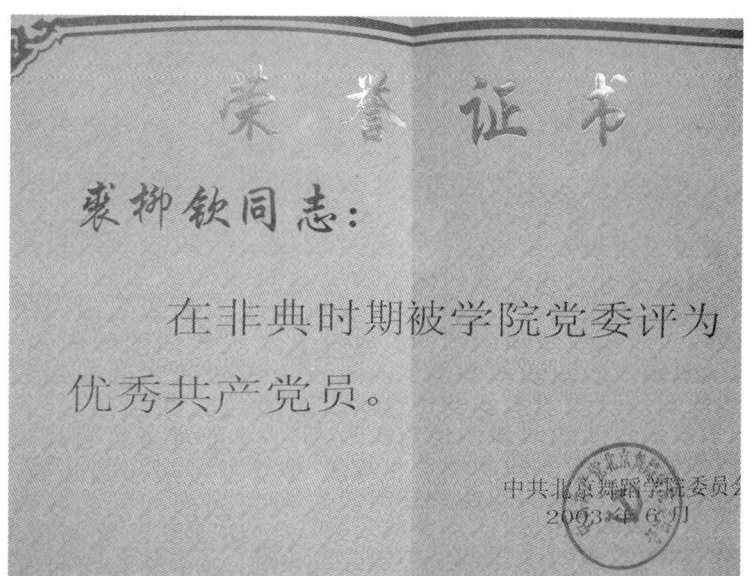

2003年春天，北京爆发了非典型性肺炎，由于一开始没有很好控制，疫病越演越烈。学校决定封锁校园，住在校外的老师，如果不是自己开车而是乘公交或地铁上班，就不要进入校园。于是裘柳钦一个60多岁的老头

子接替了住在校外的2位老师的课。当时的收入分配制度是按月领固定的课时费,只要上课满规定的课时,上多上少报酬是一样的,也就是说裘柳钦上3个人的课并不多拿分文。因此,大家推举裘柳钦又一次获得"优秀共产党员"的荣誉。

在首先完成学校工作的前提下,裘柳钦也为社会上的民族器乐的普及做了一点工作。从1978年教自己的两个儿子拉二胡开始,裘柳钦先后为西城区中华路小学和海淀区北高庄小学举办二胡班,并为北京市西城区少年宫民乐队义务担任艺术指导。1987年,北京市成立了中学生"金帆艺术团",西城区少年宫民乐队改名为北京市中学生金帆艺术团民乐一分团(在丰台区的北京十二中为二分团),地点从西城区少年宫转到北京市三十五中学,裘柳钦与何维青、杨杰等人被聘为第一批艺术指导。

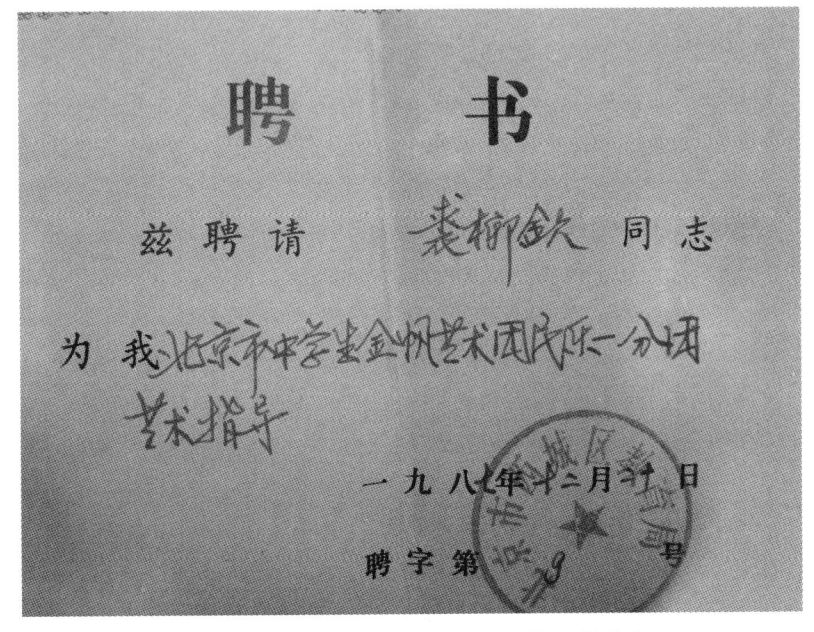

1987年裘柳钦出任金帆艺术团艺术指导的聘书

在此期间裘柳钦与中国音乐学院二胡教师刘振华合作编辑并由中国音乐学院内部出版,《儿童二胡教程》第一、二册。第一册1983年出版,第二册1984年出版,这两本书里有裘柳钦编写的练习曲89首,独奏曲3首:《我是一朵报春花》、《秧歌舞曲》、《美丽的孔雀》。

裘柳钦创作的二胡独奏曲《我是一朵报春花》（片段）

事业的转型

1984年底，裘柳钦担任民乐队队长的任期已满，他没有谋求连任。80年代是裘柳钦的转型期，所以裘柳钦尽可能地创造条件，参与演奏、教学、创作、科研等多方面的工作，从多角度的去探索舞蹈音乐的规律。

探索舞蹈音乐的规律，说起来容易，做起来难。舞蹈音乐是一个音乐学与舞蹈学相交叉的学科。与戏曲音乐、电影音乐等交叉学科相比，舞蹈音乐的研究显得较为薄弱，需要有人去从事这方面的工作以填补空白。

从全国范围看，从事舞蹈音乐研究的人员寥寥无几，他们所在的工作单位是音乐学院、音乐研究所，这些人有较为专业的音乐学方面的知识，但他们接触舞蹈的机会却不多。而我们这些在舞蹈学院的音乐工作者，整天处于舞蹈环境之中，周围有很多优秀的舞蹈学者、舞蹈编导、舞蹈教师、舞蹈演员，可以方便地从他们那里汲取舞蹈信息。这么得天独厚的条件，促使我们应该去从事探索舞蹈音乐规律的工作。

裘柳钦虽然没有担任乐队的领导，但他依然愿意为乐队做一些工作。1985年到1987年，为解决舞院教师学历过低的问题，学校举办了一期夜大学（大专），为舞蹈教师和部分音乐教师创造了进修提高的条件，其中音乐部分由诸信恩、裘柳钦和马友为担任辅导员，诸信恩侧重负责钢琴方面，裘柳钦和马友为负责乐队方面。

比起音乐专修班来，这个班的工作量要轻松得多。学员的主科老师基本上是自己解决的，即原先跟谁就接着跟谁学，每学期做一次汇报。社科课程及文化课与舞蹈教师一起上，毕业时每人写一篇毕业论文，由裘柳钦给看一看并确定是否通过。

音乐创作方面，裘柳钦将二胡曲的创作转入了舞蹈音乐的创作，1986年7月第一届国际舞蹈院校舞蹈节在香港举办，我院中国民间舞系派出了代表团，带去王玫编创的两个节目，一个是山东胶州秧歌《春天》，一个是安徽花鼓灯《大兰花》。《春天》由裘柳钦编曲，《大兰花》由王俊武作曲。《春天》获得好评，得了奖。

为庆祝中华人民共和国成立40周年，1989年9月第二届中国艺术节在北京举办，由文化部和北京市人民政府主办，开幕式在庄严的人民大会堂举行。

开幕式的整台晚会共有四个节目：有中央乐团、中央歌剧院等单位的大合唱《祖国颂》；北京舞蹈学院的大型中国民间舞序列《华风乡情》；中国杂技团等单位的杂技《春苗》；中央乐团、中央音乐学院等单位的交响乐《贝多芬d小调第九（合唱）交响乐（第四乐章）》。《华风乡情》全长约42分钟，艺术指导：许淑媖、吕艺生、潘志涛。编导：高度、贾美娜、游开文、孙龙奎。作曲编曲：裘柳钦、王文汉、赵石军。由北京舞蹈学院中国民间舞系教育专业三年级、表演专业一年级学生演出。舞蹈由东北秧歌、藏族舞、朝鲜族舞、安徽花鼓灯4个部分组成，具有浓厚的乡土气息和节日气氛。中共中央总书记江泽民、国家主席杨尚昆、全国人大常委会委员长万里、国务院总理李鹏等党和国家领导人观看了演出，中央电视台现场直播。

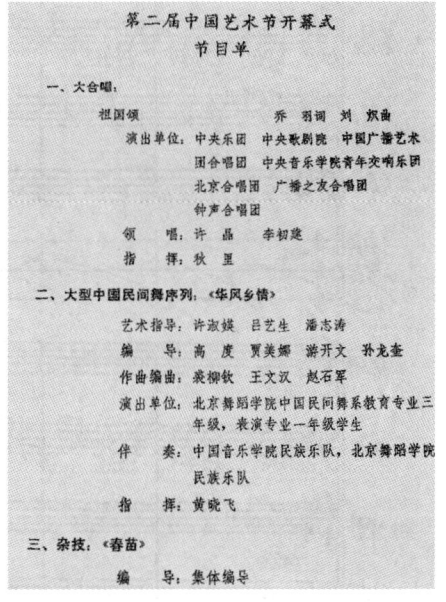

左：1989年9月第二届中国艺术节开幕式节目单的封面；右：第二届中国艺术节开幕式的节目单首页

《华风乡情》总谱手稿（片段）

1985年我院的第一份刊物《舞蹈教学与研究》诞生，吕艺生任主编，

裘柳钦被聘为编委。(1992年改为《北京舞蹈学院学报》后继续任编委直至2002年退休)

有了一个刊物，这对学校来说是一件大事，首任院长陈锦清在祝词中写道："《舞蹈教学与研究》出刊了，这是北京舞蹈学院教师们多年的心愿。我衷心祝愿这个刊物能够成为交流教学经验的园地，成为学术交流、研究、百花齐放、百家争鸣的园地，为教学改革，提高教学质量，从而培养出优秀的舞蹈人才而做出贡献。"[①]

院长李正一和副院长吕艺生合写的《写在舞蹈科研的起点上》（代发刊词）中写道："可喜的是，在我院刚过'而立'之年，就在改革的锣鼓声中成立了兼有行政和学术研究双重任务的科研处，又创办了《舞蹈教学与研究》。这是我院从经验教学转向科学教学的一个新起点。"[②] 裘柳钦对参加这项工作很感兴趣，这为裘柳钦从课堂伴奏走向理论研究架起了一座桥梁。

裘柳钦在兼职编委后做了几项工作：

1. 写稿：

1985年创刊号上发表了裘柳钦的第一篇论文《关于中国民间舞课堂伴奏形式的探讨》，在第二期上发表《选择和丰富中国民间舞课堂音乐的若干方法》后，陆续在《舞蹈教学与研究》、《中国音乐》、《北京舞蹈学报》以及90年代在薛良先生主编的工具书《音乐知识手册》（第四集、第五集）、《音乐的实用知识》和李洪明主编的《艺术鉴赏》发表了20多篇论文。

2. 写报道：从1985—1990年间在《舞蹈教学与研究》及《艺术教育》上有关北京舞蹈学院的报道差不多都是裘柳钦写的。

3. 组稿：

如1987年秋天在香山脚下的海军招待所举办的全国第一届古典舞研讨会上，裘柳钦组织了一期专刊的稿子，撰稿人几乎都是各舞蹈学校的校长和中央民族大学音舞系、解放军艺术学院舞蹈系的领导、著名编导及中国古典舞资深教师。

4. 审稿：

凡是音乐方面的稿子都由裘柳钦来审阅。

---

① 陈锦清：《祝词》，载《舞蹈教学与研究》1985年创刊号，第2页。
② 李正一、吕艺生：《写在舞蹈科研的起点上》（代发刊词），载《舞蹈教学与研究》1985年创刊号，第1页。

5. 外派到校外工作：

受文化部教科司及学院的指派，1987年3月全国"两会"期间，裘柳钦去全国政协六届五次会议大会秘书处工作，会期18天。

政协是按界别分组的，136名全国政协委员分为三组，裘柳钦在第一组当简报秘书，同一组的简报秘书还有中国文化报的记者，国际关系学院的老师，中国图书进出口总公司的干部，由裘柳钦任简报秘书小组组长。该组政协委员召集人是原中共中央宣传部副部长兼文化部副部长、文艺理论家林默涵，成员中还有两位原文化部副部长及著名作家、著名导演、老音乐家、老书法家、老翻译家等组成（巴金、贺绿汀等委员因病请假缺席）。

裘柳钦等会务人员旁听了全国人大、全国政协每一次在人民大会堂举行的全体会议，其余时间则参加小组讨论会或联组讨论会，做会议记录，每天晚上12：00以前写出简报，送审后汇总到大会秘书处，于次日凌晨排版、印刷，第二天发给每位政协委员作情况交流。

会议期间，部分文艺界全国政协委员与工作人员合影，参加合影的全国政协委员有（按姓氏笔画为序）：

卫仲乐、叶文玲（女）、冯骥才、刘燕平（女）、江定仙、杨宪益、吴雪、吴祖光、张贤亮、阿甲、林默涵、周而复、姚雪垠、梅阡、雷振邦、管桦、臧克家、魏传统。

1987年3月裘柳钦参加政协六届五次会议的会务工作证

1987年3月部分文艺界全国政协委员与工作人员在北京远望楼合影（后排左二为裘柳钦）

会议期间裘柳钦还采访了魏传统、江定仙、卫仲乐、雷振邦等部分政协委员，有的留下了照片。

1987年3月，裘柳钦采访原中国人民解放军艺术学院院长、开国少将、诗人、书法家魏传统

1987年3月，裘柳钦采访原中央音乐学院副院长、作曲家江定仙教授

1987年3月，裘柳钦采访国乐大师卫仲乐教授

1987年，在北京成立了以北京大学哲学系教授汤一介为院长的中国文

化书院，这是一所民间的以弘扬中国传统文化为宗旨、不以盈利为目的的非学历教育机构。

1987年5月至1989年5月，中国文化书院举办了"中外比较文化研究班（函授）"，为大学后教育。裘柳钦报了名参加该班学习。

这个研究班共开设了15门课程：中国文化概论、日本文化概论、印度文化概论、西方文化概论、文化学概论、马克思主义文化学、比较哲学、比较文学、比较美学、比较法学、比较史学、比较宗教学、比较教育学、比较伦理学、比较方法论。书院还不定期地寄来学报，刊载一些老师指导的文章，也不定期地组织面授，面授时间一般都安排在星期天和寒假、暑假期间，所以，裘柳钦差不多每次都去听讲。

指导教师都是全国有权威的国学专家，他们是：梁漱溟、冯友兰、张岱年、季羡林、杨宪益、袁晓园、周一良、侯仁之、牙含章、阴法鲁、启功、任继愈、庞朴、汤一介、李泽厚、厉以宁、叶朗、陈鼓应等，还有一些外籍教授。

裘柳钦写的毕业论文合格，获毕业证书。尽管这与学历无关，但裘柳钦还是在这个班里学到一些东西。他把学习的心得写成《朝鲜族与维吾尔族民间舞蹈音乐的比较研究》和《中西乐理之比较研究》公开发表，算作是裘柳钦参加这个班学习的汇报吧！

裘柳钦参加"中外比较文化研究班"的毕业证书

1987年坐落在紫竹院公园北的新校区第一期工程基本完工，新校区地处文化发达的海淀区，南门是万寿寺路1号，北门是民族大学南路19号，这里有很好的人文环境：北邻中央民族大学，东靠中国空间技术研究院，东南角是国家图书馆，正南面是紫竹院公园，西边与中国科学院地质力学研究所毗邻，西北角是中央社会主义学院。一期工程建筑面积近7万平方米，待二期、三期工程完工后，建筑面积将达12万平方米，是世界上规模最大的舞蹈学院。。一期工程基本完工后，大部分学生已迁移至新校区上课，住在这里的老师大部分也在这里上课。但由于还有一部分学生在原址上课，所以需要有部分老师去那里上课。

乐队方面裘柳钦和张志雄老师及散居在城区的老师仍去陶然亭路39号旧址上课，一直坚持到1989年全部搬来新址为止。这期间，裘柳钦几次动员王文汉老师，希望他的东西能流传下来。后来他们达成默契，两人合写一本书，定名《东北秧歌音乐》。

裘柳钦抓紧时间录制了王文汉老师用唢呐演奏的乐曲（有的乐曲的变奏多达40多个），共录制了80多首乐曲。其中有相当一部分乐曲是王文汉老师在中华人民共和国建国前做艺时吹奏的乐曲，十分珍贵。裘柳钦把这些乐曲全部加以记录整理，并做了某些理论总结。历时两年，完成全书的编辑整理。

其中涉及了一种特殊的变奏手法"五调朝阳"，这里五调指的是同宫系统中五种不同的调式，朝阳即还原，五调朝阳的意思就是将一首乐曲（曲牌）在同宫系统内有规律地进行五次调式转换后，又还原到原来的乐曲上来。

为了实现上述目的，要运用民间"借字"的技法。"借字"是按一定的规律用某一个音或某几个音来代替乐曲中的某一个音或某几个音，用以改变乐曲的调式、调性，进而衍变、发展旋律，使音乐富有变化。五调朝阳是我国古代音乐理论指导下的一种艺术实践。在我国民间，直至近代的民间艺人仍在实践这一理论。遗憾的是由于缺乏进一步的理论研究并大力加以推广，致使今天能较好地演奏五调朝阳的艺人已几乎绝迹。

王文汉老师是非常难能可贵的能演奏五调朝阳的人。他通过"借字"实现"五调朝阳"。在此之前，裘柳钦从未听到过"五调朝阳"这个词，更没有听到有人演奏。这次搞教材的过程中有了接触，使他对此问题产生了浓厚的兴趣。

裘柳钦大概花了将近半年的时间来破解它。终于，功夫不负有心人，裘柳钦运用音乐理论中移调的原理，按规律做五次移调，再用他较好的数学基础进行"借字"。基本旋律出来以后，又要用民间艺人常用的加花手法加以润饰，终于获得突破，写成论文《"借"与"赁"》，发表于《中国音乐》1990年第3期，获得音乐界人士的好评。

这本书如期完成，交院长审阅。学院组织力量审阅了这本书，获得肯定，决定出版，但由于当时的出版有相当难度，最后落实到文化部直属院校中唯一有出版社的浙江美术学院出版社，排队一直到1994年才出版。

此时，这家出版社已随校名的改变而变成中国美术学院出版社。这本书的出版按今天的说法，就是裘柳钦做了一件抢救非物质文化遗产的工作。

以下是诸信恩和吕艺生对《东北秧歌音乐》一书的评价：

我怀着很大的兴趣读完了王文汉和裘柳钦两位老师合著的《东北秧歌音乐》一书。从民间舞蹈课的音乐方面来说，较全面地介绍和论述了东北秧歌音乐的旋律、调式、节奏、变奏手法、五调朝阳等特点。这似乎还是首次吧。王文汉同志熟练地用唢呐掌握了东北秧歌音乐中大量的曲牌和调的演奏风格、即兴变奏手法，现在总结出来上升到理论，实为可贵。其中关于"五调朝阳"的论述更为突出。经以上两位老师从丰富的实践基础上归纳出和西洋变奏手法迥然不同的中国式变奏手法，具有一定的学术水平和学术价值。从某种角度来讲，也许这无疑是抢救和保存了东北秧歌音乐的遗产，丰富了华夏民族音乐的宝库。

诸信恩
1988年9月7日

王文汉、裘柳钦二位老师：

你们的《东北秧歌音乐》，我草草地读了一下，我觉得很好，很有兴趣，我也是对'五调朝阳'最感兴趣，学术价值很高。建议出版。一方面你们自己联系出版社，院里也联系。关于'序'，我虽然愿意写，但为了提高它的影响，我建议请一位音乐名家来写会更好。请你们考虑。

吕艺生
1988年11月6日

1987年10月，裘柳钦与唢呐演奏家胡海泉、王文汉一起，在北京音乐厅聆听了中国音乐家协会和中国音乐学院联合主办的学术性音乐会《辽南鼓吹乐》。[①] 演奏这些音乐的人都是当地很有名气的鼓乐艺人，如营口的张庆驰、鞍山的赵尔岩、沈阳的吕升岩、海城的张义臣等。参加演奏的艺人，年龄最小的70多岁，最大的近90岁。王文汉、胡海泉、裘柳钦还到驻地拜会他们，听他们谈演奏辽南鼓吹乐的体会。

1988年春节至元宵节，裘柳钦与舞院民族民间舞系全体教师、沈阳音乐学院附属中等舞蹈学校的领导和全体民间舞教师在沈阳市的一些大公园观看市民跳东北大秧歌，体会他们发自内心的欢乐之情；到鞍山观看那里举办的秧歌会演；参加两所舞校民间舞教师的多次学术研讨会，畅谈东北秧歌教学的经验。

上述两项活动也为王文汉、裘柳钦编写《东北秧歌音乐》一书提供了不少宝贵的资料。

这本书完成后，很快被1988年刚建立的社会科学部的主任左盛华老师发现，于是她动员裘柳钦从民乐队调到社科部工作，从事音乐史论的教学工作。

经院领导研究，权衡乐队与社科部的力量对比，决定把裘柳钦暂时留在乐队，先开设选修课。左盛华老师找裘柳钦谈话，给裘柳钦半年时间，把中国民间舞蹈音乐的其他部分的讲稿也写出来并尽快开课，她给裘柳钦半年时间，其实裘柳钦在乐队的工作并没有脱产，而是利用晚上和星期天的时间。

裘柳钦对时间抓得很紧，半年内不但写出讲稿，而且自己刻蜡纸。社科部秘书于红把讲稿以讲义的形式油印了出来，共45张蜡纸。定名为《中国民间舞蹈音乐（纲要）》，跟裘柳钦后来出版的书相比较，这本纲要显得比较简单、粗糙，但与音乐界的《民族音乐概论》相比较，仍有独到之处。在音乐界称这些音乐为歌舞音乐。

自古以来，音乐与舞蹈是不分家的，舞蹈中也经常有唱，如新中国成立前秧歌表演叫唱秧歌，现在的秧歌从来也没有听到唱，而完全是跳秧歌。安徽花鼓灯是歌舞相间的艺术，唱的成分占的比重很大，而今天这些花鼓歌（灯歌）几乎听不到了。歌舞音乐这个词也不够准确了。所以定名为"中国民间舞蹈音乐"，有其时代意义。

[①] 辽南鼓吹乐是中国传统器乐吹打乐的一种，广泛流传于辽南地区，主要用于婚丧风俗活动，曲目丰富，某些乐曲的片段可用于东北秧歌伴奏。

其次，音乐界认定的歌舞音乐纯属民间的农民或牧民表演的歌舞，裘柳钦则认为这只是一个狭义的理解。广义的理解应当是除了上文所述的舞蹈音乐以外，还包括那些按舞蹈艺术的规律为民间舞教材和民间舞剧目而创作的民间舞蹈的音乐。只有把这个概念搞清楚了，大家才能思路敞开。

有了这本讲义，1989年的下半年，裘柳钦第一次开设了选修课《中国民间舞蹈音乐》，报名的有中国民间舞系教育专业三年级，表演专业一年级、社教系群艺班的学生约50余人。

这是裘柳钦第一次登上讲台，裘柳钦的性格比较内向，不善言谈，又有较浓重的嵊州口音，不免有些紧张，语速非常快。但学生对裘柳钦老师非常友善，对他的授课非常支持。

1990年6月第一期专业证书班毕业照

参加合影的有： 舞蹈学院院长吕艺生（二排右六）、中国舞蹈家协会副主席史大里（右七）、社会科学部主任左盛华（右八）、副院长许定中（右九）及罗雄岩（左八）、**裘柳钦**（左七）、李至善（左六）、郜萼（左五）、刘达丽（左四）、于平（左三）、吴子连（左二）、顾以雯（右三）等

2000 届夜大学毕业照

参加合影的有：常务副院长于平（左六）、学术委员裘柳钦（左五）、成人教育部党支部书记尹志清（右五）、社科部副主任刘达丽（右四）及邓文英（左四）、孙胜英（右三）等

有了第一次，就有第二次，在 1989 年开选修课后不久，裘柳钦便兼夜大学（现继续教育学院）的课，时间长达十年。1990—2000 年，1990 年北京舞蹈学院开办第一期《专业证书》教学班，裘柳钦在给他们讲课时，心里踏实了很多。

1990 年，裘柳钦晋升为副教授。1991—2001 年任学院职称评审委员会委员。

1991 年，裘柳钦加入了中国音乐家协会。

1991 年 8 月，裘柳钦与韩大明、赵承勋、马有为、王民和北京舞蹈学院为贵州省文化厅代培的贵州班的学生一起，赴贵州省贵阳市参加中国西南艺术节的演出。这是裘柳钦离开乐队前的最后一次演出。在贵阳的 20 多天时间里，除演出外，还参加了贵州省文化厅组织的一些活动，并深入到红枫湖周边的侗族山寨，聆听她们演唱侗族大歌，与侗族群众联欢共跳集体舞。

1991年8月裘柳钦在侗寨风雨楼前

社 科 教 学

　　1992年1月放寒假前夕,裘柳钦正式从民乐队调出,到本院社科部工作。社科部的主任是左盛华老师,下设6个教研室:马列教研室、艺术理论教研室、舞蹈史论教研室、音乐史论教研室、中文教研室、外语教研室。1988年建立社科部时,从中国艺术研究院、北京大学、北京师范大学等院校和科研机构调来了8位硕士研究生,此后又陆续调进一些硕士、博士研究生和博士后,这个部门的师资力量有了较大的充实。

　　按照当时的党委书记魏德俊的说法,社科部成立初期的主要任务就是让学校完成从中专向大学的过渡,学科建设是一项最重要的任务。因此必须在较短的时间内,建设一批有舞蹈院校特点的课程,为此,必须要编写出与之相适应的教材。

　　在左盛华老师的组织领导下,一批教材在快速编写,如《中国民间舞蹈文化教程》、《世界芭蕾史纲》、《舞蹈教育学》、《舞蹈评论教程》、《舞蹈创作心理学》、《中国民间舞蹈音乐概论》、《舞蹈大词典》、《舞蹈写作教程》、《中外舞蹈思想教程》等,这些教材性的著作在1994年由中国戏剧出版社出版,向北京舞蹈学院建院40周年献礼。

　　我院舞蹈史论系在1985年招收了第一届学生,1989年毕业后一直没有招生。如果连续三年不招生,没有在校学生,该系将被文化部取消。

　　学院研究后,决定1992年招生并将史论系交社科部代管,即一套人马两块牌子。社科部接管了史论系后,对招生工作进行了研究,认为在舞蹈表演专业的中专生中招生,学生文化课的水平不够理想,于是对招生工作进行改革,从高中毕业生的舞蹈爱好者中招生。

　　根据这一届学生是从高中毕业生中招生的特点和学院提出的培养复合型人才的目标,系里修订了课程设置和教学方案,以培养学生具有扎实的理论基础,宽阔的知识面。同时要求学生在舞蹈专业技术方面也应达到相应的水平。

　　四年来,部门共设置了社科课程40余门,其中在舞蹈理论、舞蹈史、艺术理论、各种文化、音乐理论等方面都形成了科目的群组化,即每类课程以一门为中心，多门课程配套拓宽。对工具性的学科，系里也加以充分的重视，如外国语言文学、中国语言文学、舞蹈文献检索、计算机等课程都安排了适量的课时。

外语课除了学院规定的课程外，系里要求学生尽量达到国家四级标准，少部分学生向六级迈进。这一工具性学科强调的是基于对未来的史论人才必须有外语工作辅助的必要性的明确认识，使学生受益很大。全班学生分别在二年级或三年级时参加北京市高校的外语统考，其中25%的学生达到六级标准，75%的学生达到四级标准，取得了可喜的成绩。

四年来，学生的写作也有了很好的展示，该班学生曾自办系刊十期，论文习作集3期。此外，他们还在多种报纸、杂志公开发表论文20余篇，其中不少文章已有了一定的理论深度和较强的文字能力。

在舞蹈技术课方面，系里聘请了许定中、顾以雯、朱清渊、沈元敏、张瑜、王玫、张守和等老师任教。学生们通过学习中国民族民间舞、中国古典舞、芭蕾舞、现代舞、外国代表性舞蹈及编导课，均达到了一定的水平。毕业前夕，该班学生还自编、自导、自演了一台具有史论系特色的晚会《纪念册》，在北京展览馆剧场公开演出，获得好评。

毕业论文的写作，系里做了周密的安排，组织了论文宣讲会，12篇论文各具特色，从选题到写作，从立论到论证都体现了舞蹈学院本科学生论文写作的最高水平。应该说，较之以往的学生论文是有了一个明显的提高。在学院的支持下，该班学生的毕业论文汇编成册，以学报出专集的形式公开出版（见《北京舞蹈学院学报》1996年第四期）。

1992年1月，裘柳钦从民乐队调入社科部后，任该部音乐史论教研室主任；1993年至1994年任社科部副主任兼史论系副主任、音乐史论教研室主任；1995年任社科部主任兼史论系主任、音乐史论教研室主任。吴子连、袁禾任社科部副主任兼史论系副主任。1996年吴子连调离学校后，刘达丽任社科部副主任、党支部书记。1996年12月，裘柳钦受聘北京舞蹈学院学术委员会委员职务。

1996年6月裘柳钦在史论系1996届毕业论文宣讲会上做总结

1996年4月，裘柳钦因得膀胱癌住院。

裘柳钦在北京大学人民医院做激光电切手术并接受治疗。主刀大夫是时任该院泌尿外科副主任的白文俊大夫，手术获得成功。膀胱癌是一种极易复发的疾病。裘柳钦很幸运，从未复发。原因有三：一是及时发现；二是大夫的医术高超，裘柳钦与大夫配合默契；三是心态好。

出院才一个星期，裘柳钦就上班了，不但继续上课，还要参加各种会议，处理社科部和史论系的日常工作，到办公室坐班。好的心态分散了裘柳钦的注意力，让他始终保持着乐观的生活态度。

1996年的下半年，舞蹈史论系不再由社科部兼管，而是与科研处合并办公。1997年3月裘柳钦辞去社科部主任的工作，但仍担任院学术委员会委员之职直至退休。

1992年1月裘柳钦到社科部工作，当年上半年做了两件事：一是备课并编写了《舞蹈音乐视唱教程（讲义）》，自刻蜡纸36张，共255首视唱练习，初步解决了在乐理课中没有视唱教材的问题。第二件事是参加史论系的招生工作，按计划在北京、上海、成都、武汉等地招收了12名学生。

从这一年的下半年起，裘柳钦开设了两门必修课：《音乐理论基础》（含视唱练耳）、《中国民间舞蹈音乐概论》；还有一些选修课。

到社科部工作后，加速了裘柳钦对科研工作的进程，一边教学，一边科研，相辅相成，教学相长。90年代是裘柳钦出科研成果比较多的一段时间，主要出版物有：

1.《音乐知识手册》第四集（撰稿人），薛良主编，中国文联出版公司，1991年12月。

2.《音乐的实用知识》（撰稿人），薛良主编，中国文联出版公司，1993年6月。

3.《中国民间舞曲精选》（主编），中国文联出版公司，1994年3月。

4.《中国民间舞蹈音乐概论》，中国戏剧出版社，1994年6月。

5.《东北秧歌音乐》（与王文汉合编），中国美术学院出版社，1994年12月。

6.《藏族歌舞曲选》，北京舞蹈学院社科部内部出版，1994年12月。

7.《艺术鉴赏》（音乐部分负责人兼撰稿人），李洪明主编，东方出版社，1997年5月。

8.《舞蹈音乐视唱教程》，中国文联出版公司，1997年5月。

9.《音乐知识手册》第五集（撰稿人），薛良主编，中国文联出版公司，1997年9月。

据不完全统计，90年代，裘柳钦还发表了12篇论文。论文的内容除了舞蹈音乐以外，还涉及有关音乐教育的问题。发表的论文有：

1.《"借"与"赁"》（与王文汉合作）载《中国音乐》1990年第3期。

2.《中国民间舞蹈音乐概述》载《舞蹈教学与研究》1990年第1期。

3.《朝鲜族与维吾尔族民间舞蹈音乐的比较研究》，载《北京舞蹈学院学报》1992年第1期。

4.《小议东北秧歌曲牌的标题》，载《北京舞蹈学院学报》1992年第2期。

5.《中国民间舞蹈音乐的曲式分析》，载《北京舞蹈学院学报》1993年第1期。

6.《"止步锣"的叫法不妥》，载《北京舞蹈学院学报》1995年1—2期。

7.《"五调朝阳"在舞蹈音乐创作中的运用》，载《北京舞蹈学院学报》

1996年1—2期。

8.《在舞蹈史论系1996届毕业论文宣讲会上的总结发言（代序）》，载《北京舞蹈学院学报》1996年第4期。

9.《中西乐理之比较研究》，载《北京舞蹈学院学报》1997年第1期。

10.《浅谈中国民间舞蹈音乐的记谱问题》，载《北京舞蹈学院学报》1998年第1期。

11.《关于音乐理论基础课加强素质教育的探讨》，载《北京舞蹈学院学报》1999年第3期。

12.《中国民间舞蹈音乐的继承与发展》，载《北京舞蹈学院学报》1999年第4期。

社会科学部在校内本科教学的同时，还举办了4期函授班（大专），为社会培养了150多名在职干部。

1995年8月，裘柳钦与良师益友罗雄岩教授到河南讲学期间，在开封包公祠与两位学生合影（左二裘柳钦、右二罗雄岩）

1993年9月—1994年7月，史论系还开办了一期青年歌手进修班，是为北京文化艺术音像出版社、天星文化娱乐有限公司"包装"歌手而代培的。

9位签约歌手以在香港举办的"英皇金融杯"青年歌手电视大奖赛的得奖歌手为主。他们中有特等奖获得者戴娆、一等奖获得者梅华、二等奖获得者刘婕、三等奖获得者李慧珍等。为她们开设了音乐理论基础，视唱练耳、钢琴、艺术概论、大学语文，形体训练等7门课程，通过培训达到了预期目的。

1994年青年歌手班部分学生在王鼎藩教授家合影（居中裘柳钦、右三王鼎藩）

1994年青年歌手班部分学生在上舞蹈基训课

1994年6月，史论系青年歌手进修班在北京市文化局礼堂举行结业典礼上的结业照，参加合影的有北京市文化局局长张和平（前排左四）、北京舞蹈学院党委副书记谷长江（前排左七）、著名影视制片人潘洪业（前排左六）、资深学者薛良（前排右六）、舞蹈史论系主任左盛华（前排左五）、副主任裘柳钦（前排右三）、天星文化娱乐有限公司培训部主任孙仁杰（前排右二）、教授王鼎藩（前排左二）、人事处处长尹志清（前排右一）及张和（前排左一）、袁禾（二排右一）等。

1996年史论系96届毕业生合影留念（前排左六学院原党委书记魏德俊、左七党委书记王国宾、左八常务副院长于平、左五副院长熊家泰、左四原史论系主任左盛华、左三院长助理李续、左二史论系主任裘柳钦、左一副主任吴子连、右三袁禾）

舞蹈史论系领导与部分毕业生合影留念裘柳钦（右二）、吴子连（中）、袁禾（左三）

舞蹈史论系领导及部分教师与美籍教师朱迪合影

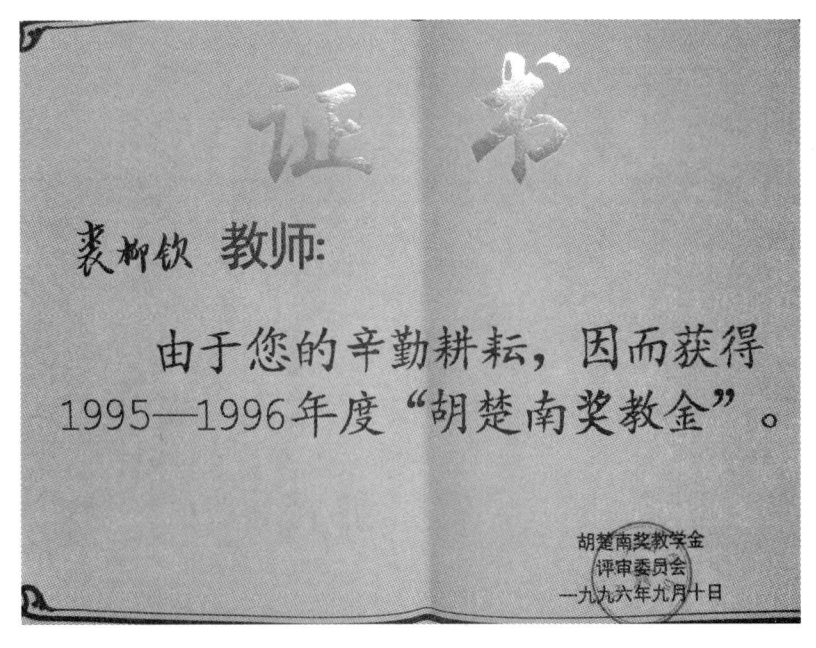

1996年裘柳钦获得首批香港实业家胡楚南教奖金

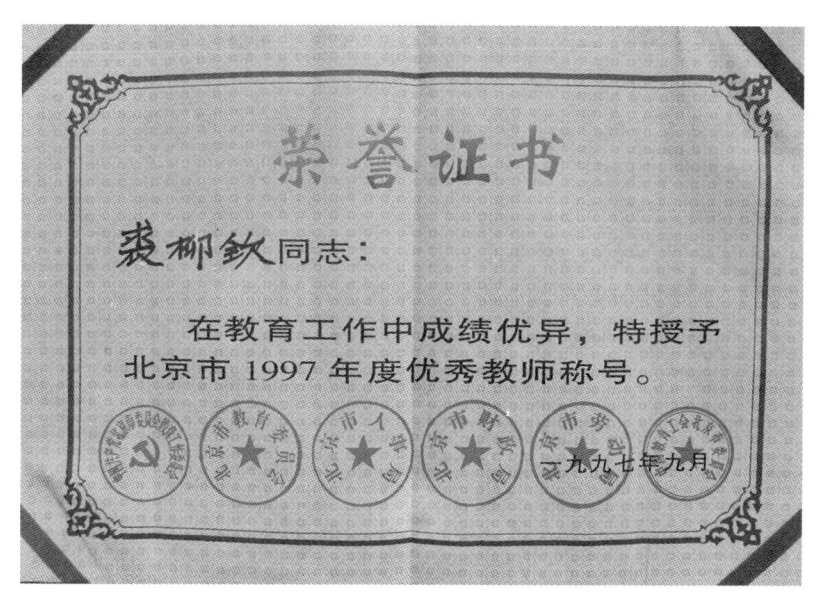

1997年裘柳钦获得北京市优秀教师称号

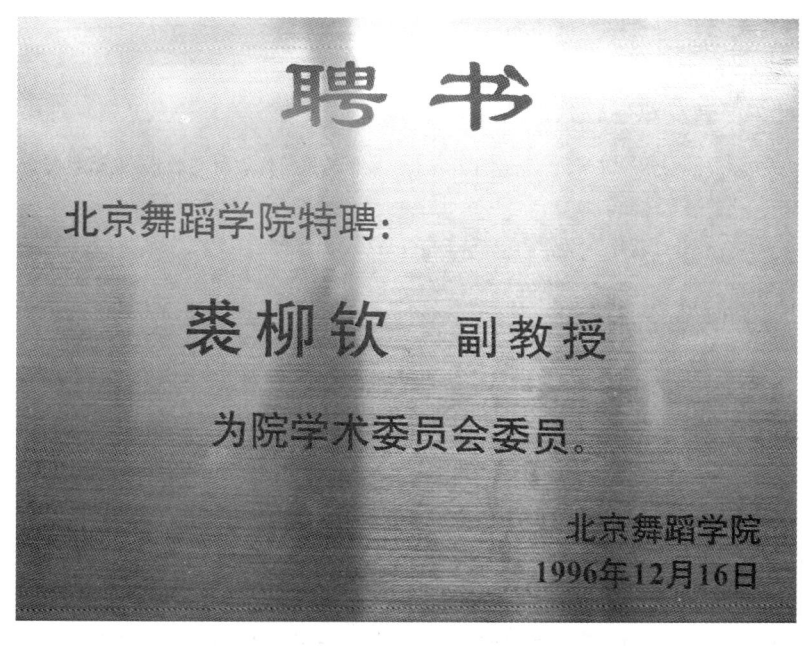

1996年12月，裘柳钦被聘为院学术委员会委员的聘书

1995年北京舞蹈学院在北京、南京、太原等地招收了第三届舞蹈史论系的学生（1996年系名改为舞蹈学系，是我院首届舞蹈学系的学生）。

　　社科部主管下的1992级史论系学生和社科部招生后转入科研处管理的1995级学生成才率高，如留校任教的许锐、徐颃、程羽、慕羽、仝妍都成为学校中青年教师的中坚力量。分配到校外工作的学生，也都在各自的工作单位发挥着重要的作用。

　　1998年暑假，裘柳钦应潘志涛主编之邀，赴广州郊区花都县基地，与北京舞蹈学院中国民间舞系的老师，广东舞蹈学校的民间舞老师一起，编写《中国艺术教育大系·舞蹈卷·中国民间舞教材与教法》一书，参加编写的民间舞教师共23人。音乐编委由裘柳钦一人承担。共编写了477个组合。

　　在这本书出版的同时，还配备了一套CD，一套DVD。为此，这些音乐全部要录音。477首音乐分为四类：1. 迷笛制作；2. 配器，将近100首乐曲全部由裘柳钦配器；3. 短小的组合音乐即兴演奏；4. 打击乐。这本书是在2001年5月由上海音乐出版社出版的。获2001年教育部国家科技二等奖、北京市教委科技一等奖，发行全国。现已作为全国舞蹈院校中国民间舞教学的主要教材。

《中国民间舞教材与教法》编辑委员会

主　　编：潘志涛
副 主 编：明文军　高　度
舞蹈编委：潘志涛　明文军　高　度　赵铁春
　　　　　韩　萍　田　露　周　萍　王晓莉
　　　　　黄奕华
音乐编委：裘柳钦

2001年出版的《中国艺术教育大系·舞蹈卷·中国民间舞教材与教法》，裘柳钦任音乐编委

20 世纪 90 年代，裘柳钦先后入选《中国音乐家名录》、《中国音乐家辞典》、《中国教育家辞典》、《二十世纪中华国乐人物志》。

2001 年 8 月暑假期间，裘柳钦与部分乐队教师在京郊平谷的"北京市教工疗养院"休养，并为在那里召开的"全国优秀教师代表会议"表演音乐节目。左一何维青、左二龚小明、左三左杏娟、左四王延亭、右二杨光、右一裘柳钦

发挥余热

2002年5月，裘柳钦正式退休，但他退而不休，2002年到2004年由社科部返聘，2004年至2013年由中国民族民间舞系返聘，继续做民间舞的伴奏工作。

2013年5月，民乐队教师配合潘志涛教授在沙龙舞台上示范课，参加伴奏的民乐教师有：乔蕊（前排右）、左杏娟（前排中）、杨光（前排左）、龚小明（二排右一）、裘柳钦（二排右二）、吴建红（二排中）、王延亭（二排左二）、徐学铭（二排左一）

2004年，为庆祝建校50周年的活动，裘柳钦在过去出版物的基础上，再次加工整理，由上海音乐出版社出版了3本书：《中国民族民间舞蹈音乐教程》、《舞蹈音乐视唱教程》、《中国民族民间舞曲选》（主编）。其中《舞蹈音乐视唱教程》已多次印刷。这些书是从裘柳钦20多年的科研经历中逐步丰富、深化的结果，科研与教学相结合，把科研成果编写成教材；而在教学实践过程中,从学生的反馈中,又提出了不少新问题,针对这些问题反复进行思考,得到的新成果再贯彻到教学中去,循环往复,其乐无穷。

2007年受学院聘请，裴柳钦任院教学督导委员会委员，听了部分公共基础部教师和民间舞教师的课，提出了相关的意见。

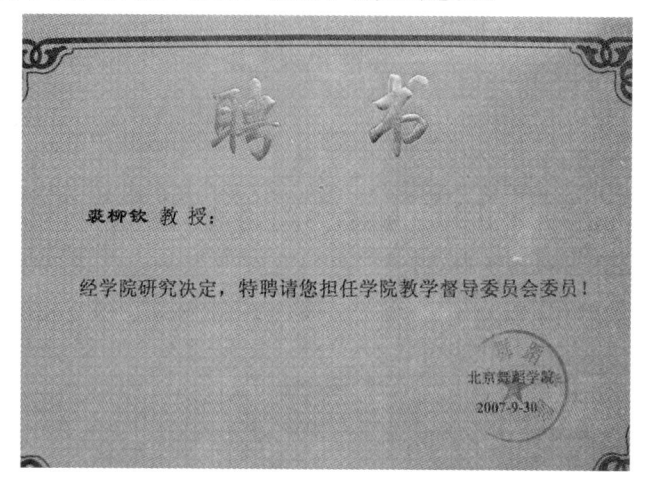

2007年裴老师受聘担任北京舞蹈学院教学督导委员会委员

2008年，四川汶川发生大地震，裴柳钦交了一次特殊党费人民币1000元，以表达对汶川人民的一点爱心。

2008年，裴柳钦为汶川灾区捐助了1000元特殊党费

2010年4月，裴柳钦参加了在青岛郊区胶州市举办的第二届中国秧歌节；2010年10月又参加了在蚌埠举办的第三届中国花鼓灯歌舞节；2012年4月参加了在胶州市举办的第三届中国秧歌节，与学生一起演出，期间

还到胶州秧歌的发源地南庄考察。

近年来,裘柳钦还为120多首中国民间舞课堂组合音乐及一些舞蹈剧目的音乐配器,写出了乐队总谱。在这些总谱写作中,裘柳钦充分考虑了不同民族、不同地区乐队的配备,注意不同音色的运用。如东北秧歌等秧歌类音乐,以唢呐为主奏乐器,也使用板胡。唢呐以其宏大的音量;善于与打击乐器相结合,善于表现各种喜庆的场面等特点,非常适合为秧歌类的舞蹈作伴奏。板胡是一件表现力极为丰富的独奏乐器,是梆子戏的主奏乐器,也是秧歌的主要伴奏乐器。在山东秧歌中,除唢呐、板胡外,还使用柳琴。柳琴既是民族乐队弹拨乐器组很好的高音乐器,也是山东人民十分喜爱的地方性乐器。

少数民族部分使用了一些特色乐器,如藏族的扎木聂(六弦琴);维吾尔族的热瓦甫、弹布尔、艾捷克和手鼓;蒙古族的马头琴;朝鲜族的筚篥、伽倻琴和长鼓等。不同音色的运用使这些民族的舞蹈音乐的风格尽可能地向当地音乐效果靠拢。其中部分总谱将收录在《裘柳钦民间舞蹈音乐编创与配器作品选》中。

2011年4月下旬，裘柳钦出席了"北京市艺术院校人文社科公共课教学改革研讨会"，会后发表了《舞蹈院校学生加强音乐修养很有必要》一文，载陈建男主编的《探索与改革》论文集（中国电影出版社2012年5月出版）。文章谈了舞蹈院校的学生加强音乐修养的必要性；应达到的音乐素养以及需开设哪些课程以达到上述目标等。

裘柳钦在探索舞蹈音乐规律的同时，没有忘记提携中、青年教师，帮助他们提高论文写作的水平。在裘柳钦的指导下，孙宝萝先后在《北京舞蹈学院学报》、《中国音乐》、《人民音乐》等刊物发表了《中国民族民间舞蹈音乐的音腔研究》等10余篇论文和评论文章。李伟发表了《安徽花鼓灯锣鼓点名称初探》等论文。这些论文观点明确，论述清楚，文字流畅，有的可以称作优秀论文。

裘柳钦还应研究生部之邀，多次担任硕士研究生毕业论文答辩委员，对研究生的硕士学位论文提出评价意见。

2010年，北京舞蹈学院决定实施《中国当代舞蹈发展史资料库建设：舞蹈人物信息资源抢救与保护研究》工程，并分别于2010年、2011年和2012年分三批（今后仍将继续）入选舞蹈人物。

2012年6月28日，李续院长、邓佑玲副院长在湖北大厦迎宾楼13层1311会议室召集老教师7人，老校友1人开"舞蹈信息资源抢救与保护研究"专题座谈会。裘柳钦应邀出席了这次会议。会上，项目负责人李续院长做了发言；项目负责人邓佑玲副院长做了项目介绍；项目统筹、北京舞蹈学院学报副主编、编辑部主任仝妍博士做了关于"舞蹈人物信息资源抢救与保护研究"近几年的成果简介。

会上，邓佑玲副院长介绍了研究内容与方法："中国当代舞蹈文化史——舞蹈人物信息资源抢救与保护研究项目，拟采用艺术人类学、传记研究、艺术心理史学等方法，根据国家《档案法》、《艺术档案管理实施办法》等相关政策法规，结合各种现代科技手段，拟对中国当代舞蹈事业发展做出重要贡献的重要舞蹈理论家、舞蹈教育家、舞蹈编导、舞蹈表演艺术家的学术思想、教育教学、人才培养、创作与表演等方面的经验与成就，通过文献梳理、现场访谈与影像实录等方式进行活态信息资源的抢救与保护研究。该项目是一个长期的工程，需要不同时期的学者从不同的角度持续不断地梳理和保存舞蹈的活态信息资料，丰富完善中国的当代舞蹈艺术史的内容。"

会议以后，作为第三批入选人物之一的裘柳钦，在北京舞蹈学院公共基础部（原社会科学部）音乐教研室主任李莘博士的协助下，立即投入到资料的梳理工作中，整理、编辑《裘柳钦民间舞蹈音乐文选》和《裘柳钦民间舞蹈音乐编创与配器作品选》两本书。李莘还策划了电视记录资料片《中国民间舞蹈音乐的探索者——裘柳钦》的拍摄工作。

裘柳钦教授与李莘商讨资料整理工作的细节

上述工作全部完成后，裘柳钦将有关的历史照片、荣誉证书、聘书、乐队总谱手抄本、二胡分谱、《二胡基础教程》一、二册的手稿、二胡独奏曲手稿、有关出版物（著作及论文）、讲义以及《中国民间舞蹈音乐概论》、《音乐理论基础》两门课程的教学大纲、教学方案全部捐赠给了学校，这些资料将永久保存在北京舞蹈学院档案馆。

目前，裘柳钦身体尚可，仍在发挥余热。

第二部分

裘柳钦历年发表的部分学术论文

"止步锣"的叫法不妥

——"止步锣"不能代替"单喘气锣"

花鼓灯是淮河两岸人民群众十分喜爱的一种民间歌舞形式，它主要流传在安徽省的怀远、凤台、颍上、凤阳、蚌埠、淮南等地，以怀远、凤台为代表，形成不同风格的两大派。

花鼓灯的音乐伴奏主要是打击乐，当地有"满台锣鼓半台戏"的说法。常用乐器有背鼓、大锣、大钹、小锣（花鼓灯乐队的特色乐器，与戏曲乐队中的小锣不同，因其音色浑厚，尾音有曲折，故又称小狗锣，亦称脆锣）称为四大件，后来又增加了唢呐、笙等吹管乐器，也可加上小镲、小膛锣等打击乐器。在剧场演出时，为增加场面上热烈的气氛，亦可增加一个大鼓（大小不等，大的鼓面直径可在 1 公尺以上）。在怀远、蚌埠一带，背鼓是领奏乐器；而凤台、淮南一带则以大锣为领奏乐器。

花鼓灯的伴奏主要是根据舞蹈动作的节奏和性质，配以各种合适的锣鼓点，在各种动作不断的连续组合的同时，形成了相应的各种节奏的锣鼓点的连续组合。音乐铿锵有力，热烈欢腾，启发和感染着舞者的情绪。

记录鼓点的过程

我院安徽花鼓灯课堂教学和编创节目中常用的鼓点为 27 个（见裘柳钦主编《中国民间舞曲精选》），这些鼓点都是怀远著名鼓师常春利老师亲授的。花鼓灯的著名艺人都有艺名，这一方面是表明群众对他们的喜爱与推崇，同时也表明每位艺人技艺的特色。常春利打鼓时呼吸的动作比较大，姿势灵活多变，跳跳蹦蹦，当地群众给他冠以形象的艺名"老蛤蟆"。

在舞校建校初期的 1954 年和 1955 年，常先生应邀两次来校传授花鼓灯锣鼓演奏技艺。民间艺人的授课方式通常都是口传心授，常先生也不例外。授课时常为大段大段的示范演奏，内容主要是《蛤蟆跳井》、《小五番》、《小十番》等开场锣鼓（又称"场面锣"）。花鼓灯在民间广场演出的开场前，为招徕观众，一般都要先演奏开场锣鼓，它包含了所有用于伴奏花鼓灯舞蹈动作的基本锣鼓点，而比之更为丰富，因而也更能体现演奏者的水平。这些开场锣鼓的篇幅比较大，有些长达十几分钟，既无乐谱，又无参考资料，更无录音，很难学下来，1954年的授课没有达到预期的目的。

翌年，北京舞校再次邀请常先生来校授课，其授课的内容与方法毫无改变，但参与听课的民乐老师却发生了变化。祖传民间艺人出身的王文汉于1955年2月从东北调到舞校任教，乐队领导安排他参加"旁听"，此时的王文汉对安徽花鼓灯的音乐并无接触过，这么长的锣鼓乐段同样很难学下来。

但王文汉老师对民族民间音乐的修养非同一般，他曾于1952年第一届东北民间鼓乐艺人会演中获一等奖，对东北秧歌的鼓点、京剧锣鼓的鼓点掌握得很好，他听出了在大段的鼓点中经常出现匡匡　一丁匡〇‖的节奏语句，他问常先生这个节奏语句是否有名称，常先生说这个鼓点叫"喘气锣"，意思是给演员提供一个喘气、静止的机会，给演员亮相用。其他的鼓点也都是有名称的。

从此，常先生的授课方式发生了根本性的改变，即改为一个鼓点一个鼓点地教，然后再把他们组合起来。这次授课大获成功，花鼓灯的锣鼓演奏很快地为我校民乐老师和民间舞教师所掌握，极大地推动了我校的民间舞教学。

在学习过程中，所有鼓点均由民乐老师王泽南用口诀谱的形式逐一记录下来，代代相传，直至今天仍在使用。

在以后的教学实践中，老师们发现花鼓灯亮相的动作有繁有简，所需拍子多少不等，亮相的动作节奏也有一些差别，为便于教学和编创节目，50年代，王泽南等民乐教师根据鼓点的特点和拍数的多少对它们分别加以定名，将原先统称的"喘气锣"分为10种不同的"喘气锣"，即"单喘气锣"、"双喘气锣"、"前喘气锣"、"后喘气锣"、"前后喘气锣"、"空喘气锣"、"半喘气锣"、"双喘气锣"接"半喘气锣"（简称"双半"），"后喘气锣"接"半喘气锣"（简称"后半"），"前后喘气锣"接"半喘气锣"（简称"前后半"）。

在通常情况下，它们的最后一拍均为休止，喘口气再接别的鼓点，直接往下接或把休止符号前面的一拍与下一个鼓点的第一拍相重叠的"串联"奏法较少。

分析一下上述各种"喘气锣"即可发现，它们都以"单喘气锣"为主体发展而成，其中只有"空喘气锣"脱离了这个主体而采用"前后喘气锣"的头、尾部分，去掉了中间部分，把"前后喘气锣"的中间掏空，而成为"空喘气锣"。"半喘气锣"是一个很小的单位，不能单独使用，常作"双喘气锣"、"前后喘气锣"的补充。现将10种"喘气锣"的口诀列表于下以作比较。

各种喘气锣比较表

鼓点名称	口　　诀
单喘气锣	匡匡　一丁匡〇‖
双喘气锣	匡匡　一丁匡　匡|　令匡　一丁匡〇‖
前喘气锣	匡令　匡|　令匡　一丁匡〇‖
后喘气锣	匡匡　一丁匡令丁|　匡〇‖
前后喘气锣	匡令　匡|　令匡　一丁匡令丁|　匡〇‖
空喘气锣	匡匡　　令丁|　匡〇‖
半喘气锣	令丁|　匡〇‖
双喘气锣接半喘气锣	匡匡　一丁匡　匡|　令匡　一丁匡令丁|　匡〇‖
后喘气锣接半喘气锣	匡匡　一丁匡令丁|　匡令丁|　匡〇‖
前后喘气锣接半喘气锣	匡令　匡|　令匡　一丁　匡匡　一丁|　匡令丁|　匡〇‖

花鼓灯锣鼓谱的"代字"记谱法

中国民族打击乐的记谱一般都用口诀谱的形式，口诀大体上概括了各个声部，基本上能体现鼓点的韵律特征，比较上口，容易记忆。不足之处是乐谱仍然过于冗长，大段的锣鼓谱一边看谱一边演奏容易串行，特别是在快速或急速演奏时不易反应过来，再则在换页翻谱时亦有诸多不便。为便于演奏，20世纪50年代中期，北京舞蹈学校王文汉、王泽南等民乐老师在向常春利先生学习锣鼓演奏和口诀谱的基础上，创制了"代字"记谱法，经过40年的教学实践和集中了集体的智慧，这种记谱法已渐趋完善，表现出很大的优越性。

"代字"记谱法就是用一个汉字或一个汉字简化后的符号及符号的组合来表示一个鼓点，具有速记的意义，而在背熟口诀的前提下，使用是十分简便的。

"代字"符号的原则大概可以分以下几种情况：

1. 用鼓点名称的一个字代表。如"鼓头"用"头"，"长锣"用"长"，"三点头"用"三"，"长流水"用"水"，"丁丁仓"用"丁"，"连槌锣"用"连"代表。"双喘气锣"、"半喘气锣"分别用"双"、"半"来代表。

2. 用锣鼓点第一个字的一部分来代表。如"摆扇子"用"罒"，"碎步锣"用"卒"或"石"，"空喘气锣"用"宀"；"结束点"用"吉"代表。

3. 用数字代表。如一个"衬锣"用"一"；两个"衬锣"用"二"；四个"衬锣"用"二、二"；"撞四"用"四"代表，"三点头"也可解释为用数字代表。

4. 用鼓点的作用代表。如"喘气锣"具有结束性的功能，即停止一下或喘口气的意思，而"单喘气锣"是各种"喘气锣"的基础，所以"单喘气锣"用"止"代表。"止"是第一个创制的代字符号，具有纪念意义，用"单"代表则更为合理。

5. 用汉字简化后的符号及符号的组合来代表。如"前喘气锣"用"丷"，"后喘气锣"用"厂"，"前后喘气锣"用"广"，"前后喘气锣"接"半喘气锣"用"庠"等。

有关各种鼓点的符号表以及鼓点连接的原则与方法请见本人拙著《中国民间舞蹈音乐概论》，[①] 这里不再赘述。

"止步锣"不能代替"单喘气锣"

40年的教学实践证明，把"喘气锣"分成10种不同的类型是必要的，此举是成功的，是对花鼓灯打击乐的继承和发展，因而得到整个舞蹈界（包括安徽的舞蹈工作者）的承认并广泛应用。而具有很高实用价值的花鼓灯"代字"记谱法，则因为缺乏整理、宣传与推广，至今能熟练地运用的人仍很少，没有起到它应有的作用，这是非常令人遗憾的。

从前面所述记录鼓点的过程及"代字"记谱法产生的过程可以看出，在安徽花鼓灯的故乡只有"喘气锣"的鼓点，而没有"止步锣"的鼓点。"止步锣"的叫法出现于产生代字符号之后（主要是80年代初期之后）。

在创制"代字"记谱法的过程中，把"单喘气锣"记成"止"，发明者是有功劳的，但确实也带来了一定的副作用，现在很多教员在中国民间

---

① 裘柳钦：《中国民间舞蹈音乐概论》，中国戏剧出版社，1994年。

舞教学中把"单喘气锣"叫成"止步锣",出现了鼓点名称的不确切性。把"单喘气锣"叫成"止步锣",而其他9种"喘气锣"的名称不变,使"喘气锣"这一系列出现系列以外的名称,而变为不成系列。如一定要把"喘气锣"改成"止步锣",那也应该使其成为系列,形成10种不同的"止步锣",即"单止步锣"、"双止步锣"……从鼓点的作用看,"喘气锣"的名称更为确切,因为各种"喘气锣"多用于一个节奏语句的结束,喘口气再接别的鼓点,而真正的"止步"在整个乐段结束处,一般不用"单喘气锣",而用一些拍子数较多的"喘气锣",如"前后喘气锣"或"前后喘气锣"接"半喘气锣"等,在整个大场的结束处往往不用"喘气锣"而用"结束点",实现真正的"止步"。

综上所述,笔者认为"止步锣"不能代替"单喘气锣",还是以尊重民间传统的叫法和记谱者、"代字"符号发明者规定的名称为好,保留"单喘气锣"的名称。如有可能,把"单喘气锣"的代字符号从"止"改为"单"则更为圆满。但作为代字记谱法出现的第一个符号,保留"止"也可以,因为它毕竟为"代字"记谱法的诞生起过不可磨灭的作用。

(本文原载于《北京舞蹈学院学报》1995年第1—2期)

朝鲜族与维吾尔族民间舞蹈音乐的比较研究

朝鲜族与维吾尔族是生活在我国北方的两个兄弟民族。朝鲜族主要居住在与朝鲜民主主义人民共和国毗邻的吉林省延边朝鲜族自治州，其余部分散居在吉林省、黑龙江省和辽宁省境内，他们是从明、清以来陆续从朝鲜半岛迁来的，特别是19世纪60年代以后迁入中国境内的就更多了。维吾尔族主要聚居在新疆维吾尔自治区，其中大部分在天山以南、其余散居全疆各地，信仰伊斯兰教。"维吾尔"是本民族的自称，意为"团结"、"联合"。这两个民族的语言都属于阿尔泰语系，维吾尔族为突厥语族，朝鲜族语族未定。

中国朝鲜族的民间音乐、民间舞蹈是在朝鲜传统文化的基础上，在漫长的发展过程中，吸收融合了中国（特别是汉族及新疆地区的少数民族）、印度、阿拉伯等国家和地区的乐舞精华，逐步形成具有鲜明的民族特色，其特点是曲调流畅、委婉抒情、含蓄内在。中国朝鲜族的民间音乐与朝鲜半岛的民间音乐同出一源、一脉相承，只是前者与其居住地区的汉族及其他民族的民间音乐结合得更加紧密罢了。

在汉代，称甘肃玉门关以西，葱岭以东，包括中亚的一些地区为"西域"，公元前138年，张骞出使西域后，开通了中原通往西方的商路，即"丝绸之路"，"丝路"促进了中原与这些地区之间的经济文化交流。维吾尔族人民继承了"疏勒乐"、"龟兹乐"、"高昌乐"、"于田乐"、"伊州乐"等古代西域音乐以及古代回纥音乐的传统，同时又广泛地吸收新疆地区、中原地区和东西方许多国家和民族的乐舞精华，逐渐形成了本民族独具特色的、风格各异的民间音乐和民间舞蹈。

朝鲜族和维吾尔族自古以来都是能歌善舞的民族，歌舞在人民生活中占有很重要的地位，特别是在那些盛大的节日或喜庆的日子里，人们总要载歌载舞，尽情地欢乐。

自中国隋唐以来，"高丽乐"、"龟兹乐"、"疏勒乐"等均为宫廷中的七乐部、九乐部之一,后又增加"高昌乐"为十部乐,[①] 这些来自朝鲜半岛和新疆地区的古代乐舞与汉族的乐舞互相学习、互相吸收,因此,它们之间存在着各自的特点外,也存在着一些共同或相似之处。

将其主要的异同点作一简要的比较:

朝鲜民族的音乐、舞蹈的风格特点往往与水稻种植及鹤的形象有关。

朝鲜民族以农业经济为主,以水稻种植为主要内容,朝鲜著名舞蹈家赵得贤说:"朝鲜舞蹈的屈伸动作,是指头一脚迈开的时候身体下垂,第二步身体上升,然后又复下垂,迈出像头一脚一样的步子。这种屈伸动作,好像在田里干活时,在稻田中行走一样,这正是朝鲜族舞蹈起源于水田劳动的痕迹。"与农耕生活紧密结合的"农乐舞"是农耕文化的一种体现。古代朝鲜农业大丰收后人们要聚在一起饮酒歌舞,后来逐渐发展成为农忙季节农民互助组织中的一种娱乐活动。农乐舞的表演者往往既是舞蹈者,又是器乐演奏者,常由一名持小锣的舞者指挥。农乐舞是朝鲜最具有代表性的舞蹈,其音乐称为农乐,由不同"长短"的曲调组成。音乐情绪极为火热、欢快、具有浓厚的乡土气息。除农乐舞外,还有假面舞、剑舞、杖鼓舞、扁鼓舞、扇舞、拍打舞等表演形式。

朝鲜族舞蹈具有潇洒、典雅、含蓄、飘逸的特点。

朝鲜的音乐与汉族的音乐体系较为接近,以五声调式为主。乡乐(朝鲜的宫廷音乐)的调式主要是平调(以 sol 为主音,音阶为 $\underset{\cdot}{5}\underset{\cdot}{6}123$)与界面调(以 la 为主音,音阶为 $\underset{\cdot}{6}1235$),民间音乐有类似中国宫、商、角、徵、羽五种不同的调式,朝鲜族称它们为第一、第二到第五五音调式。

朝鲜民间音乐的旋律由若干音节组成,具有十分流畅的特点,这种有特点的旋律与舞蹈性的有特点的节奏相结合,使朝鲜舞的民间歌曲常与舞蹈相结合载歌载舞。朝鲜族的音乐多属三拍子体系,旋律多为轻松、乐观的情绪,音乐材料简练,讲究呼吸,有时以长音唱出或奏出旋律中个别的音,内在含蓄。

在旋律的音程构造上,以四度和二度为基础,避免三度音连续出现。

此外,同度音的连续出现也是较有特点的,如《明朗》等乐曲同度音不断的反复出现。

朝鲜族民间舞蹈的特有动律与朝鲜族民间音乐常用的节拍和节奏有很大的关系。在朝鲜族的民间音乐中,三拍子系统占有绝对的优势,这与朝

---

① 唐代十部伎为:燕乐伎、西凉伎、清商伎、高丽伎、天竺伎、安国伎、龟兹伎、疏勒伎、高昌伎。

鲜的语言有密切的关系,朝鲜语的重音安排往往形成前长后短或前短后长的节奏形式,最普遍的拍子是6/8、12/8、9/8、4/4等复拍子,也有3/4、3/8等单拍子,还有5/8等混合拍子。但同样一种拍子,不同的"长短"(人们常用"长短"一词来表示节拍和节奏的特点和基本的速度,如"古格里长短"、"安旦长短"等)的节奏是不一样的,它们都具有各自的特点。

朝鲜族民间音乐中,有时也出现切分的节奏,有特点的也是典型的例子是以 6/8＝3/4 来打拍子(× $\overline{×\ ×}$ × ＝× × ×)。

朝鲜族民间舞蹈音乐的速度多为中速或小快板,慢板或快速的音乐都较少见。朝鲜族民间音乐一般都从正拍起句,从后半拍起句的情况较少见。朝鲜族民间舞蹈的主要鼓点有:古格里、查金古格里、他令、今赛、安旦、赛尔泼里、雍布儿、托托里、中莫里、曼长短、阳山道、顿顿弓、挥莫里、欧莫里等。

朝鲜族民间舞蹈的伴奏乐器有杖鼓、扁鼓、锣、笙篥、笛子(大笒)、箫、唢呐、奚琴、伽倻琴以及二胡、琵琶、扬琴、阮等民族乐器。

杖鼓是伴奏朝鲜族民间舞蹈最主要的乐器,它既可以与乐队一起参加伴奏,由杖鼓演奏者掌握速度和领奏各种鼓点;又可以由杖鼓单独伴奏不用其他乐器;还可以由舞蹈者挂在身上,一边舞蹈、一边演奏,既是演奏乐器,又是演出用的道具。朝鲜族对杖鼓十分喜爱,在人民中流行着这样一句话:"第一是鼓手,第二才是歌手。"可见对杖鼓的重视。杖鼓由杖鼓筒、松紧带、键面、鼓面、鼓键等部分组成,键面的皮比鼓面薄,键面的音比鼓面高五度。

维吾尔族歌舞音乐的特点为:

1.音乐与维吾尔族舞蹈中的各种动作相结合,有很多带舞蹈性的,有特色、有个性的节奏型。节拍的种类繁多,除了常见的散板、2/4、4/4、3/4、3/8、6/8外,还有5/8、7/8等节拍形式。

2.音乐富有歌唱性,曲调活泼、愉快、开朗、幽默。

3.音乐的结构严谨,曲式和音乐的种类多样,既有朗诵性的,又有抒情性的或舞蹈性的歌曲。

4.音阶、调式极其丰富,有欧洲音乐体系中的大小调音阶;亦有中国音乐体系的五声、六声或七声的民族调式;还有波斯——阿拉伯音乐体系的多种调式。

5.音乐的材料十分洗练,常用重复、变奏或移调、调式交替等方法发展旋律。

维吾尔族民间舞蹈的表现形式有"赛乃姆"、"多朗舞"、"夏地亚纳"、"萨玛"、"纳孜尔库姆"以及"盘子舞"、"萨巴耶舞"等使用道具的舞蹈。

"赛乃姆"是维吾尔族人民喜闻乐见的一种民间舞蹈形式，广泛流传在新疆各地。每逢节日、喜庆、庆祝丰收，人们都要聚集在一起唱或跳赛乃姆，如"麦西热普"、"白雪节"、"库尔班节"、"肉孜节"等民族节日，赛乃姆这种歌舞是不可少的。在《十二木卡姆》中也有赛乃姆的舞蹈。表演时歌唱与舞蹈分工明确：舞蹈者不歌唱，歌唱者不舞蹈，即采用以歌伴舞的形式。

"赛乃姆"一词由来有多种解释，有人解释为"美丽的姑娘"；阿拉伯语为"女神"的意思；也有人认为赛乃姆源于音乐节奏的名称。赛乃姆舞蹈一般都从慢板或中板开始到欢快热烈的快板结束。由于赛乃姆流传在天山南北的广大地区，赛乃姆舞蹈的地区风格与各地赛乃姆的音乐的差异密切相关，人们往往在赛乃姆的前面标上地方名称以示区别，如"喀什赛乃姆"、"阿克苏赛乃姆"、"伊犁赛乃姆"、"哈密赛乃姆"、"和田赛乃姆"等。各地的赛乃姆曲调不同，鼓点的节奏一样。喀什赛乃姆的音乐欢快、活泼；伊犁赛乃姆风格豪放、热情；哈密赛乃姆平稳、安详，与汉族的音调比较接近。

赛乃姆的音乐旋律流畅、优美、活泼、歌唱性的旋律与舞蹈性的节奏相结合，能很好地表现乐观向上的、热烈欢快的情绪。旋律型可分两种类型：一种以级进为主，常有音阶式的上下行；一种有较大幅度的跳进（六度、七度或八度），造成一种热烈的气氛。

赛乃姆音乐的调式极其丰富，调式、调性的多变使音乐富有变化，一种是在段落内部变化；一种是在段落与段落间变换。以七声性乐曲为主。

赛乃姆音乐多为2/4或4/4节拍。节奏非常丰富，附点和切分节奏的运用十分普遍。固定的手鼓的节奏指导着音乐的发展，其旋法必须与这种舞蹈节奏相结合，但速度不是固定不变的，可根据情绪的变化而变化。

节奏的另一特点是许多歌曲或乐曲都从后半拍或后小半拍起句，这与维吾尔族的语言有关，维吾尔语许多单音节词中的重音在最后一个音节上。

赛乃姆音乐多为若干首歌曲联缀的组曲形式，曲与曲之间很少有间奏，一般都是直接相联。音乐方整、对称、平衡。

赛乃姆的伴奏乐器有手鼓（达卜）、铁鼓（纳格勒）、沙巴耶、它石

（四片石）、热瓦甫、弹布尔、都它尔、扬琴、卡龙、艾捷克、萨它尔、唢呐、笛子等，手鼓是不可缺少的。乐器演奏与歌曲的旋律基本一致，稍加变化即可，起到托腔的作用。

手鼓，原名达卜，在中国达卜最早见于北魏时期的敦煌壁画，可能是通过丝绸之路从西亚、中亚传入的。维吾尔族达卜在框内周边缀有许多小铁环，击鼓时晃动作响，传统蒙驴、羊皮，20世纪50年代以来常蒙蟒皮。

热瓦甫，弹拨乐器，按其形制、流行地区及定弦方法的不同，通常分为喀什热瓦甫、乌孜别克热瓦甫和多朗热瓦甫等。

多朗舞也是维吾尔族人民十分喜爱的一种民间歌舞，流传于塔里木盆地西沿、叶尔羌河畔的麦盖提、巴楚、莎车、阿瓦提等地区。多朗舞音乐和舞蹈的特点是粗犷、刚劲、豪迈、开朗、有浓厚的草原风格和劳动气息。

多朗舞多为两人一组男女相对的对舞形式。跳多朗舞时，总是从散板开始，按照"多朗木卡姆"的顺序跳下来，伴奏多朗姆舞的音乐叫"多朗木卡姆"或"多朗赛乃姆"。它和"十二木卡姆"不同，是另一种类型的歌舞组曲。多朗音乐的标题往往与居住的地名有联系，多用"比亚万"（意为戈壁草滩）命名。它是一种很有特点的舞蹈音乐组曲，每一段可以多次反复，按分节歌形式来处理，然后再唱下一段。歌词的内容很不固定，最早表现狩猎生活，后来又有表现战争或生产劳动的，也有反映劳动人民的爱情生活的。

多朗音乐有固定的程式：
a. 散序　　b. 奇克提麦　　c. 赛乃姆　　d. 赛乃凯斯　　e. 赛勒玛

多朗音乐的结构方整、均衡、对称、固定节奏型，有很强的歌唱性。每段音乐由一个有特点的乐节发展而成，由一个因素相贯穿，通过变奏形成各种不同的节拍和段落，没有过多的新的音乐材料，而是从散序中找出最美的音调来进行变奏，情绪的变化是因舞蹈节奏以及速度的变化而实现的。速度规律为"散—慢—快—急"，逐步推向高潮。

多朗舞的伴奏乐器有卡龙、多朗热瓦甫、多朗艾捷克和小手鼓等古老的民间乐器。卡龙类似扬琴，音色接近筝，是多朗的主奏乐器；多朗热瓦甫浑厚有力；小手鼓（直径约30公分）是一种重要的特色乐器，手鼓的演奏有鼓心、鼓边和全掌敲击等击奏法，音色有明显的不同。

维吾尔族民间舞蹈音乐的节奏是十分丰富的，除赛乃姆舞蹈和多朗舞、萨玛舞等的一些基本节奏外，在实际演奏中，还派生出各种各样的变化鼓点，与舞蹈相结合，惟妙惟肖地表现了各种内容和情绪。

朝鲜族与维吾尔族民间歌舞音乐的相似点有：1.固定节奏型，某一段音乐固定用一种鼓点，这种固定的节奏型指导着音乐的发展。鼓是各自最主要的伴奏乐器。2.某些主要的节奏型较为相似，如朝鲜族古格里与维吾尔族齐克提麦、朝鲜族安旦与维吾尔族赛乃姆。朝鲜族的古格里节奏也可记成6/8拍子，两小节为一个鼓点，与维吾尔族多朗舞的奇克提麦节奏相似；朝鲜族安旦节奏速度稍快，演奏两个鼓点却好与一个赛乃姆节奏相似，安旦节奏也与京剧锣鼓点"抽头"相似，只是演奏的乐器不同，即兴加花的手法有差异，听起来风格是迥然不同的。

（本文原载于《北京舞蹈学院学报》1992年第1期）

关于音乐理论基础课加强素质教育的探讨

北京舞蹈学院的培养目标在我院办学指导思想中已有明确规定:"培养具有扎实的基本功,较全面的专业文化素养和高尚道德品质的创造性舞蹈人才……"音乐素养是较全面的专业和文化素养的重要组成部分。舞蹈是一门综合性的艺术,它常与音乐、绘画、杂技、文学、戏剧等姐妹艺术相组合,其中与音乐的关系尤为密切。高层次的舞蹈表演、舞蹈教学、舞蹈编导、舞蹈史论人才都应具有较高的音乐素养,以促进本专业技艺的水平的不断提高。

目前我院开设的必修及选修音乐理论课程有:音乐理论基础(含视唱练耳)、视唱练耳(钢琴专业和音乐剧专业单设)、曲式、和声学、中国民间舞蹈音乐概论、欧洲音乐概论、中国音乐概论、现代音乐概论、音乐作品赏析等,其中音乐理论基础是全院各系各专业的必修课程。音乐理论基础是打开音乐殿堂大门的一把钥匙,它对音乐的各种基本概念做了科学的解释,为各专业的学生进一步学习各种音乐知识打好基础,为学生进行各种舞蹈实践提供音乐理论指导。

在教学大纲确定之后,教学方法往往需要进行认真的深入研究,一种是纯理论的教学;一种是理论联系实际,真正为了提高学生的音乐素质,使学生在搞清楚理论的前提下,更注重唱、听、记录、分析音乐的实际能力的提高。笔者认为理论联系实际,因材施教应该大力提倡。

一、音乐理论基础课的文化品位

本课程的教材为《音乐理论基础》(李重光编),该书以欧洲音乐体系的技术理论为主体,少量的加入中国音乐体系特征的若干内容,如五声、六声、七声调式和工尺谱常识等,是一本纯理论书籍。对于音乐基础较差(不识五线谱,甚至也不识简谱)的学生来说,很难产生学习兴趣,相反,容易产生畏难情绪,这就给教学带来了一定难度。俗话说:"兴趣是比责任感更好的老师"。为了提高学生学习的兴趣,变痛苦教学为愉快教学,我们在讲述枯燥无味的概念的同时,最好能加进一些中外音乐史中的趣味性故事;中西乐理的对比;舞蹈音乐的特征和实例等内容,以活跃课堂气氛,同时也提高该课的文化品位和课程的含金量。下面举几个例子加以说明:

记谱法一章讲的是五线谱的记录方法,在正式讲授五线谱的长短,高低的记录方法以前,介绍一下我们在不同历史时期出现的不同的记谱法加以对比是很必要的。现在我们能见到最早的古琴谱《碣石调·幽兰》(珍藏在日本东京博物馆)是文字谱,用文字详细地记录右手在琴上拨的是哪一根弦,左手按的是弦上的哪一个音位,发出来的是什么音。该谱为梁代丘明(公元493—590)所传,唐人手抄。乐曲借深山幽谷的兰花来抒发文人的清高情调。曲谱冗长,看起来很不方便。唐代的琴谱简化成了减字谱(符号),即把文字描述的左右手演奏的文字简化成一个谱字。1900年在甘肃敦煌莫高窟藏经洞发现的"敦煌曲谱"是唐朝的25首琵琶谱,共20个符号(比古琴谱字简便),表示当时的琵琶共四根弦,每根弦除空弦音外,还有四音,共20音,称为燕乐半字谱,是工尺谱的最早形式。明清时代我国普遍使用工尺谱,用"上、尺、工、凡、六、五、乙"表示唱名 do、re、mi、fa、sol、la、si。声乐谱自唐朝以来,还使用过十二律律名首字组成的"律吕字谱":黄(黄钟)、大(大吕)、太(太簇)、夹(夹钟)、姑(姑洗)、仲(仲吕)、蕤(蕤宾)、林(林钟)、夷(夷则)、南(南吕)、无(无射)、应(应钟)和"宫商字谱",用"宫、商、角、徵、羽"五个声名代替律名。简谱和五线谱是现当代中国音乐最常见的记谱方法(五线谱世界通用),简谱用"1、2、3、4、5、6、7"七个阿拉伯数字代表音阶中的七个基本音级,在数字的上方或下方加小圆点表示高音或低音,必要时,在数字前面加变音记号,以此表示音的高低;用数字右边的增时线,数字下面的减时线和附点等记号表示音的长短;用"〇"表示休止。五线谱是在五条平行的横线前面加上谱号,根据不同的线、间及变音记号来表示音的高低;用不同的符号来表示音的长短和休止。简谱比较简便,易于普及;五线谱记录音乐有较强的科学性,特别是记录多声部音乐更觉方便,但要熟练掌握较为困难。作为一名舞蹈院校的大学生,特别是在即将进入21世纪,文化交流空前活跃的今天,学会读五线谱是十分必要的。

在讲授调式这一单元时,首先要讲清大小调式是欧洲音乐的常用调式,中国音乐在近百年来,受欧洲音乐的影响较深,也借鉴使用大小调式，但中国的传统音乐则是宫、商、角、徵、羽五声调式或以五声为骨干音的六声、七声调式。中国音乐与欧洲音乐是两个不同的体系，各有特点，不存在谁高谁低的问题。有了这么一个宏观的概念以后，再分别讲述各自的特征就比较容易掌握了。

音阶是音乐从简单到复杂的发展过程中出现的音乐形态，远古时的音乐没有音阶，后来才出现五声音阶和六声、七声音阶，中国传统音乐何时出现七声音阶的问题，有各自的说法，音乐界至今无法定论。唐·杜佑《通典》说："自殷以前但有五声，自周以来加文武二声，谓之七声。五声为正，二声为变。变者，和也。"杜佑是杂家，并非音乐家，这里所说"文武"二声，即指古琴（七弦琴）中的空弦："宫、商、角、徵、羽、文、武"（1，2，3，5，6，$\dot{1}$，$\dot{2}$，）周文王、周武王时加的"文武"二声并非变音，此说不可靠。《战国策·荆轲刺秦王》说："荆轲入秦，太子宾客知其事者，皆白衣冠以送之。至易水上，既祖取道，高渐离击筑，荆轲和而歌，为变徵之声，士皆垂泪涕泣。""变徵"一词，徵是 sol（5），变为低半个音，即升 fa（#4），荆轲为了抒发"风萧萧兮易水寒，壮士一去兮不复返"的激动情绪，唱出了五声音阶以外的变音是很有道理的。七声音阶中的另一个音"变宫"si（7），在 1978 年湖北省随县曾侯乙墓出土的战国编钟中有"变宫"音，可见至少在战国时期出现了"宫、商、角、变徵、徵、羽、变宫"雅乐七声音阶是确切无疑的。

二、简明扼要，深入浅出

在讲述每一个概念时，应尽可能的简明扼要，深入浅出，避免繁琐。

学生唱得音不准，归根到底是音程的关系不对，这就要求我们首先在理论上搞清有关音程的基本概念，能识别和构成各种音程及其转位，判断它们的协和程度。本单元在课本中共 38 个页码，自学比较困难，讲授时可将其简化成几个问题。

先搞清楚八度以内的各种基本音程：详细分析纯一度，大小二度，大小三度，纯四度，增四度，减五度，纯五度，大小六度，大小七度，纯八度的级数和音数。不加任何变化音，把基本的概念先搞清。

在此基础上再来认识变化音程，方法是搞清音数增加或减少后的音程名称以及如何增加音数或减少音数。变化后的音程名称必须死背。即：

倍减 ←→ 减 ←→ 纯 ←→ 增 ←→ 倍增
　　　　　　　　小 ←→ 大

增加音数的方法是冠音升高或根音降低；减少音数的方法与此相反：冠音降低或根音升高。为了使这两句关键性的话有直观的效果，可简化成下列图式。

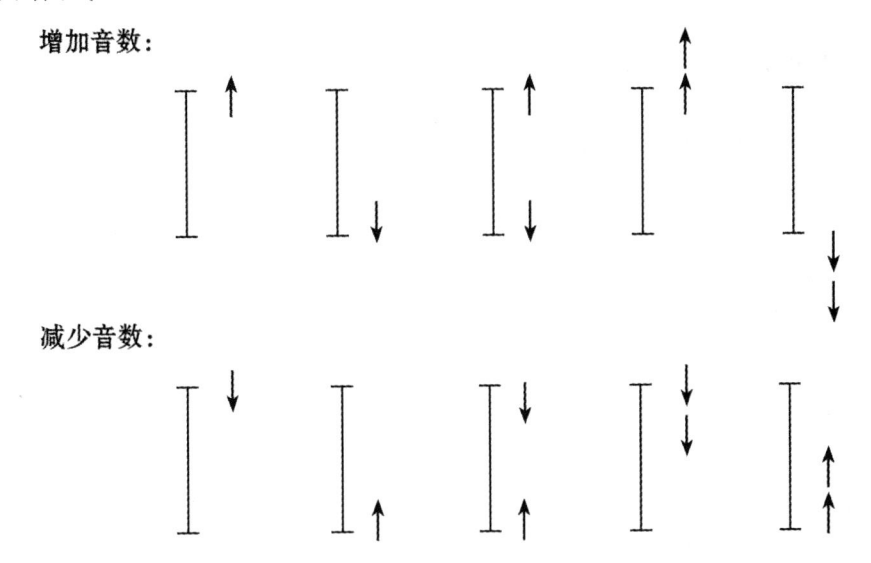

增加音数：

减少音数：

一个箭头代表半个音，凡增加半个音，音程名称向右推进一档，两个箭头代表一个音，凡增加一个音，音程名称向右推进两档。反之，减少半个音，音程名称向左推进一档，减少一个音，音程名称向左推进两档。

至此，八度以内的单音程的各种基本音程和变化音程都可以识别和构成。

超过八度的复音程只要记住7＋单音程的度数＝复音程的度数，音程的性质不变这个公式即可。

将近40页的内容，简化后实际只有不到4个页码就行了，掌握起来比较方便，再通过书面练习加以巩固。

节奏，节拍与舞蹈的关系极为密切，分清节拍的类型对编舞和舞蹈表演非常重要。讲述本单元时，多举一些舞蹈音乐和民歌的例子是很有必要的。

单拍子：每小节有一个重音的拍子称为单拍子，节拍记号是用分数表示的，分母表示用什么音符作为单位拍，分子表示每小节有几拍。每小节2拍或3拍只有一个重音，即单拍子。下列拍子都是单拍子：2/2，2/4，

2/8，3/2，3/4，3/8 等。单拍子在舞蹈音乐中非常普遍，特别是每小节 2 拍的单拍子更为常见。

复拍子：特征之一是每小节不止一个重音，即每小节有两个或两个以上的重音；特征之二是每小节的排数是单拍子拍数（2 拍或 3 拍）的倍数，如：4/2，4/4，4/8，6/4，6/8，9/8，12/8，15/8，18/8 等。如维吾尔族奇克提麦节奏（6/8），朝鲜族古格里节奏（12/8）。

混合复拍子：特点之一与一般的复拍子相同；特点之二是每小节的拍数是单拍子拍数两种类型的混合。如 5 拍（3+2，2+3），7 拍（3+2+2，2+2+3），如 5/4，5/8，7/4，7/8，11/8 等。如彝族《阿细跳月》（3+2）维吾尔族萨玛节奏（3+2）。

变换拍子：每小节的拍数不等，分两种情况：a. 单位拍不变，如鄂温克族舞蹈《彩虹》（5/4，3/4，4/4）。b. 单位拍改变，电视剧《武松》片段（3/8，2/4）。

三、理论联系实际

学习理论的目的全在于应用，学习音乐基础理论的目的也是为了解决实际问题，这就要求我们在重视理论的同时，大力加强视唱练耳（听觉训练），记谱等方面能力的训练。通过视唱练耳的训练，培养学生对音乐的感知能力，音高和节奏的听辨能力，音乐的记忆能力，音乐的审美能力，积累和丰富音乐语汇。它对提高学生的音乐素质将会起到难以估量的作用。

选用合理的教材是在有限的课时内取得良好的教学效果的前提。新中国成立初期，我国音乐院校使用的教材基本上都是前苏联的教材，如《初级视唱》，《视唱》（卡尔梅科夫、弗里特金合编，音乐出版社，1955 年、1958 年），《视唱教程》（奥斯特洛夫斯基等编，上海音乐出版社，1957 年）。80 年代以来，引进了英、法等国的视唱教材，如《视唱教程》（法国亨利·雷蒙恩、古斯塔夫·卡卢利合编，人民音乐出版社，1982 年），《听觉测验》（英国皇家音乐学院联合委员会编著，人民音乐出版社，1988 年）。上述教材的编排由浅入深，具有很强的科学性和严谨性，对我国的音乐教育起到了巨大的促进作用。但这些教材选用的音乐都是以欧洲为代表的西方音乐，不可能表达我国传统音乐的音感特征。学生在听觉上积累了大量的外国音乐语汇，而对本民族的音乐语言反而感到生疏，进而认为粗俗、低级，产生妄自菲薄的思想。为了弥补不足，我国从事视唱练耳教学的教师陆续编写了一些视唱材料，如上海音乐学院视唱练耳教研组编的《视唱教程》，《多声部视唱教程》（上海文艺出版社，1960年），《单声部视唱教程》（上、下），《二声部视唱教程》（上海音乐出版社，1989年），许敬行、孙虹编著的《视唱练耳》（高等教育出版社，1991年）等，这些教材并不完全排斥外国音乐，而是以中国民歌和中国乐曲为主，它们对培养学生熟悉本民族的音乐做出了可贵的贡献，为如何编写有中国特色的视唱练耳教材提供了宝贵的经验。

怎样使视唱练耳教材更加适合舞蹈专业的学生使用模式是我们长期思考和研究的课题。编写教材必须从学生的实际情况出发，舞蹈专业的学生不同于音乐专业的学生，学生入学时大部分学生不识五线谱，甚至不识简谱。该课的课时量较少，一学年共68个学时，其中一半以上的时间要学习乐理。为了提高学生的学习兴趣，提高易懂性和更具实用性，教材所选音乐与舞蹈音乐紧密结合是比较理想的。在上述设想下，《舞蹈音乐视唱教程》（裘柳钦编，中国文联出版公司，1997年）应运而生。全书共400首音乐，中国的舞蹈音乐约占4/5，外国的舞蹈音乐约占1/5，这样的教材学生似曾相识，有亲切感，有一定的吸引力。学生在练习读五线谱训练音准、节奏的同时，不知不觉的积累了舞蹈音乐的语汇，熟悉了舞蹈音乐的节奏和句法，起到了事半功倍的作用。因课时的限制，目前在听觉训练及记谱方面的训练还很不够，如能加强训练则效果更佳。

总之，学习音乐理论基础课的目的绝不是为了对付考试，而是为了提高学生的音乐素养，养成根据音乐的情绪，音乐的起伏，音乐的分句来跳舞的习惯。让我们共同努力，为培养具有较全面的专业和文化素养和高尚道德品质的创造性舞蹈人才作出应有的贡献。

（本文原载于《北京舞蹈学院学报》1999年第3期）

关于中国民间舞课堂伴奏形式的探讨

  北京舞蹈学院民乐队建队30年来，配合舞蹈专业的教学，担负了中国古典舞、中国民间舞的课堂伴奏及民族民间舞蹈实习剧目以及大量的为国内外来宾组织的参观课的伴奏，编选出版了《中国民间舞教材伴奏曲选》，为学院的建设，为我国舞蹈事业的发展，做出了自己的贡献。

  但事业在发展，情况在变化。我院民族乐队如何适应新的形势，乐队主要应承担哪些任务，如何尽快地把乐队建设成具有舞蹈学院特色的高水平的院校乐队等一系列问题，值得我们去认真研究、探讨。

  本文主要就中国民间舞课堂伴奏形式的问题，发表一些个人意见。

一、对现有伴奏形式的剖析

  现在学院对各个专业开设的中国民间舞课，除少数低班用钢琴伴奏外，基本上由民乐队伴奏，即按每学年班次的多少，把民乐队化整为零，分成若干个伴奏小组伴奏，每组4至5人。这种方法是从建校初期一直沿袭下来的，可谓"30年一贯制"。这种形式是好，还是不好？是原封不动地再保持30年，还是需要进行改革？应进行认真总结。

  我认为，这种伴奏形式有它好的方面，但不是最佳方案。现在全国各舞蹈学校，包括一些艺术院校的舞蹈专业，中国民间舞用乐队伴奏的不多，大多数学校采用钢琴伴奏。一些院校来我院看完参观课的中国民间舞教员的普遍反映是民乐伴奏好。今天我院有这样规模和水平的民乐队来伴奏民间舞，在他们看来是非常羡慕的。一些国际友人在看完参观课后，对民乐伴奏也颇感兴趣。

  我院中国民间舞课现有的伴奏形式，主要有以下一些优点：

  1. 与钢琴伴奏相比，钢琴可以伴奏各种舞蹈，可以起到代替乐队的作用，任何舞蹈实习剧目的排练都是先用钢琴，最后合乐。钢琴可以伴奏中国民间舞，而且节省人力。但是在气氛上、风格上毕竟不如民乐伴奏好。

  2. 由于乐队每堂课跟着伴奏，对舞蹈老师的要求比较清楚，对舞蹈的动作比较熟悉，因而与舞蹈的配合也就比较默契。

然而，现有伴奏形式也确有很多不足之处：

1. 分组太多，各组配备不全，有的组没有低音乐器，有的组没有管乐，有的组没有扬琴……在课堂上，扬琴的重要性是不可忽视的。由于一组只有4—5人，很难进行配器处理。

2. 有的专业，如唢呐、筝等在课堂上长期不用，又不演出，这些专业的同志只能根据工作的需要，长期用其副科乐器，而他们的副科乐器演奏水平，一般来说总不如其主修乐器的水平高（当然，根据我院的实际，民乐队队员一专多能，兼乐器的情况仍将继续，但兼某一乐器与主要用其副科乐器是不一样的）。

3. 学校从中专改成学院建制之后，1980年起正式招收了大学本科生和专科生。专业上的难度提高了，对伴奏曲目及伴奏质量的要求也必然更高了。原有伴奏组的编制、形式已表现出某些不相适应的地方。

4. 从学校的远景看，在校学生将从目前的200多人发展到700人左右。如按原办法伴奏，乐队人员将需要增加一倍以上。我想，这是不大可能的。

5. 更主要的是乐队每堂课跟着伴奏，几首小曲子反复演奏，使乐队的日常工作成为大量的简单重复劳动，长此下去，乐队水平必然下降。

通过以上剖析可以看出，现有的伴奏形式确实没有发挥乐队的潜力和积极性，对进一步提高教学质量极为不利，而且必将造成人才外流。所以，我认为必须打破常规，探索新路子，开创新局面。

二、设想中的最佳方案

我设想中的最佳方案是基本立足于现有人员，对伴奏形式进行改革，尽可能做到人尽其才。

我认为应参考音乐学院歌剧系和声乐系伴奏乐队的使用方法。这两个系只有一个小型编制的民乐队承担伴奏，乐队不可能每堂课跟着伴奏。因此，他们平时用钢琴，只是在需要时，如考试、汇报或演出时使用乐队。当然，我院的情况与音乐学院不完全相同，使用乐队应按照我院的实际情况来安排。

参照这种伴奏形式，目前乐队三十来人中，可保留一个较少人员的伴奏组，按原有方法为教员进修课伴奏。其余人员可分两组，每组10—20

人，吹、拉、弹、打各类乐器有一个基本配备，每组负责两个班次以上。民族舞专业三年级以下用钢琴伴奏，四年级以上及大学，平时用录音和乐队穿插进行，乐队不必每堂课都进课堂，但必须保证考试和参观课的伴奏。芭蕾舞系及编导系的民间舞副课，可用钢琴伴奏，结业时用乐队。

当然任何改革总不是尽善尽美的，主要是乐队不进课堂时，需要用录音代替乐队，在使用上不像过去30年所用惯的那种方式方便。然而，近年来我院已有相当数量的舞蹈教员去国外或香港教课，也有不少教员在国内举办了各种类型的业余班、训练班。他们在教课时并没有使用民乐队，而是或用钢琴，或用录音。这就说明了一个问题，即伴奏形式是可以改变的，只是需要有一个适应和习惯的过程。当然改革中出现的一些问题，我们也应及时研究，妥善处理。如安徽花鼓灯和维吾尔族、朝鲜族舞蹈光用打击乐时，要合理安排。

三、伴奏形式改革后的效益问题

我们现在探讨伴奏形式的改革，其主要目的是为了提高伴奏质量和合理使用人才，调动乐队同志练乐的积极性。使乐队从目前的不演出、不练乐，大量从事简单重复劳动所造成的水平下降（指乐队水平）的恶性循环转化为经常练乐、水平提高的良性循环。

伴奏形式改革后，首先应该达到的目标是课堂伴奏质量的提高。伴奏形式的改革为提高水平创造了条件，但绝不是形式变了，一切问题就迎刃而解了。我们还需要做很多工作：要对伴奏的大多数曲目，特别是一些篇幅较大、有一定难度的伴奏乐曲，进行配器并做认真地排练，使伴奏乐曲的音响更丰富，色彩变化更大，音乐表现力更强，风格更鲜明，气氛更好。这样的音乐可以激发学生舞蹈的激情，起到推动民间舞教学质量的作用。

同时，由于伴奏形式的改革，使乐队的老师能腾出时间来做一些与教学有关的其他基础工作。如：

1. 大力开展学术研究活动。我队有一批从事民间舞伴奏工作二三十年的中、老年教员，通过长期的工作实践，大家都积累了不少宝贵的经验，应该对各民族，各有关地区民间舞音乐的基本特点和民间舞课堂伴奏的经验进行科学的总结。我们既是乐队队员，又是直接进课堂的高等学校的教员，不断提高学术水平是十分必要的，也是势在必行的。在条件成熟时，应对民族舞专业大学和中专高年级学生、编导专业的学生开设介绍民间舞音乐特点的课程，以提高他们对民间舞音乐的理解能力和接受能力。

2. 继续编写教材。多年来，民乐队的老师们在从事中国民间舞伴奏工作的同时，搜集、整理、编写了大量的伴奏教材，其中有的已陆续在学校资料室出版，我队编选的《中国民间舞教材伴奏曲选》已于1984年由人民音乐出版社出版，在这方面已经取得了一些成绩。但是，我们仍然面临着大量的工作，中专部的内容要充实，大学部编写伴奏教材的工作量更大。所以，还必须要组织力量来从事这方面的工作，做到教材不断创新、不断丰富。

3. 乐队应组织专人（主要是中青年）学习、掌握特色乐器，除目前课堂上用的新疆手鼓和朝鲜族长鼓外，还应根据乐队的力量和工作需要的轻重缓急，学习以下特色乐器：维吾尔族热瓦甫、艾杰克和唢呐；朝鲜族伽倻琴、筚篥、笛子和唢呐；藏族扎木年（六弦琴）；蒙族大三弦、四胡；云南花灯的板鼓等。

4. 加强打击乐器。打击乐在中国民间舞课堂伴奏中具有举足轻重的地位，我队虽有像王文汉老师那样能全面地、熟练地掌握各种舞蹈伴奏所需打击乐器的老教员，并已培养了几位中青年教员兼打击乐，但为了进一步提高打击乐的质量和逐步接替老教员的工作，今后需要专业打击乐和兼打击乐两条腿走路，并逐步过渡到以专业打击乐为主，使打击乐器的演奏水平在现有基础上有所突破。

5. 抽出一定的力量对民族舞专业学生、编导专业学生开设民族器乐课，使某些对民族乐器确实有兴趣并有条件学习的同学能掌握一件民族乐器，以提高他们的音乐修养。这对他们提高舞蹈专业本身的水平将起到滋补的作用。

开展上述活动，虽然乐队人数基本不变，但产生的效益却会大大增加，对国家、对学校、对乐队都有好处，何乐而不为！

（本文原载于《舞蹈教学与研究》1985年创刊号）

浅谈中国民间舞蹈音乐的记谱问题

乐谱是记录、保存和传播音乐的手段之一。在录音技术出现以前，可以说乐谱是记录、保存和传播音乐的唯一手段，它对于音乐文化的发展所起的作用是不可估量的。

在中国音乐发展漫长的岁月里，原先并无乐谱，传承方式主要是师徒式的口传心授，音乐发展到一定的历史时期后，乐谱的出现成为必然。我国在南北朝、唐五代、宋、元、明清5个历史时期，使用的古代记谱法不少于8种。从最早的南北朝时期的古琴谱一直到明清的工尺谱，都是用文字或文字简化后的符号来记录的，这些乐谱可以说都是音乐的一个框架，特别是在节拍、节奏方面给演奏者或演唱者留有较多的发挥余地。在某些音的音高方面，从音乐的韵味出发，也可以有某种游移的余地。

简谱和五线谱是当代中国音乐最常见的记谱方法，简谱用1234567七个阿拉伯数字代表音阶中的七个基本音级，在数字上方加小圆点表示高音，在数字下方加小圆点表示低音，必要时在数字前面加变音记号，以此表示音的高低；用增时线、附点、减时线等记号表示音的长短；用"0"表示休止。简谱比较简便，易于普及。五线谱是当今世界通用的记谱方法。五线谱是在五条平行的横线前面加上谱号，根据五条线、线与线之间的间以及上加线、上加间、下加线、下加间的不同位置及变音记号来表示音的高低；用不同的符号来表示音的长短和休止。五线谱记录音乐有较强的科学性，特别是记录多声部音乐更觉方便，但要熟练地掌握则相对较难。

用简谱或五线谱记录的乐曲，同样也存在着表演者的二度创作问题，在音腔、装饰音、音色、力度、速度等一些细微的处理上，每个人都可以有自己的创造，但在音的高低和长短方面的记录则力求准确。

我院民间舞音乐教材建设的回顾

北京舞蹈学院从1954年建立以来，民乐队的老师们记录、改编、创作了大量的民间舞曲，特别是建校初期，用走出去或请进来（当时曾请过不少著名民间艺人）等举措，用简谱记录了众多地道的民间舞曲，学校资料室在50年代或60年代初期油印出版了《新疆维吾尔族舞蹈音乐教材》、《蒙古族舞蹈音乐基训教材》、《藏族民间舞蹈音乐》、《朝鲜族民间舞音乐教材》、《东北秧歌音乐教材》、《河北秧歌音乐教材》、《山东鼓子秧歌音乐教材》、《安徽花鼓灯音乐》等一批极富资料价值的乐谱，为我院及全国舞蹈界的中国民间舞教学做出了巨大的贡献。

在那个时代，老师们都自觉地讲奉献，而版权意识则相对淡薄，所以绝大多数乐曲都未标明是谁演奏（演唱）、谁记谱的。几十年来，这些乐曲成为中国民间舞教学中最重要、最宝贵的音乐伴奏教材。

此后，这些乐曲的记谱问题却几乎没有进行进一步的研究，故80年代以后的一些出版物，如《中国民间舞教材伴奏曲选》（北京舞蹈学院民乐队编，人民音乐出版社，1984年版）、《中国民间舞曲精选》（北京舞蹈学院编委会编，裘柳钦主编，中国文联出版公司，1993年版），在选用原油印资料的乐曲时，几乎都原封不动地予以保留，这种做法固然是出于对原记谱者的尊重，但也确有其弊端。笔者认为，油印资料中的绝大部分乐曲是记录得比较准确的，但少数乐曲的记谱问题还是值得商榷的。下面仅对维吾尔族和朝鲜族部分乐曲的记谱问题谈谈自己的看法。

维吾尔族民间舞曲的记谱

维吾尔族主要居住在新疆维吾尔自治区（尤以南疆最为集中），由于南疆是历史上丝绸之路的要冲地带，维吾尔族广泛地吸收东西方文化的精华，在音乐文化方面，同时使用波斯——阿拉伯音乐体系、中国音乐体系和欧洲音乐体系。维吾尔族的民间舞曲极为丰富。音乐与舞蹈密切结合，有众多带舞蹈性的、有特色的、有个性的节奏型，在音乐进行的过程中（有时是整首乐曲，有时是某一段落），打击乐器往往作固定节奏型的演奏，旋律的发展必须与固定节奏型合拍。因此，这些固定节奏型的节拍应成为我们创作音乐或记录音乐的基本依据。以多朗舞为例，传统的伴奏多朗舞的音乐称为"多朗木卡姆"，这是与主要流传在喀什地区的"十二木卡姆"不同的、非常有特色的另一类歌舞组曲。至今保留下来的"多朗木卡姆"共有九部，它们是《孜勒·比亚万》、《乌孜哈勒木卡姆》、《热克木卡姆》、《木夏乌勒木卡姆》、《包木·比亚万》、《朱拉木卡姆》、《斯木·比亚万》、《胡代克·比亚万》、《都夏麦特木卡姆》（见罗雄岩《中国民间舞蹈文化》第 259 页）。每部木卡姆都有 5 个部分组成，具有固定的程式，即：

  a. 散序 b. 奇克提麦 c. 赛乃姆 d. 赛乃凯斯 e. 赛勒玛

  对上述鼓点的记录方法，我国音乐界与舞蹈界的看法已基本趋于一致，即奇克提麦的节拍是 6/8 而不是 3/4，赛乃姆的节拍为 4/4 而不是 2/4。我们在记录多朗舞的音乐时，旋律的节拍与鼓点的节拍应统一起来。

  现将课堂中常用的一首奇克提麦节奏曲的原记录谱与本人记谱的乐谱作一对照（此处谱例略）。[①]

  这首乐曲改记成 6/8 后，鼓点的速度与旋律的速度是一致的，而原谱中鼓点的速度比旋律的速度快一倍，如果演奏员不是约定俗成的演奏，鼓点与旋律的速度是不可能统一的，6/8 与 3/4 相比，乐曲中节拍重音的感觉也不完全一样。绝大部分维吾尔族鼓手演奏这个鼓点时，重音在每小节的第二拍和第五拍，而第二拍比第五拍又略强些（也有少数鼓手在演奏时，节拍重音在第一拍和第四拍）。多朗舞音乐属波斯——阿拉伯音乐体系，不必按欧洲音乐体系每小节的第一拍必须是重音的规定演奏。如按 3/4 节拍演奏，每小节出现一个重音，而 6/8 节拍则每小节有两个重音，而这两个重音的强度不完全相等。由于节拍的不同，音乐的风格是有区别的。

朝鲜族民间舞曲的记谱

  朝鲜族在我国的多民族大家庭中，是一个比较年轻的民族，他们是从明末清初以来陆续从朝鲜半岛迁来的，其中大部分是 19 世纪 60 年代以后迁入我国境内的。他们与朝鲜半岛的朝鲜人是不同国家的同一民族，其民间音乐、民间舞蹈同出一源、一脉相承。

  朝鲜族的音乐采用中国音乐体系，具有曲调流畅、委婉抒情、含蓄内在的特点，在朝鲜族的民间歌舞音乐中，三拍子系统的节拍占绝对优势，12/8、6/8、9/8、4/4 是最主要的节拍形式，朝鲜族民间音乐以三拍子系统的节拍作为其主要的节拍形式的原因与朝鲜族的语言有密切的关系，此

---

① 裘柳钦主编：《中国民间舞曲精选》，中国文联出版公司，1994 年 3 月。

外也有一些比较复杂的历史原因。朝鲜族歌舞音乐中也有很多有特色的固定节奏型与旋律紧密结合，常用鼓点中，12/8 的鼓点有：古格里、查金古格里、他令、今赛、赛尔泼里、中莫里、曼长短、登得宫等；6/8 的鼓点有托托里，我们也曾将古格里记成 6/8，以两小节（12 拍）作为一个鼓点，相比之下，还是以 12/8 记谱较为规范；9/8 的鼓点有阳山道；18/8 的鼓点有雍布儿；4/4 的鼓点有安旦、挥莫里，此外，还有 5/8 的欧莫里。

以八分音符为单位拍的三拍子系统的乐曲，打拍子时可以以三拍作为一个单位，即 12/8 打成四拍，6/8 打成两拍，9/8 打成三拍。这与我国唐代乐工创立的音乐术语"慢一快三"是一致的，即打一拍实际上包含了三拍。对朝鲜音乐不够熟悉的人往往将 12/8 误认为 4/4。明白了上面的道理后，我们在给乐曲记谱时，应尽可能将旋律与鼓点的节拍统一起来。安旦的音乐旋律应和鼓点一样记成 4/4，避免记成 2/4。他令则必须记成 12/8，记成 4/4 或 2/4 都是不对的。

课堂中一首常用的《彭古他令》，在原出版物中记成 2/4 是不够合理的，是缺乏朝鲜风味的。现将原谱与本人改记的乐谱对照如下（此处谱例略）。

本人改记的乐谱与他令鼓点的节奏、鼓点的气质是统一的，节拍的重音在每小节的第一拍和第九拍。改成 12/8 拍记谱，音乐才有朝鲜风味，才有朝鲜族的舞蹈感。

本文对中国民间舞蹈音乐的记谱问题谈了一些浅见，仅作抛砖引玉之用，希望引起更多同志的兴趣，共同把舞蹈音乐教材建设的工作做得更好。

（本文原载于《北京舞蹈学院学报》1998 年第 1 期）

唢呐曲牌《句句双》浅析

《句句双》是一首标名性乐曲[1]，曲调生动活泼，富有生活气息。在民间常在喜庆和婚事中演奏或作为东北秧歌伴奏的乐曲。此曲流行甚广，为东北三省和冀东、唐山一带的人民群众所喜爱。20世纪50年代创作的唢呐协奏曲《欢庆胜利》就是根据《句句双》和《大姑娘美》等曲牌为素材创作而成的。在北京舞蹈学院的中国民间舞课中亦常用它及变奏作为东北秧歌各种基本技巧训练及组合的伴奏乐曲。

一、《句句双》的原始曲谱和标题来源

《句句双》结构短小，一段体。它由四个乐句组成：第一乐句四小节重复一次，第二、第三乐句都是两小节重复一次，第四乐句两小节不重复，可见"《句句双》指乐曲中每一乐句都重复演奏一次"的说法是值得商榷的。我们认为《句句双》并非因为每一乐句重复演奏一次而得名，它只是前三乐句分别重复一次，第四乐句（结束句）无论如何变奏总是不重复的（《句句双反串》除外）。所以，《句句双》实际上是除结束句外每一乐句重复演奏一次。但从总体说，它仍然是按乐曲的结构特征命名的。

《句句双》是一首"宫——徵交替调式"的乐曲，从宫调式开始并展开，在结束处却变成了徵调式，使一首短小的乐曲富有变化。《句句双》的原始曲谱（母曲）较简单，由四分音符、八分音符及附点八分音符组成，朴实无华，但却具有生命力。

民间艺人常把《句句双》和《满堂红》连在一起演奏组成曲牌联缀，这两首乐曲有很多共同之处，它们既可以单独演奏，又可联奏，久而久之，有人（甚至有的艺人）误认为这就是《句句双》，其实，它已不是单一的《句句双》，而是《句句双》串（套）《满堂红》。

---

[1] 民族器乐曲的标题分标名和标意两类。见《传统民族器乐曲欣赏》，李民雄编著，人民音乐出版社，1983年。

二、变奏手法的运用

在民间的各种艺术活动中，民间艺人不满足于原始曲谱的演奏，因这些活动一般来说持续时间较长，光演奏原始曲谱未免较为单调。因此，艺人们在长期的艺术实践中，运用"放慢加花"的旋法和其他手法对它进行加工和再创造，形成各种变奏。变奏的多与少，变奏效果的好与差，往往能说明一个民间演奏家（也是编曲者）技艺的高低。在民间，每当换一首乐曲演奏时，由技艺高的艺人（上手喇叭）预示一下，先吹这首乐曲的原始舞谱，接着演奏这首乐曲的各种变奏。民间艺人演奏《句句双》及其变奏时，常用两支相同规格的高音唢呐（以七寸五[①]的筒音为 a' 的 D 调高音唢呐和六寸五的 E 调或降 E 调高音唢呐最常用）演奏对句，他们之间为同度关系，需要时一支唢呐可翻高八度或翻低八度，所以，除同度外有时是八度。上手喇叭吹高八度，下手喇叭吹低八度。甲先演奏一句，乙演奏重复或变化重复（民间称学舌），也可以甲演奏上半句，乙演奏下半句，甚至分得更细，甲演奏前半拍，乙演奏后半拍，最后一句结束句一起演奏，这样就更增强了这首乐曲活跃的气氛和亲切感。民间艺人对秧歌的表演十分熟悉，演奏者和表演者之间配合默契，他们在演奏时，能根据秧歌上场人物的不同和音乐表现的需要即兴演奏，尽情发挥，各显其能。

可见，我们必须很好地向民间学习，以继承民间音乐宝库中的优秀传统。

《句句双》的原始曲谱是一首五声音阶组成的乐曲，变奏后加了变宫音 Si 和清角音 Fa，加强了曲调的连贯性和流动性。变奏后《句句双》，有的稳重朴实；有的华丽；有的俏皮；有的风趣诙谐，变化多端。通过变奏，使一首简单的曲牌一曲多变，并起到一曲多用的功效。

上述各种变奏有机地结合，则成为一首《句句双变奏曲》，变奏之间连接的地方需要作一些巧妙的变化，使其成为一个整体。最简单的办法是把每一变奏的第一小节稍作变化，使变奏之间连接自然，曲式则由原来的一段体变成了变奏体。

[①] 东北民间艺人的一种习惯语，指唢呐杆长度，由于唢呐杆的膛略有差异，故同一规格的唢呐杆的长度稍有差别。

三、形成变奏的各种原因

把一首《句句双》的原始曲谱衍变成各种变奏主要由以下几种情况所致：

1. 旋律加花（实际是加字）装饰。旋律加花即以母曲为骨干音，根据乐器的性能和演奏习惯添音加字、润饰旋律。加花装饰后，旋律从原来的朴实变得华丽、优美、流畅。

2. 演奏技术的变化。各种唢呐演奏技巧的运用。在《句句双》变奏中运用的唢呐技巧包括：滑音、花舌、颤音，通过嘴唇和舌控制强弱和音色以及民间习惯用的音律和某些综合技巧的运用。如变奏一第一个音就用了上滑音，第三小节第二拍，上滑音与花舌音的结合使用，加上旋律的加花装饰，使它比原曲生动、活泼，增强了乡土气息。变奏六和变奏七，滑音的使用进一步增加，特别是第三小节，两拍用一样的音调重复一次，下滑音加花舌音，给人以很深的印象，十分华丽；接着第五小节的第一拍吐音的运用，由原来的一拍两个音符变成六个音符，非常活泼可爱，使乐曲刚柔相济，富有变化。其他唢呐技巧的运用不一一列举了。[1]

3. 特性音调的运用。民间艺人在演奏时，总是发挥自己的演奏特长，较好地选择特性音调加以贯串，特性音调每次出现都给人以新鲜感，而它们之间又存在某种统一性和内在的联系，所以，听起来使人感到十分自然、和谐。

4. "借字"手法的运用。"借字"手法在东北地区和唐山一带鼓吹乐（包括秧歌曲）中是普遍运用的，它是我国传统民族器乐曲中独具特色的一种变奏方法，通过"借字"（即按一定的规律，借用某一个音或某几个音来代替乐曲中的某一个音或者某几个音）来达到改变乐曲调式、调性和衍变、发展旋律的目的。"借字"分"单借"、"双借"、"三借"和"单赁"（"赁"东北民间艺人的读音为"楞"lèng）、"双赁"、"三赁"。通过"借字"可连续进行同宫系统内的调式交替，不论正旋或反旋，到第六次时回到原旋律、原音高和原调式，这种方法民间艺人称之为"五调朝阳"、"五调还原"或"五调朝元"，它适用于五声音阶或五声音阶为主的乐曲。技艺高超的艺人还能用"借字"的方法在异宫系统中进行变化演奏，进行三

---

[1] 裘柳钦：《中国民间舞蹈音乐概论》，第56—57页，中国戏剧出版社，1994年6月。

十五调朝阳。《句句双》变奏10——12用的是"单借",即是全曲中用变宫音Si代替宫音do,变宫音Si的出现,使乐曲的调性色彩获得变化。①

5.变换指法。唢呐筒音分别作do、re、mi、fa、Sol、la、Si,每变一次指法即改变了宫音的音高,从而也取得了调性色彩变化的效果。同时,随着唢呐指法的改变,音域(首调)发生了变化,有时音域不够用,民间艺人发挥创造性,把音翻高或翻低八度,加上唢呐演奏技巧的合理运用和根据各种指法对旋律进行加花装饰,把缺陷变成了特色。以上五种方法往往是结合使用的。

结　　语

《句句双》这首乐曲虽然短小,但它既可以用多种手法形成不同的变奏,又可以与别的曲牌共同组成曲牌联缀,变化很多,效果都很好。所以,《句句双》这首乐曲值得我们很好地加以继承。

(本文由裘柳钦、王文汉撰写,原载于《舞蹈教学与研究》1988年第1期)

---

① 裘柳钦:《中国民间舞蹈音乐概论》,第56—57页,中国戏剧出版社,1994年6月。

舞蹈院校学生加强音乐修养很有必要

2011年4月下旬，北京市艺术院校人文社科公共课教学改革研讨会如期举办，本人有幸应邀参加会议，使我在退休多年之后有机会了解我院及兄弟院校在人文社科建设方面的成就与发展前景。会上，大家群策群力，探讨加强人文社科课程的建设；明确目标定位；规范教材与教学内容；研讨新的教学方法；改革考试的内容与形式；寻求未来改革的思路与方向。

下面以漫谈的形式，谈谈我对人文社科建设方面的一点意见，供大家参考。

舞蹈是一门综合性艺术，它与多种艺术形式都有联系，其中与音乐的关系最为密切。舞蹈工作者音乐水平的高低，将会对其自身舞蹈艺术的发展产生某种较为明显的影响：舞蹈工作者的音乐修养越高，越能对其舞蹈艺术的发展起到促进作用；反之，舞蹈工作者的音乐水平越低，则必将制约其舞蹈艺术的提高。

我的良师益友罗雄岩老师，一生致力于研究中国民间舞蹈文化，取得了卓越的成就，具有很高的造诣。他之所以能达到这么高的水平，原因是多方面的。其中，他对音乐知识孜孜不倦的学习和钻研，无疑起到很大的作用。

罗雄岩老师从20世纪60年代至70年代，曾在新疆工作18年，1978年调回北京舞蹈学院工作后，又多次重返新疆，深入民间采风学习。他在20世纪60年代记录的维吾尔族音乐《阿克苏赛乃姆》、《多朗奇克提麦节奏曲》等，一直沿用至今，并将长期继续使用。

到目前为止，我国音乐界对多朗木卡姆中的奇克提麦鼓点的节拍问题一直存在分歧：有人认为该鼓点是6/8拍，有人认为是3/4拍。2006年在新疆乌鲁木齐举办的第6届国际木卡姆学术研讨会上，罗雄岩老师明确指出：奇克提麦是6/8拍。他在现场跳起了多朗舞，从舞蹈的韵律和感觉做出说明，让更多人相信，奇克提麦这个鼓点确实是6/8拍。赢得了与会代表的广泛赞誉。

罗雄岩老师对塔吉克族歌舞情有独钟，曾先后10次登上海拔4000米以上的塔什库尔干塔吉克自治县,学习塔吉克族舞蹈,聆听鹰笛演奏、小手鼓伴奏的塔吉克族音乐。塔吉克族音乐与其他民族的音乐相比,具有明显的特征:其典型的调式为升高三级的七声角调式,调式音阶为 mi、fa、♯sol、la、si、do、re、mi。典型的节拍为 7/8 拍,以八分音符为 1 拍,每小节 7 拍(3+2+2),但这种 7/8 拍与维吾尔族的 7/8 拍并不完全相同。维吾尔族的 7 拍,每 1 拍的时值均等,而塔吉克族的 7 拍,前 3 拍与后 4 拍之比并非 3∶4 的关系,而是后 4 拍比正常的 4 拍略短,粗听有点像 2/4 拍。记录这种音乐,即使是长期研究少数民族音乐的专家,都会觉得很困难,然而,罗雄岩老师却能准确地加以记录。

我们不能以罗雄岩老师的音乐水平要求学生,但作为舞蹈院校的大学生,对音乐的水平总应有一个基本的要求。我认为每一个大学生都应达到以下目标:会听音乐、会唱音乐、会记录音乐、会分析音乐。

会听音乐,即学生听到音乐后,能分清音乐的节拍和主要节奏类型;把握音乐的风格(包括音乐的时代特征和地域特征)等,并能较快地记住音乐的旋律。

会唱音乐,即学生在看到乐谱(五线谱、简谱均可)后,能把音乐唱出来,音准、节奏基本准确。

会记录音乐,即学生听到音乐后,能把比较简易的旋律记录下来。

会分析音乐,即学生听完音乐后,能对乐曲的内容、情绪、曲式、风格等做出恰当的分析。

为达到上述目标,开设一定数量的音乐课程是必要的,我认为我院应开设以下课程:

《音乐理论基础》课,这是音乐入门所必须要掌握的知识,涉及音乐的一些基本概念。这门课比较枯燥,部分学生不喜欢这样的课程。在教学过程中,教师如能尽可能多地分析一些舞蹈音乐中的实际问题,可大大提高学生学习的兴趣。例如在学习节奏这一节时,必然会讲到什么是节奏、什么是节奏型的问题。在各种舞蹈音乐中,存在着许多典型的节奏型,无论是中国民族民间舞、中国古典舞、芭蕾舞或国际标准舞的音乐都是如此。这些典型的节奏型,往往能够让舞蹈生动活泼,具有鲜明的个性。教师可以抓住这些典型的节奏型做些分析。

如在中国民族民间舞中,维吾尔族赛乃姆节奏、多朗舞中的奇克提麦、赛乃姆、赛乃凯斯、赛勒玛节奏;朝鲜族舞蹈中的古格里、查金古格里、安旦、他令等节奏;汉族民间舞安徽花鼓灯、东北秧歌、山东秧歌中的鼓点都十分丰富，可让同学念这些鼓点并加以记录。

在学习中国的五声、六声、七声调式时，光讲理论、写出音阶是很不够的。教师应举一些中国音乐中的实例，将这些实例弹给学生听，播放音频，锻炼学生从听觉中辨认不同的调式。调式是一种音乐的色彩，有明有暗，东北秧歌和山东秧歌的音乐以徵调式（以 sol 为主音）、宫调式（以 do 为主音）居多，如东北秧歌音乐《句句双》（宫—徵交替调式）、《满堂红》（宫调式）、《好大的风》的主题音乐（徵调式）；山东秧歌的《沂蒙山小调》、《一枝花》、《谁不说俺家乡好》、《微山湖》等均为徵调式。为什么东北秧歌、山东秧歌的音乐喜欢用这两种调式呢？这是因为两种调式的色彩都是较为明亮的，而东北秧歌、山东秧歌中常有一些热烈欢腾的场面，并与这些地区人民的性格豪爽有关。

很多蒙古族的音乐或藏族弦子舞的音乐比较优美、抒情，喜欢用较为暗淡的羽调式（以 la 为主音）。如蒙古族的《草原上升起不落的太阳》、《赞歌》等，可用弦子舞音乐的《拉萨弦子》、《翻身农奴把歌唱》均为羽调式的乐曲。

在讲到七声调式时，有的学生曾经提问：中国在什么时代出现了七声调式？据我所知，至少在两千三百多年前的战国时期就已经出现了七声调式。依据是《战国策》中有一篇文章叫《荆轲刺秦王》，这是一个历史故事，荆轲在离开燕国时，燕国太子曾为荆轲在易水河边举行送别仪式。荆轲演唱，燕国著名音乐家高渐离击筑伴奏：风萧萧兮易水寒，壮士一去兮不复还。音乐十分悲壮，唱出了变徵之声。

徵为 sol，变徵比 sol 低半个音，即为 ♯fa。这是五声之外的偏音。有的学生提出质疑，认为荆轲演唱的不是变徵之音，而是音没有唱准，跑调了。因为两千三百年前尚未发明录音技术，无从判断。1978 年在湖北省随州市曾侯乙墓出土了战国编钟，与荆轲刺秦王的故事属于同一历史时期（原件存湖北省博物馆，北京大钟寺有一套复制品）。在 65 枚编钟中，音域宽广，音阶完整。其中不但有变徵音，还有变宫音，是非常完整的雅乐七声音阶：do、re、mi、♯fa、sol、la、si、do。在乐理课枯燥乏味的概念讲述中，穿插关于音乐史的故事，也能提高学生学习的兴趣。

《视唱练耳》课也是音乐的基础课。20 世纪 80 年代，我院曾称其为"读谱课"，我看还是《视唱练耳》的名称较为合理。现在，多数学生在这方面能力较弱，应有所加强。《视唱练耳》课学习的内容应以视唱舞蹈音乐为主，兼唱其他音乐。不同的专业选用的乐曲可以有所不同，如中国民族民间舞系的学生，可多唱些民族民间舞的音乐。一些民歌、民族器乐曲的片段和曲牌也可与民族民间舞相结合，它们可以被看做是民族民间舞音乐的范畴。中国古典舞系的学生可以多熟悉一些汉唐以来的古代歌曲、乐曲及京剧、地方戏曲的曲牌和唱腔的片段。编导系的学生还可以唱些两个声部或者四个声部的音乐。学习的方式可分为两种：主要是在《视唱练耳》课及课下进行练习；也可以考虑与舞蹈专业课做某种结合。

舞蹈老师在专业课上向学生布置课外作业时，应要求学生多听并唱会所学的课堂组合的音乐。有的学生上了很长时间的课，往往记不住舞蹈的动作，如能唱会这些音乐，记住音乐的旋律，并将音乐分句，将大大有助于记住舞蹈的动作，而且跳起舞来比数若干个8拍跳的舞蹈更具舞蹈性。因为音乐中包含了旋律、节拍、节奏、速度、调式、和声、力度、音色、音区等表现手段以及各种演奏手法，根据音乐来跳舞肯定比数拍子跳舞更好。

中国民族民间舞系在前几年的期末考试中，有一个藏族舞的组合叫《山南果谐》，西藏山南地区的果谐最具这种表演形式的特色。组合开始时，让一个学生用近乎原生态的演唱方法先唱出一个乐句，然后其他学生接着一起演唱歌曲，边唱边跳。这种做法继承了藏族果谐舞蹈的传统，效果很好。

在专业课中采用上述方法，不但能让该组合生动活泼，还能让学生更好地表演组合，提高学生的音乐水平，一举多得，何乐而不为！

少数民族一般都能歌善舞，如蒙古族、维吾尔族、朝鲜族、苗族、彝族、傣族等，也可采用载歌载舞的方式进行教学。汉族舞蹈中的安徽花鼓灯是一种花鼓歌或灯歌，目前几乎绝迹。如果我院能够将这部分重新加以扶持恢复，定能让花鼓灯艺术更具魅力。维吾尔族的赛乃姆舞蹈还可采用以歌伴舞的形式，即一部分学生在表演赛乃姆舞蹈，另一部分学生在边上演唱歌曲伴唱，效果也会很热烈。

其他的课程，如《曲式》、《中外音乐史》、《中国民族民间舞蹈音乐》、《音乐赏析》、《京剧音乐》、《外国舞剧音乐》、《打击乐》等，都可以考虑开设必修课或选修课。

《京剧音乐》是一门值得提倡的音乐课程。早在1954年我院刚建校时，学院就聘请了高连甲等京剧名家担任顾问，教授中国古典舞基训。随后不久，还成立了业余京剧社团，演出折子戏。

2010年，京剧已由联合国教科文组织核准为世界非物质文化遗产，是中国的国粹艺术。这些年来，在教育部的倡导下，京剧进入中小学的课堂，已取得了不少成绩。在中央电视台戏曲频道《过把瘾》栏目中，经常能看到娃娃们像模像样的表演。作为姐妹艺术，中国古典舞与戏曲舞蹈有很深的渊源。如能开设《京剧艺术》课，让学生了解京剧的历史、京剧的行当、京剧的流派、京剧的身段、京剧的曲牌和唱腔（包括传统戏、现代戏的著名唱段），从中汲取营养，必将大有裨益。

经过这次会议，我院的人文社科教学定能取得更大的成绩。

（本文原载于 2012 年 5 月《北京市艺术院校人文社科公共课教学改革研讨会论文集》）

在舞蹈史论系 1996 届
毕业论文宣讲会上的总结发言（代序）

96 届史论系学生是北京舞蹈学院设立史论系以来的第二届毕业生，也是拓宽招生来源，从高中毕业生中招生以来的第一届学生。四年来，这个班始终得到院领导、各系有关职能部门的关心与大力支持，得到院内外的专家、教授和全体教师的谆谆教诲，在良好的学习气氛中逐步成长了起来。

在学校学习的四年中，这个班级获得过较多的荣誉，大家都把德、智、体全面发展作为自己努力的目标并为之而奋斗。

根据这一届学生是从高中毕业生中招生的特点和学院提出的培养复合型人才的目标，系里修订了课程设置和教学方案，以培养学生具有扎实的理论基础，宽阔的知识面，并要求学生在舞蹈专业技术方面也应达到相应的水平。四年来，共设置了社科课程 40 余门，其中在舞蹈理论、舞蹈史、艺术理论、各种文化、音乐理论等方面都形成了科目的群组化，即每类课程以一门为中心，多门课程配套拓宽。对工具类的学科，系里也加以充分的重视，如外国语言文学、中国语言文学、舞蹈文献检索、计算机等课程都安排了适量的课时。

外语课除学院规定的课程外，系里要求学生尽量达到国家四级标准，少部分学生向六级迈进。这一工具性学科强调的是基于对未来的史论人才必须有外语工具作辅助的必要性的明确认识，使学生受益很大，全班学生分别在二年级或三年级时参加了北京市高校的外语统考，其中 25% 的学生达到六级标准，75% 的学生达到四级标准，取得了可喜的成绩。

四年来，学生的写作也有了很好的展示，该班学生曾自办系刊 7 期，论文习作集 3 期。此外，他们还在各种报纸、杂志公开发表文章 20 余篇，其中不少文章已有了一定的理论深度和较强的文字能力。

在舞蹈技术课方面，学生们学习了中国民间舞、中国古典舞、芭蕾舞、现代舞、外国代表性及编导课，均达到了一定的水平。毕业前夕，该班学生还自编、自导、自演了一台颇具史论系特色的晚会《纪念册》，亦获好评。

毕业论文的写作，系里作了周密的安排，组织了论文宣讲会，12篇论文各具特色，从选题到写作，从立论到论证都体现了当前我院学生论文的水平，应该说，较之以往的学生论文是有了一个明显的提高。在学院的支持下，该班学生的毕业论文已汇编成集，以学报出专集的形式公开出版，值得庆贺。

史论系现已改名为舞蹈学系，我们祝愿舞蹈学系越办越好。

本文原载于《北京舞蹈学院学报》1996年第4期

小议东北秧歌曲牌的标题

我国的民族器乐曲，不论是传统的或是现代的，都有标题，其中不少乐曲的标题富有诗意，使听众在听音乐时产生有趣的联想。

东北秧歌音乐的主要来源是东北地区的一些唢呐曲牌和民族器乐曲的片段（有时也用一些东北民歌和地方小调），它们是我国民族器乐曲的组成部分，每曲都有标题，这些标题可分为两种不同的类型：有的乐曲的标题和内容有密切的联系，如《大姑娘美》的音乐刚中有柔，柔中有刚，以优美的旋律表现了东北姑娘的活泼、艮劲的美；《得胜令》表现了民族英雄胜利凯旋时，人们热烈欢腾的情景。以地名命名的乐曲往往是对自然景色的描绘或乐曲的某些特点与地名有某种相似性，如东北秧歌跑场时常用的一种称之为"浪头"的音乐，因其旋律线曲折多变，有的艺人将这一类音乐起了曲名《黄河套》，好像音乐与河套地区的黄河相似，九曲十八弯。但是也有不少乐曲的标题与内容并无直接联系，只是表示出某一种情绪，在欣赏这类音乐时，千万不可牵强附会。为了更好地理解东北秧歌的传统乐曲，对音乐的标题作些探讨是有必要的。

一、标题定名的原则

东北秧歌曲牌的标题大致根据以下几种情况定名：

1. 根据乐曲的结构特征。如《句句双》，这是一首流行很广的乐曲，短小精悍，乐曲由4个乐句组成，属一段体，结构方整、均衡、对称。民间艺人演奏此曲时，常用多种手法加以变奏，一曲多变，从而达到一曲多用的目的，但此种变奏属严格变奏，乐曲的结构和小节数不变。多数艺人演奏此曲时，前3句分别反复一次或变化重复使其成双，最后一句作为结束句而不加反复；有的艺人演奏此曲，每一乐句均反复成双，如海城著名唢呐老艺人袁国庆即按此法演奏（见《中国民族民间器乐曲集成·辽宁卷·鞍山分卷》第二册）。是名副其实的《句句双》。

2. 借用戏曲剧目，曲牌的名称或沿用元、明以来南北曲牌的名称。如《闹元宵》、《柳青娘》、《柳摇金》、《洞房赞》、《桂枝香》等。

3. 根据地名命名。如《泰山景》、《小游西湖》、《盘山》、《黄河套》。

4. 以动物、花草名命名。如《鹁鸪》、《逗蛐蛐》、《五匹马》、《鸳鸯扣》、《羊调》、《摘黄瓜》、《茉莉花》、《小红梅》等。

5. 借用歌曲或其他器乐曲的曲名，如《万年欢》、《海青歌》、《得胜令》等。

二、为若干首秧歌曲牌正名

东北秧歌的曲牌非常丰富，但在其流传和使用的过程中，由于种种原因，某些乐曲的标题已不很准确或很不准确，现略举数例：

误	正
小柳叶锦	柳摇金
北古	鹁鸪
闷工调	句句双
稍头	稍头
扯腿曲	鬼扯腿
美丽的青春	大姑娘美

《柳摇金》是借用戏曲曲牌名称而定名的，它是京剧及某些地方戏曲的常用曲牌，常用于"吹台"，也用于摆宴、排队相迎、打扫佛堂及各种舞蹈、饮酒、赏花等场面，如京剧《贵妃醉酒》中，配合杨贵妃酒后的某些动作即用此曲。唢呐曲牌《柳摇金》借用了戏曲曲牌的名称，但与戏曲曲牌的旋律差距比较大。无论是戏曲曲牌或东北的唢呐曲牌中，均无《柳叶锦》的叫法，更没有见到此曲牌有大小之分。

唢呐曲牌《柳摇金》欢快、活泼、律动感强，是一首很好的走场音乐的乐曲。

《鹁鸪》是以一种名叫鹁鸪的鸟的名称定名的，现在我们经常看到的是用北方的北与古代的古合成的两个字：《北古》，这个标题很可能是当时民间艺人记谱时根据乐曲的谐音而记录流传下来的。《鹁鸪》的旋律很有特点，幽默、俏皮，如在演奏时适当运用滑音、花舌等技巧，则效果更诙谐，适于为老扭伴奏。乐曲结构短小，运用"借字"的技法，可以进行五调朝阳，王文汉编曲的《鹁鸪》五调朝阳谱是把"借字"这一具有中国特色的变奏手法应用于东北秧歌音乐的一次成功尝试，曲谱见《中国民间舞曲精选》（中国文联出版公司，1994年3月出版）。

"闷工调"是唢呐的一个指法调，根据传统的演奏方法，唢呐可用七种不同的指法调演奏，以东北秧歌中最常用的七寸五唢呐（指唢呐杆的长度）为例，七种指法调与现代通用的用音名标记的调性相对照可列表如下：

七寸五唢呐各调指法对照表

调名	传统名称	唢呐指法
D调	倍调	筒音作5
G调	梅花调	筒音作2
F调	闷工调	筒音作3
C调	四字调	筒音作6
A调	本调	筒音作1
E调	老本调	筒音作4
$^\flat$B调	六个调	筒音作7

这首乐曲是用闷工调指法演奏的《句句双》，标题应改为《句句双》，乐曲的结构与普遍流行的《句句双》完全相同，旋律却有它自己的特点。

《稍头》应定名为《梢头》，宋·欧阳修《生查子》中有"月上柳梢头"的著词句。

《扯腿曲》和《美丽的青春》也应该还其本来面目，其曲名应为《鬼扯腿》、《大姑娘美》。

（本文原载于《北京舞蹈学院学报》1992年第2期）

选择和丰富中国民间舞课堂音乐的若干方法

在中国民间舞课的教学中，音乐是一个十分重要的环节。一首好的乐曲，无论对于舞蹈教员编出一个好的民间舞组合或用它作为课堂音乐启发学生学好民间舞课，都具有重要的作用。

从中国民间舞课堂音乐的角度看，一首好的乐曲必须具备下列条件：风格鲜明；与舞蹈的韵律协调；旋律优美动听且易于记忆；节奏感强、较有规律性（在单一训练时，要强调节奏的规律性；而在高班的表演性组合中，节奏可打破这种规律性而自由些）；乐曲的结构规模一般不宜过大。当然，这样的乐曲在思想感情上应当是健康的。

上述各项条件中，风格问题应占有突出地位。民间舞是劳动人民在漫长的岁月中创造和发展的。各民族各地区的民间舞与当地的语言、气候、风俗习惯、地理环境、劳动的内容与方式等因素密切相关。因此，当地的人民群众对它有着特殊的情感。如果离开了风格，这种民间舞就失去了它的特色。为民间舞伴奏的音乐，与舞蹈是唇齿相依的关系，它们的风格必然是十分统一的。音乐的风格是通过旋律、节奏、调式、和声等因素，演奏或演唱的某些手法以及配器等手段来体现的。在课堂上使用乐曲时，舞蹈老师和音乐老师应统一认识，共同把关，防止与舞蹈风格特点不一致的音乐进入课堂，即使有的乐曲有很高的艺术性，但在风格上与舞蹈不属于同一地区或风格不鲜明，这一类音乐不宜选用。只有这样才能使学生在课堂上学习民间舞时，学到形象与音响一致的教材。久而久之，学生在掌握民间舞蹈语汇的同时，也积累了丰富的民族民间音乐的语汇。

在课堂上使用的音乐应力求丰富，使学生经常保持新鲜感。课堂音乐的来源可以多渠道：根据教学的需要，民乐老师需要经常的编写。那些具有当地风格特点的音乐素材、民间曲牌、民歌和其他民间音乐，是我们编写民间舞伴奏乐曲的基本依据。我们在编写时，不能脱离当地的风格特点，而是既要保持"土"的本色，又要有所创新。此外，我们还可以选择一些民歌、曲牌、地方小调、创作歌曲、舞蹈剧目伴奏曲及民族器乐曲的片段。

北京舞蹈学院中专部六年级女班，上学期在学习胶州秧歌时，为该班伴奏的民乐老师使用的音乐，在单一基本训练时，除几首传统乐曲和自编乐曲外，还选用了《沂蒙山小调》、《社员都是向阳花》、《蒙山高沂水长》、《谁不说俺家乡好》、《我的家乡沂蒙山》、《军民鱼水情》、《十五的月亮》和电影《苦菜花》选曲等乐曲。这些乐曲都具有山东民间音乐的特点和胶州秧歌音乐的特点：亲切、朴实、优美、委婉。乐曲的曲调大家都比较熟悉，学生能较快地背下来。按单一训练的要求，速度有慢板、中板和快板，能与丁字碾步、大撇扇、丁字拧步（前进与后退）、上推扇、胯间绕扇、羞扇、小嫚妞等各种相应的舞蹈动作配合。音乐与舞蹈的韵律也比较协调。因而取得了较好的效果。

同物质的丰富需要增产也需要节约的道理一样，在民间舞课堂上使用音乐也要注意节约。即使是一首好乐曲，如果使用过于频繁，也会起不到应起的作用，而只是代替了"一、二、三、四"。在进行单一训练时，最好不要用组合音乐，以便在所有的单一训练结束后进行组合训练时，学生对组合音乐产生新鲜感。

要丰富中国民间舞的课堂音乐，除前面谈到的选材丰富和使用合理外，根据舞蹈情绪的变化，有时可将两首或两首以上乐曲连接起来演奏，以形成某些对比。速度规律一般为"慢——中——快"或是"中（稍慢）——快"，也有"快——中——快"，"快——慢——快"等其他组合方式。这种连接不是杂乱无章的拼凑，而是有它自己的一套规律的。我们应根据舞蹈的内容，合理安排与其相适应的各种曲体。

在胶州秧歌和东北秧歌的组合中，常有三首乐曲连接起来演奏的，它不同于A——B——A的三段体曲式，而是有三首独立完整的乐曲连接而成，是一种有中国特色的"联曲体"曲式。速度的安排与舞蹈的情绪变化完全一致，多为"慢——中——快"，情绪越来越热烈，效果相当好。

两首乐曲的连接更为常见。如：例一《多朗组合》

第一首是多朗齐克提麦节奏曲，6/8节拍，方整型的四句，十六小节，一段体曲式，是一首六声性的G宫调乐曲。中速演奏四遍后，手鼓单独演奏多朗赛乃姆节奏点。紧接着演奏快速的《歌唱新生活》（甄荣光曲），两段体曲式，2/4节拍，前四句十六小节（A段）是非常活跃的方整性节奏，从第五句起（B段）节奏有了较大的变化，一开始就出现了五拍长音和三连音节奏，与A段有明显的对比，最后一句又回到A段的节奏型。乐曲乐观向上，热情奔放，是一首七声性的D徵调式乐曲。两首乐曲速度由中速到快速，节奏由多朗齐克提麦节奏变成多朗赛乃姆节奏，情绪越来越高涨，连在一起演奏，听起来感到很自然。

例二《翻身五更·五匹马组合》

第一首《月牙五更》，稍慢，是一首E羽调与D徵调调式交替的乐曲，最后结束在徵调式上。第二首《五匹马》，快板，是一首G徵调与A羽调调式交替的乐曲（中间与打击乐对句的两句音乐，有羽调式的因素），最后回到徵调式上结束。两首乐曲的共同点是：它们都是徵调式与羽调式的交替调式；不同点是：第二首乐曲的宫音音高比第一首向上提高了一个纯四度，速度由稍慢变成了快板。两首乐曲中间用二鼓相接，第二首乐曲结束后接滚龙场加五鼓，在高潮中结束全曲。这二首乐曲连接起来演奏，既有对比，又有统一。

此外，我们在选择乐曲时，还应根据低、中、高年级的不同要求而有所区别。

乐曲选定以后，要想进一步丰富民间舞的课堂音乐，还需要在演奏上做一些处理。如乐队人数较少，每个伴奏小组只有4—5人，在演奏中也应尽可能作些变化，特别是一些乐曲曲式短小，而反复的次数又较多，为防止单调，经常采用以下一些手法：

1. 加花：在原曲的基础上，某一件乐器围绕旋律音进行加花，把旋律加以装饰变奏，速度不变，使乐曲变得华丽活泼。

2. 简化：低音乐器演奏原曲的骨干音，将乐曲的音符减少，或根据骨干音演奏和弦低音。

3. 各类乐器轮流担任主奏乐器，其他乐器陪衬，做一些和声伴奏，支声复调式的演奏或卡农式的轮奏。

4. 管乐不必每次都演奏，可适当休息，但乐曲开头、最后一遍和中间舞蹈动作比较大的那几遍要演奏。有时也可某一遍中有几句演奏，有几句不演奏。这样可在音色音量上有些对比，演奏管乐的同志也可以得到适当的休息。

5. 在维吾尔族音乐中，中间有时可用手鼓单独演奏，如多朗齐克提麦节奏单一训练，用多朗齐克提麦节奏曲反复10遍，比较单调。经处理，前4遍用音乐演奏；接着，其他乐器停，光用手鼓演奏多朗齐克提麦节奏鼓点，其长度等于4遍音乐；最后两遍所有乐器全奏，显得有些变化。在类似情况的朝鲜族音乐中，中间有几遍也可用长鼓单独演奏。

6. 调性变化：可按向近关系调转调的原则，作调性变化。有的乐曲也可用民间的借字演奏法取得调性变化。

7. 综合：有时可同时运用上述方法中的两种或多种。

多年来，我们已经积累了一些较好的乐曲，用起来比较顺手，但我们必须鼓励民乐老师和民间舞老师共同努力，大胆使用经过慎重选择的新曲目，使中国民间舞的伴奏乐曲不断丰富，日益完善。

（本文原载于《舞蹈教学与研究》1985年第2期）

音乐艺术的特征

音乐是时间和音响的艺术，它通过人的听觉器官的感受去联想各种情绪和形象，理解音乐的内容。与其他艺术门类相比，它不同于绘画、雕塑、建筑等空间艺术。这些艺术形式是通过视觉来感受的，无论是整体或者局部都能一目了然，而且往往是先有整体感，然后再仔细地去感受它的局部；舞蹈艺术既是时间艺术，也具有空间艺术（动态的空间）的意义；而音乐艺术则是时间艺术，是通过时间展现的，先有局部再有整体，其整体也仅仅是对局部的回忆、联想而产生的整体感。音乐又是音响的艺术，音响由声波的振动而形成，它依靠人类天生的发声器官或各种乐器所形成的声波，用音乐中的各种表现手段来塑造音乐的形象和表现作品的内容。

音乐的主要表现手段有：旋律、节奏、节拍、调式、和声、速度、力度、音区、音色、曲式、配器等。不同的民族、不同的地区会因语言、气候、地理环境、劳动方式、生活习俗的不同，运用上述表现手段，形成不同的民族风格和地区风格，也会因时代不同和作曲家的个性而产生时代特点和个人特点。音乐长于抒情而拙于叙事，音乐的形象比较抽象，然而音乐却能对人的情绪起到强烈的激发作用，引起人的情感反映。

《乐记》云："凡音之起，由人心生也，人心之动，物之使然也，感于物而动，故形于声。"音乐之所以能感动人，首先在于作者的思想感情被现实生活所感染，激起了强烈的创作欲望，这种创作的激情加上作者高超的创作技巧，把作者的思想感情在他的音乐作品中淋漓尽致地表现出来。

聂耳所处的时代是民族危机最严重的年代，他积极参加革命斗争，积极从事音乐创作和评论活动，在他短暂的一生中，创作了不少优秀的歌曲和器乐曲，鼓舞着人们的斗志。聂耳创作的《义勇军进行曲》（影片《风云儿女》的主题曲）后来成为中华人民共和国国歌，这首歌曲表现了中国人民不畏强暴、英勇奋斗的革命精神，直到今天，每当人民听到它时，仍能感到精神振奋并产生民族自豪感。

瞎子阿炳一生坎坷，做过道士，后来又流落街头卖艺，生活悲惨，成年后双目失明，他的痛苦的生活经历所产生的思想感情，自然地流露在他创作的二胡曲《二泉映月》之中。乐曲的情感深邃,又充分发挥了二胡的乐器性能和演奏技巧,使这首乐曲蜚声于海内外。但阿炳一生中的具体经历则不可能在音乐中得到描绘,人们只能根据有关介绍阿炳生平的文字说明或观看根据阿炳生平创作的电影《二泉映月》得以了解。

音乐艺术的另一特征是与科学技术紧密结合。在各个艺术门类中,音乐与科技的结合最为紧密,这是因为音乐的物质材料是音,而发音本身又是一种物质振动的物理现象,所以无论是音律的计算,乐器的制作,作曲及演奏技术的发展,音乐的传播等诸多方面都与科技有关。

音乐中所用的音绝大多数是有确定的音高的,律学是对音乐中所用的音律进行研究,它不仅与数学有关,也与物理学有关,不同的律制由不同的声律法所决定,古代人通过发音体(管和弦)的长度比例来计算音程,现代人则使用科学仪器测定振动频率来计算音程关系。在乐器制作方面,远古时期由于技术水平低下,只能制作一些简单的乐器,如骨哨,陶埙、鼓、石磬等;随着科技的进步和生产力的发展,到了青铜器时代,冶炼技术得到了提高,出现了金属的磬、钟;到周代,品种大大增加,吹管乐器、弹拨乐器和打击乐器都得到了较快的发展。1978年在湖北省随县出土的一套战国编钟共65枚(包括纽钟19枚、甬种45枚、镈钟1枚),在每个钟的不同部位上,可以奏出互为三度关系的两个音,音域在5个八度以上,制作技术达到精美的程度。

到了近、现代,随着工业的发展,制作了钢琴、各种管弦乐器,改良与发展了中国民族乐器;当今世界电子技术的迅猛发展,电子乐器应运而生。乐器的发展促进了作曲及演奏技术的发展,没有管弦乐器,哪来交响音乐,和声、复调、配器等作曲技术理论都是在乐器发展的基础上产生的。简陋的乐器不可能发挥高难度技巧,演奏技术的提高与乐器制作的改良是相辅相成的。在音乐的传播方面,录音与音响设备都与现代科技紧密地联系在一起。

音乐可分为声乐和器乐两大类。声乐又分独唱、齐唱、重唱、合唱,以人声分类可分男声、女声和童声,按发音方法可分美声唱法、民族唱法和通俗唱法。器乐可分独奏、齐奏、重奏、合奏。乐器可分为弦乐器(拉弦乐、弹拨乐)、管乐器(木管乐、铜管乐、民族管乐)、打击乐器。弦乐器、管乐器和鼓等某些打击乐器均可独奏,不少乐器还可采用齐奏的形式,如小提琴齐奏、二胡齐奏、琵琶齐奏等。不同乐器的组合形成不同的器乐表演形式,如弦乐四重奏、木管五重奏、民乐五重奏、弦乐合奏、管乐合奏、弹拨乐合奏、民乐合奏、交响乐、交响诗、协奏曲等。音乐还可根据地区特点和民族特点分类。

（本文原载于1997年东方出版社《艺术鉴赏》，李洪明主编。）

在舞蹈史论系 1996 届毕业生毕业论文宣讲会上的总结发言（代序）

96届史论系学生是北京舞蹈学院设立史论系以来的第二届毕业生，也是拓宽招生来源，从高中毕业生中招生改革以来的第一届学生。四年来，这个班始终得到院领导、各系及有关职能部门的关心与大力支持，得到院内外的专家、教授和全体教师的谆谆教诲，在良好的学习氛围中逐步成长了起来。

在学校学习的四年中，这个班级获得过较多的荣誉，大家都把德、智、体全面发展作为自己努力的目标并为之而奋斗。

根据这一届学生是从高中毕业生中招生的特点和学院提出的培养复合型人才的目标，系里修订了课程设置和教学方案，以培养学生具有扎实的理论基础，宽阔的知识面，并要求学生在舞蹈专业技术方面也应达到相应的水平。四年来，共设置了社科课程40余门，其中在舞蹈理论、舞蹈史、艺术理论、各种文化、音乐理论等方面都形成了科目的群组化，即每类课程以一门为中心，多门课程配套拓宽。对工具性的学科，系里也加以充分的重视，如外国语言文学、中国语言文学、舞蹈文献检索、计算机等课程都安排了适量的课时。

外语课除学院规定的课程外，系里要求学生尽量达到国家四级标准，少部分学生向六级迈进。这一工具性学科的强调，是基于对未来的史论人才必须有外语工具作辅助的必要性的明确认识，使学生受益很大，全班学生分别在二年级或三年级时参加了北京市高校的外语统考，其中25%的学生达到六级标准，75%的学生达到四级标准，取得了可喜的成绩。

四年来，学生的写作也有了很好的展示，该班学生曾自办系刊7期，论文习作集3期。此外，他们还在各种报纸、杂志公开发表文章20余篇，其中不少文章已有了一定的理论深度和较强的文字能力。

在舞蹈技术课方面，学生们学习了中国民间舞、中国古典舞、芭蕾舞、现代舞、外国代表性及编导课，均达到了一定的水平。毕业前夕，该班学生还自编、自导、自演了一台颇具史论系特色的晚会《纪念册》，亦获好评。

　　毕业论文的写作，系里作了周密的安排，组织了论文宣讲会，12篇论文各具特色，从选题到写作，从立论到论证都体现了当前我院学生论文的最高水平，应该说，较之以往的学生论文是有了一个明显的提高。在学院的支持下，该班学生的毕业论文已汇编成集，以学报出专集的形式公开出版，值得庆贺。

　　史论系现已改名成为舞蹈学系，我们祝愿舞蹈学系越办越好。

（本文原载于《北京舞蹈学院学报》1996年第4期）

中国民间舞蹈音乐的继承与发展

中国民间舞蹈音乐的概念，狭义地说是指那些在人民群众中广为流传，具有鲜明的民族风格和地方特色的民间舞蹈的音乐，包括用民间乐队演奏的器乐曲牌、民歌小调和各种鼓点；广义地说还可以外延到那些按照舞蹈艺术的规律，为民间舞教材和民间舞剧目编创的音乐。

中国民间的舞蹈音乐是极为丰富的，由于民间艺人和劳动人民的创造性劳动，大量的器乐曲牌、民歌小调、鼓点与民间舞蹈相结合，与民间舞蹈同步发展，形成了谁也离不开谁的协作伙伴关系，但由于缺乏加工、整理，大多数音乐仍处于比较原始的状态。民间舞教材的音乐和民间舞剧目的音乐则需要在学习传统的民间舞蹈音乐的基础上，对它进行加工、整理和提高，使其升华到一个更高的层次。

本文主要是对北京舞蹈学院中国民间舞伴奏音乐教材的继承与发展问题做些探讨。

一、建院 45 年来中国民间舞音乐教材建设的回顾

建院 45 年来，我院的中国民间舞音乐教材经历了从无到有、从初创到发展的过程。

1. 初创阶段

建院初期，我院民乐教师用走出去或引进来等举措（当时曾请过不少著名民间艺人）记录了一批民间舞曲，在学校资料室的协助下，50 年代至 60 年代初期，编辑出版了油印教材，如《新疆维吾尔族舞蹈音乐教材》、《藏族民间舞蹈音乐》、《蒙古族舞蹈音乐基训教材》、《朝鲜族民间音乐教材》、《东北秧歌音乐教材》、《山东鼓子秧歌音乐教材》、《安徽花鼓灯音乐》等，这些教材风格地道，与舞蹈紧密结合，集萃了各有关民族，有关地区民间舞蹈音乐的精华。几十年来，这些乐曲成为中国民间舞教学中最为重要，最为宝贵的音乐伴奏教材。

与此同时，我院民乐老师还记录、整理了与中国民间舞蹈相关的大量

鼓点，如东北秧歌的10余种鼓点；安徽花鼓灯的近30种鼓点；山东鼓子秧歌、胶州秧歌、海阳秧歌的鼓点；朝鲜族杖鼓（长鼓）和维吾尔族手鼓（达卜）的部分鼓点。特别值得一提的是安徽花鼓灯的鼓点，1954年和1955年学校两次请安徽省怀远县著名鼓师常春利先生（艺名"老蛤蟆"）来校传授鼓艺，王泽南等老师用口诀谱的形式将其一个一个地记录下来，为便于教学和编创节目，还将安徽统称为"喘气锣"的鼓点，根据拍数的多少和鼓点的特点细分为"单喘气锣"、"双喘气锣"、"前喘气锣"等10种不同名称的"喘气锣"。此后不久，王文汉、王泽南等老师又创编了更为简便的安徽花鼓灯锣鼓谱的"代字"记谱法，即用一个汉字或汉字简化后的符号来代表一个鼓点，给安徽花鼓灯的教学带来了极大的方便。

2. 发展阶段

70年代后期至90年代，我院民乐教师与民间舞教师亲密合作，创作了一批中国民间舞剧目的音乐和课堂组合音乐教材（剧目的音乐片段亦可用于课堂组合），这些音乐的特点是在保持音乐的传统风格的基础上，强调了时代特点，尽可能地使中国传统文化与现代感情相结合。代表性作品有裘柳钦、王文汉等人作曲、编曲的大型中国民间舞序列《华风乡情》的音乐；裘柳钦编曲的民间舞蹈《春天》的音乐；龚小明作曲的"桃李杯"参赛剧目的音乐《家长里短》。优秀的课堂组合音乐有王俊武作曲的《青稞丰收》、《春到茶山》、《大兰花》；王延亭作曲的《愉快的踢踏》、《天山之春》；甄荣光作曲的《毛主席的恩情深似海》、《歌唱新生活》等，这些乐曲都已成为课堂中的保留曲目。此外，还有何维青作曲的优秀少儿民间舞曲《格桑花》、《花孔雀》等。民乐教师与民间舞教师相配合，还选用了一些民歌、民族器乐曲的片段、影视音乐片段和舞蹈舞剧音乐的片段充实到教材中，大大地丰富了中国民间舞音乐教材的内容。

80年代以来，我院教师编写的中国民间舞音乐教材，在经过了长期的实践后陆续公开出版，代表性著作有《中国民间舞教材伴奏曲选》（北京舞蹈学院民乐队编，人民音乐出版社，1984年）、《中国民间舞曲精选》（裘柳钦主编，中国文联出版公司，1993年）、《中国艺术教育大系·舞蹈卷·中国民间舞教材与教法》（潘志涛主编，上海音乐出版社，即将出版）。这三部书基本上反映了我院中国民间舞音乐教材建设的发展历程。《中国民间舞教材伴奏曲选》是为满足我院1978年从中专改制为大学以及"文革"后全国各舞蹈学校恢复招生后，对民间舞音乐教材的迫切需要而组织力量编写的，内容是对建校初期出版的各种油印教材中的乐曲进行精选，对后来创作的一些乐曲也进行了筛选。由于编选的时间仓促和校对不仔细，因而错误较多，文字介绍也较为简单。《中国民间舞曲精选》在选材上力求与第一本书不重复，传统乐曲除增补了一部分乐曲以外，增加了一些原有乐曲的变奏曲谱，王文汉演奏的《鹁鸪》、《句句双》的变奏还运用了中国古代音乐理论指导下的变奏手法"五调朝阳"，使这种濒于绝迹的变奏手法首次成功地运用于舞蹈音乐的创作实践，具有较高的学术价值。一些80年代以来新创作的乐曲被选入到《精选》之中。该书还增加了傣族民间舞蹈音乐、苗族民间舞蹈音乐。即将出版的《中国民间舞教材与教法》是我院中国民间舞系的教材，体现了我院升格为大学后近20年来教材的新变化，该书选用的音乐包括建院45年来各个时期的音乐，既注重继承传统，又注重时代气息，选材也更加多样化。

二、21世纪中国民间舞蹈音乐展望

江泽民总书记在庆祝中华人民共和国成立50周年大会的讲话中指出："中华民族将以更加强劲的英姿屹立于世界民族之林。中国的未来是无限光明的。"江总书记的讲话给了我们巨大的鼓舞，我们每一个中国人都要努力做好自己的本职工作，共创更加美好的未来。

在即将到来的21世纪，中国民间舞蹈音乐的发展，需要做的工作非常多，但最主要的还是要做好如何使音乐继承传统、推陈出新这篇大文章。中国民间舞蹈音乐的民族风格和地方特色必须鲜明，如果光强调时代感而脱离传统，即使创作的水平很高，也不会得到当地群众的通过；反之，如果光强调风格性而缺乏时代感，也必将被人民群众所抛弃。还是以即将出版的《中国民间舞教材与教法》为例，全书共编了汉、藏、蒙、维、朝5个民族（8大部分）的组合477个，包括基本训练组合、综合训练组合和传统组合。与其配套的477首音乐由以下几个方面组成：民歌159首、曲牌27首、鼓点181首、民族器乐曲片段6首、影视音乐片段6首、创作歌曲20首、创作舞曲78首。477个组合中用民歌、曲牌和鼓点伴奏的组合共367个，占总数的77%，各种创作的音乐110首，占总数的23%。从上述数字看，创作乐曲所占的比例偏低一些，需要我们对传统的乐曲很好地进行加工和提高，还应创作出众多富有时代气息特色鲜明的乐曲。用鼓点伴奏民间舞虽然也很有气氛，但太多了必然有单调感。所以，应考虑把用鼓点伴奏的组合，除部分保留外，逐步地把大多数组合都配上乐曲，还应考虑根据舞蹈发展的需要创造出一些新的鼓点，使现在的鼓点更加丰富。

特别是山东鼓子秧歌，由于音乐没有突破，已成为舞蹈发展的制约性因素。安徽花鼓灯的音乐也有类似的问题。

在新的世纪即将到来之际，我认为应采取一些必要的措施：

1. 加强对中国民族民间舞音乐教材建设的领导，重点课题应组织力量攻关并提供必要的条件。

2. 民乐和钢琴伴奏教师，在不断提高演奏水平的同时，应努力提高舞蹈音乐的创作水平和理论研究水平。青年教师应学习中国民间舞的技巧和表演，体会各种民间舞的特点。

3. 中国民间舞教师应大力加强音乐修养，学习各种音乐知识。

我坚信，在音乐工作者和舞蹈工作者的共同努力下，21世纪的中国民间舞蹈音乐必将获得空前的繁荣与发展。

(本文原载于《北京舞蹈学院学报》1999年第4期)

中国民间舞蹈音乐的曲式分析

音乐是音响和时间的艺术，它通过人的听觉器官的感受去联想各种情绪和形象，理解音乐的内容。与其他艺术门类相比，它不同于绘画、雕塑、建筑等空间艺术，这些艺术形式是通过视觉来感受的，无论是整体或局部都能一目了然，而且往往是先有整体感，然后再仔细地去感受它的局部；舞蹈艺术既是时间艺术，也具有空间艺术（动态的空间）的意义；而音乐艺术则是时间艺术，是通过时间展现的，先有局部再有整体，而这种整体也只是通过回忆、联想而成的。音乐又是音响的艺术，音响由声波的振动而形成，它依靠人类的发声器官或各种乐器发音所形成的声波，用音乐中的各种表现手法来塑造音乐的形象和表现作品的内容。音乐的基本表现手段有：旋律、节奏、节拍、调式、和声、速度、力度、音区、音色、配器、曲式等。不同的民族、不同的地区会因语言、气候、地理环境、劳动方式、生活习俗的不同，运用上述表现手段，形成不同的民族风格和地区风格，也会因时代不同和作曲家的个性不同而产生不同的时代特点和个人特点。

音乐作品合乎逻辑思维的结构称为曲式，它是音乐的表现手段之一，曲式由音乐作品的内容所决定，并且尽可能与内容相统一。中国民间舞蹈音乐异常丰富，曲式多样，严格地说，每首乐曲都有不同的曲式，但按其一般规律，可以分为一些不同的类型。

一段体

一段体，即乐曲由一个乐段构成，它是最小规模的曲式结构。乐段通常由若干个乐句、乐节组成。乐段可以是一种曲式；也可以成为大型乐曲的音乐主题；变奏体乐曲的母曲及各种曲式的组成部分。

在中国民间舞蹈音乐中，一段体的曲式最为普遍，它具有短小精悍、易学易记的特点，容易为广大群众所掌握。根据乐句的数目可分为：一句结构的乐段；两句结构的乐段；三句结构的乐段；四句结构的乐段和多句结构的乐段等多种。

一句结构的乐段是乐段结构的特殊形式，较为罕见。这种乐段的规模实际上相当于一个乐句，只能表达简单的内容，藏族中甸锅庄《金宗银宗松宗》即属此类。

歌词大意为：我唱一个，你唱一个，大家一齐跳一个。一个乐句反复演唱，边唱边跳。

两个乐句的乐段在藏族歌舞音乐中比较多，如《公公》、《斯玲玲桑琅琅》、《古来亚木》、《谢雄孟久》、《恰地功保》等，表演时，有的乐曲每句都重复；有的某一乐句重复；有的用脚顿地、以其节奏作为乐曲的引子、间奏和尾声，不管其如何变化，其基本机构则为上下句两个乐句组成。

果谐音乐《谢雄孟久》由两个乐句组成，采用合头换尾的重复方法，每个乐句由 8 小节组成，其中前 5 小节完全相同，只是后 3 小节作了变化，第一句结音在 G（宫音），第二句结音在 E（羽音）。《古来亚木》则正好相反，采用了换头合尾的重复方法。①

上述两例的上下句具有对称，平衡的特点，两句的音乐材料基本相同，只是下句作部分变化，下句起加深上句的音乐形象的作用。并非所有两句结构都与此类同，有的两句结构的乐段，上下句的曲调并不相同，但其节奏型或旋律的某些因素及音乐的情绪具有内在的联系。

三句结构的乐段大多是在两句结构的基础上扩展而成的，常用换头或换尾的重复法来发展音乐，也有用引申发展的方式、采用接力赛跑式的承递发展。

《仲马徐容桑》是以第一乐句为核心引申发展的，第二乐句的前半部分重复了第一乐句，但将结音从二拍紧缩为一拍，后半部分加进新的音乐材料，并将结音从属音（角音）转到主音（羽音），第三乐句基本上重复了第二乐句的后半部分，由于强调主音，使音乐的稳定感增强。弦子音乐《叶所吾热拉》、《孔雀吃水》，果谐音乐《却非突西》等都属三句结构的乐段。

四句结构的乐段无论是在汉族或少数民族的民间舞蹈音乐中随处可见。中国是由 56 个民族组成的多民族国家，各民族在历史上的长期交往中，在文化方面互相影响，互相吸收。四个乐句的乐段，在结构上具有方整、均衡、对称的特点，而这正是大多数舞蹈所需要的普遍特点，因而，

---

① 见北京舞蹈学院民乐队编：《中国民间舞教材伴奏曲选》，人民音乐出版社出版，1984 年。

这种四句结构的乐段在各民族中都成为乐段结构的典型样式。这种四个乐句组成的乐段结构与我国古代诗词"起、承、转、合"的结构原则是一致的。在音乐中"起"是音乐的最初陈述，具有呈示的作用，"承"是继承与巩固，是乐思的进一步展开，"转"是变化与对比，具有不稳定性、展开性，充满发展的动力，这种倾向迫使"合"的出现，"合"具有结束感。

然而，音乐是千变万化的，在某些地区却并不以四句结构为其典型。安徽花鼓灯是淮河两岸人民群众十分喜爱的一种歌舞形式，表演时歌舞相间，歌与舞既相互独立，又有一定的联系，其中唱的部分称为花鼓歌，亦称灯歌，其曲调多为当地的山歌小调，花鼓歌的曲式多为5个乐句的结构，在中间穿插锣鼓间奏，一般在第三乐句之后加一个较短的间奏，如"前喘气锣"，在第五乐句之后再加一个较长的锣鼓尾声，常为几个鼓点的组合，使花鼓灯形成特有的风格。

两段体

顾名思义，两段体的乐曲由两个乐段组成，可分引申式和对比式两种类型。

引申式两段体的两个乐段采用同一个音乐材料，第二乐段是从第一乐段引申发展而来的，这种引申式的两段体由于是从同一个音乐材料发展出来的，因而具有较大的统一性，但第二乐段与第一乐段相比，又具有一定的对比与变化。

《毛主席的恩情深似海》[①] 是甄荣光同志在深入学习维吾尔族民间音乐的基础上创作的一首优秀课堂组合曲，乐曲的情绪乐观向上，与舞蹈三步一抬的动作和欢乐的舞步配合得天衣无缝。乐曲的旋律具有典型的维吾尔族民间音乐的风格，D七声商调式，fa和si两个偏音的运用非常自然，其旋法与维吾尔族赛乃姆舞蹈的固定节奏型十分统一，这首乐曲还采用了后半拍起的弱起节奏，这种节奏在维吾尔族的民间音乐中普遍存在，因为它与维吾尔族的语言有密切的关系。两个乐段的音乐，前半部分完全相同，第二乐段后半部分的音乐作了发展，音区也比第一乐段的相应位置有所提高，情绪越来越热烈。

对比式两段体由两个不同的音乐材料构成，其对比的程度比引申式两

---

① 见北京舞蹈学院民乐队编：《中国民间舞教材伴奏曲选》，人民音乐出版社出版，1984年。

段体要大些，但两个乐段之间仍然有一定的联系，共同表现一个完整的音乐形象和舞蹈形象。《鄂尔多斯舞》①（贾作光编舞、明太作曲）创作于建国初期，1955年在"第5届世界青年学生和平与友谊联欢节"上获2等奖。舞蹈描述了建国以后鄂尔多斯高原人民愉快、幸福的生活，表现了他们健壮的形象和坚强勇敢的性格。音乐的结构为对比式两段体。舞蹈开始时动作节奏缓慢、稳健有力，音乐的速度稍慢，旋律具有浓厚的内蒙古民歌风格和草原气息，第一乐段（A）是由换尾的上下句构成的两句结构乐段，音乐辽阔、开朗、扎实有力。第二乐段（B）是轻松、乐观、热情的小快板，由4个乐句组成，每个乐句的小节数为8＋8＋4＋4，两个乐段的音乐从舞蹈内容的需要分别反复若干次，它们从不同的侧面表现了一个完整的内容。

三段体

三段体可分为带再现的和不带再现的两种。

带再现的三段体，第二段是对比乐段，第三段的音乐材料与第一段相同，再现时可完全重复第一段，也可作某种变化。

东北秧歌教材《赶大车》组合的音乐《送粮车队》（邱树嵩曲）②，是一首东北风味很浓的乐曲，音乐形象鲜明，描写农民们获得丰收后，在老车把式的带领下，赶着大车喜送公粮的情景。乐曲的情绪乐观，旋律、节奏都比较有特色。乐曲由引子、A、过渡、B、过渡、A′组成，是一首带再现的三段体乐曲。

A段为小快板，描写农民们以喜悦的心情赶着大车喜送公粮，A段音乐共演奏两次，它由7个乐句组成，乐句长短结合，打破了舞蹈音乐通常多为方整形的布局，一气呵成。

A段音乐的节奏很有特点，在每个乐句的第一小节中，第一、二句为节拍重音休止的切分节奏，第三、四、五、六句均为从后半拍起句的句法，只有最后一句从强拍开始。这种节奏安排继承了"二人转"的演唱方法，按艺人的说法，"二人转"的节奏分"黑板"与"红板"，所谓"黑板"就是指从弱拍或后半拍起的唱法，所谓"红板"就是指从强拍起的唱法，艺人多爱用"黑板"（板与眼是中国民间音乐中对节拍的一种叫法，

---

① 见北京舞蹈学院民乐队编：《中国民间舞教材伴奏曲选》，人民音乐出版社出版，1984年。
② 见北京舞蹈学院民乐队编：《中国民间舞教材伴奏曲选》，人民音乐出版社出版，1984年。

"黑板"与"红板"在民间又称"阴阳板")。《送粮车队》的音乐语言和节奏处理吸收了"二人转"的特点，使这首乐曲具有浓郁的乡土气息和地方风格。

B段的旋律进行较为平稳，富有歌唱性，描写农民们行进在送公粮的路上，情不自禁，引吭高歌，喜唱丰收。B段由方整的4个乐句组成，每个乐句在节奏方面没有什么变化，比较单一，但B段的乐句结构，节奏型、速度与第一段有明显的不同，达到了对比的目的。紧接着打击乐硬三棰快速演奏，引出了热烈的第三乐段A′，A′除头、尾与第一段略有变化外，7个乐句的构成与第一段相同，不反复，速度比第一段稍快，情绪更为热烈。最后一句音乐渐弱，好像车队渐渐远去，继续行进在送粮的路上。

鄂温克族舞蹈《彩虹》[①] 是著名舞蹈家贾作光吸收鄂温克"努该里"的舞蹈语汇创作的一个节目（图力古儿·达尔玛作曲），作品表现了鄂温克人民对生活的热爱和对未来美好生活的憧憬。《彩虹》的曲式结构为：前奏、A、B、A′，也是一首带再现的三段体乐曲。

前奏为散板，给人们展示了鄂温克人民辽阔的生活环境。

A段速度较慢，旋律优美，节奏舒展，草原气息浓厚，D羽调式，柔和而抒情。节拍很有特点，用非方整的3/4、4/4、5/4相穿插，使音乐非常流畅，表达了人们内心的喜悦。舞蹈采用了软肩、硬肩等技巧和鄂温克"努该里"的步伐，使人们感到草原的美。

B段，快板，旋律明朗、活跃，热情奔放，充满朝气。C宫—A羽交替调式，音乐反复后移高大二度演奏，变为D宫—B羽交替调式，使音乐更为明亮。然后，音乐在D宫调式上继续衍展。这段音乐由于运用调式交替、转调等技法，使音乐的色彩富有变化，犹如一条艳丽的彩虹。舞蹈刚劲有力，动作灵活多样、回旋对称、淳朴开朗、热情愉快，淋漓尽致地表现了鄂温克人民对美好生活的赞美。

音乐经过B段的对比后，突然放慢，回到了A段的旋律，同时转回到D羽调式上，实现了同主音的调式转换，在色彩上具有很大的对比性。舞蹈也回到A段的语汇，最后音乐渐弱，逐渐消失，给人以无穷的回味。

《彩虹》既是一个优秀的舞蹈节目，同时也是一首优秀的舞蹈音乐作品，篇幅虽短，但十分精炼，音乐富有个性，与舞蹈结合得非常完美，其

---

① 见北京舞蹈学院民乐队编：《中国民间舞教材伴奏曲选》，人民音乐出版社出版，1984年。

创作经验是值得我们学习的。

不带再现的三段体由三个不同的音乐材料的乐段组成，其速度规律往往是"慢—中—快"，同向逞递，渐层发展。胶州秧歌《迎春舞曲》①是一首典型的由A、B、C三个乐段组成的乐曲，慢板旋律优美，有押劲，快板活泼欢快，而中间一段则是两者之间的过渡，它已成为课堂中的保留曲目。

这种不带再现的三段体乐曲，也可根据内容的需要，在三个主要段落的基础上，加上引子、间奏和尾声。根据胶州秧歌素材创作的民间舞蹈《春天》（王玫编舞、裘柳钦编曲）②，音乐与舞蹈都富有诗情画意；富有生活气息和地方特色，音乐的结构便是在不带再现的三段体的基础上加上引子、间奏和尾声。《春天》的曲式结构为：前奏、A、B、过渡、C、尾声。上述各个部分都从不同的侧面对春天加以歌颂，而温暖的百花盛开的春天往往给观众以各种美好的联想。

多段体

严格地说，两段体、三段体都属于多段体的范畴，为了叙述的方便，把它们分别作为一种曲式来进行分析。因此这里指的多段体不包括两段体、三段体的乐曲。多段体曲式与后面要谈的联曲体不同，联曲体中的各个乐段（乐曲或曲牌）都可以具有独立性，而这种多段体乐曲的其中一个段落却不具备独立的性质，而只是多段体乐曲的一个组成部分。

多朗舞是维吾尔族的一种民间歌舞，流传于塔里木盆地西沿、叶尔羌河畔的麦盖提、巴楚、莎车、阿瓦提等地区，多朗舞音乐和舞蹈的特点是粗犷、刚劲、豪迈、开朗，有浓厚的草原风格和劳动气息。伴奏多朗舞的音乐叫"多朗木卡姆"，它与主要在喀什一带流行的"十二木卡姆"不同，是另一种类型的歌舞组曲，"多朗木卡姆"由5个部分组成，有固定的程式：a. 散序；b. 奇克提麦；c. 赛乃姆；d. 赛乃凯斯；e. 赛勒玛。

"多朗木卡姆"的音乐材料简练，一般都从散序中找出最美的音调，通过变奏等不同手法形成不同的节拍和节奏，5个部分的速度规律为"散—慢—快—急"，逐步形成高潮。如何对多朗舞音乐加以继承与创新已成为当今音乐工作者研究和探讨的重要课题之一，笔者相信在不久的将来一

---

① 见北京舞蹈学院民乐队编：《中国民间舞教材伴奏曲选》，人民音乐出版社出版，1984年。
② 见裘柳钦主编：《中国民间舞曲精选》，中国文联出版公司出版，1994年。

定会有与新的内容相适应的新的多朗舞音乐的曲式出现。

变奏体

　　由于中国民间舞蹈音乐最普遍的曲式是一段体，而一段体的曲式短小，为适应群众自娱性的长时间的表演，民间艺人不满足对乐曲作机械的无数次的重复，为避免多次重复而带来的单调乏味，总要运用各种手法对音乐作变奏处理，技艺高超的民间艺人往往既是演奏者，又具备编曲的才能，能根据不同的场合和情绪对音乐作即兴的变奏。

　　变奏手法的普遍运用是使中国民间舞蹈音乐富有生活气息的重要原因之一，变奏手法的运用使一曲多变，在变化中有统一，在统一中有变化。通过变奏使一首短小的一段体乐曲变为一首变奏体的乐曲。

　　变奏手法是千变万化的，具有很大的灵活性和即兴性，常用的手法有：

　　1. 旋律加花或简化：以原始曲谱为骨干音，对旋律进行加花装饰，往往是速度越慢，加花越多。在变奏的重要位置上，一般都是原曲中的音，只有个别音提早或延迟出现。旋律加花后，在原曲五声音阶的基础上增加了偏音，使旋律流畅、华丽。

　　另有一些乐曲，开始部分为旋律加花的乐谱，速度较慢，随着乐曲速度的加快，旋律逐渐简化，速度越快，旋律越简化。这是一种倒装的变奏曲，这种倒装的变奏在西方音乐中极少见到，而在中国民族音乐中却比比皆是，无论是汉族或少数民族都可以举出大量的例子来，如东北唢呐曲牌《大姑娘美》即用此法。在藏族歌舞音乐中，这种倒装的变奏是最普遍的变奏方式。藏族的堆谐音乐可分为"降谐"和"觉谐"，"降"是慢的意思，"觉"是快的意思，虽然目前舞台上表演的几乎都是觉谐，但一首完整的堆谐音乐，应该是从降谐开始到觉谐结束，其结构为：

　　降谐（引子　歌曲）　觉谢　（引子　歌曲　尾声）

　　两者在旋律上是一个音乐材料，觉谐音乐往往是降谐音乐加快速度后，音乐压缩、简化。

　　藏族歌舞音乐中果谐、锅庄也基本上是通过加快速度、简化旋律而形成的变奏体。

　　2. 演奏技术的变化：在每一个变奏中运用一种或几种不同的演奏技巧形成不同的变奏。东北秧歌的民间乐队是由唢呐和若干打击乐器组成的，演奏旋律的重任由唢呐承担,在东北秧歌音乐中常用的唢呐技巧有:滑音、舌顶音、吐音、花舌（打嘟噜）、破工、气震音、颤音等。此外,还有变音色和某些综合技巧的运用,如花舌与上、下滑音的运用能产生十分华丽的音响效果。各民族、各地区民间乐队使用不同的乐器,民间艺人对加花手法的运用亦有不同的习惯,因此,通过演奏技巧的变化而形成的变奏是非常丰富的。

3. 特性音调和特性节奏的运用：在某些变奏中,运用有特点的音调和节奏,使变奏具有特色（谱例略）。

上例 a、b 均为《句句双》变奏的第一句,例 a 效果华丽,适于表现青年男女时使用,例 b 则幽默、风趣,适于表现老时使用,上两例的第3—4 小节为特性音调,运用不同的特性音调,使音乐产生不同的形象,从而达到一曲多用的目的。

4. "借字"手法的运用："借字"是我国传统民族器乐曲中独具特色的一种变奏手法,"借字"即按一定的规律用某一个音或某几个音来代替乐曲中的某一个音或某几个音,用以改变乐曲的调式、调性,进而衍变、发展旋律。

"借字"分"借"与"赁"（东北民间艺人的读音为"愣"）,"借字"变奏手法中的"借"与"赁"为反义词。

"借"即在一首乐曲中,凡遇 fa、降 si、降 mi、降 la 均降一律为 mi、la、re、sol；或凡遇 do、sol、re、la 均降一律为 si、升 fa、升 do、升 sol。

"赁"即反之,在一首乐曲中,凡遇 si、升 fa、升 do、升 sol 均升一律为 do、sol、re、la；或凡遇 mi、la、re、sol 均升一律为 fa、降 si、降 mi、降 la。

按一定的规律进行"借字"还可实现"五调朝阳"及"三十五调朝阳"。五调朝阳中的五调指的是同宫系统中五种不同的调式,朝阳即还原。五调朝阳的意思就是将一曲乐曲（曲牌）在同宫系统内有规律地进行五次调式转换后（顺时针方向或逆时针方向均可）,又还原到原乐曲上来。

五调朝阳是在我国古代音乐理论指导下的一种音乐实践。《礼记·礼运》云："五声、六律、十二管还相为宫"。意为十二律都可以作为音阶的主音而依次构成十二个宫调。《淮南子》云"一律而生五音,十二律而为六十音",意为十二律的每一律都可以构成一个五声音阶,其中每一个音构成一个调式,12×5 可构成六十个调式。五调朝阳就是同宫系统内一个五声音阶五个音构成的五种不同调式的转换；三十五调朝阳即根据唢呐这一特定的民族乐器，可以演奏七种不同的指法调所形成的七个异宫系统，每个系统内的五个音，又可产生五种不同的调式，共产生三十五种不同调式按一定的规律转换。

"借字"技法以及通过"借字"而实现的"五调朝阳"、"三十五调朝阳"所形成的变奏，除了使乐曲的调式、调性产生变化外，更主要的是旋律上的种种变化，这确实体现了我们的民族音乐具有悠久的历史和丰富的文化遗产；也体现了我们民族重线条、重旋律的审美习惯，这一独特的变奏技法在今天的音乐创作中（特别是舞蹈音乐创作中）仍值得继承并加以发扬。

上述变奏的手法可单独使用，但更多的是几种手法结合使用的。

联曲体

联曲体一词源于戏曲音乐，《中国大百科全书·戏曲曲艺卷》（第301—305页）对"曲牌联套体"作了详细的解释："曲牌联套体是戏曲音乐形式的一种。将若干支曲牌按一定章法组合成套，以构成一出（折）戏的音乐。一本戏若干出（折），即由若干组套曲构成。曲牌联套的结构形式，继承了唐宋大曲、宋词、鼓子词、转踏、唱赚、诸宫调等所有歌舞音乐和说唱音乐的历史成果，并经历了一个由简单到复杂的发展过程。在梆子、皮黄出现以前，曲牌联套曾是中国戏曲音乐唯一的结构形式。昆曲、高腔至今仍在采用。"这种结构形式在今天中国民族音乐的其他形式（如曲艺音乐、歌舞音乐、民族器乐）中也被广泛采用。

曲牌联缀的形式在中国民族器乐曲中屡见不鲜，曲牌联缀的形式是将多首曲牌串联在一起演奏，它比变奏体的乐曲具有更大的对比性，为广大人民群众所喜闻乐见。曲牌联缀的形式十分灵活，参与串联的乐曲可多可少（其中每首乐曲均可作多次变奏），前曲与后曲的调式、调性可同可异，但必须连接得自然、合理、通顺。乐曲之间的速度可保持不变，亦可遵循"散—慢—中—快"的原则。

联曲体的音乐适于表现大型或较大型的民间舞蹈，东北秧歌的跑大场常用这种曲式，维吾尔族的赛乃姆舞蹈常用若干首歌曲相联缀，维吾尔族歌舞大曲"十二木卡姆"也采用这种曲式。

（本文原载于《北京舞蹈学院学报》1993年第1期）

中西乐理之比较研究

文化的绝对论与相对论，一元论与多元论是一个学术界长期争论不休的问题，绝对论者认为世界上只有一种文化是最高级的，其他文化都是粗野的；相对论者则认为不同的文化各有其自己的特点，无所谓高低之分。一元论与多元论的争论和前面所说的绝对论与相对论的争论具有相似性。

鸦片战争以后，西学东渐，西方文化（包括西方音乐）传入中国，特别是1919年五·四运动以后，在北京、上海等地先后成立了一批业余性质的音乐社团，学习西方乐理、和声及器乐、声乐。随后，在这些音乐社团的基础上，逐步建立了北京女子高等师范学校的音乐科、上海专科师范学校的音乐科等专业的音乐教育机构，并于1927年在上海正式建立了我国第一所专业音乐学校——国立音乐院。这些学校基本上都效仿欧美的音乐教育体制，执教的教员多为从欧美、日本等地学习西方音乐留学归国人员或外籍教师，教学内容以传授西方的音乐知识和技能为主。与此同时，他们将西方的音乐理论普及到全国的中、小学。应该肯定，音乐界的先辈们功不可没，其功劳主要是引进并推广了西方先进的音乐理论，遗憾的是在推广西方音乐理论的同时，对源远流长的中国传统音乐理论研究工作却没有跟上，甚至有些人还妄自菲薄，鄙视民族民间音乐，以至基本形成了20世纪的中国音乐教育以西方音乐理论为重心的格局。

中华人民共和国建立以后，中国的音乐事业有了较快的发展，在音乐教育中也曾做了若干改良，但以西方音乐理论教学为主的状况没有发生根本性的变化，而以中华文化为母语的音乐教育仍然显得较为虚弱。音乐院校、舞蹈院校的学生对中国音乐的特征缺乏了解。在舞蹈界，中国民族民间舞蹈音乐的创作和和选材明显的跟不上舞蹈事业的发展。所以，我们在学习西方音乐理论的同时，加强学习中国音乐的理论是非常必要的，正像李大钊在谈到的"中西文化像两车轮，两鸟翼，缺一不可"（见庞朴《文化的民族性与时代性》）。

跟西方的医学或是中国的医学都是医学，都可以通过各自的方法给人治病一样，西方的音乐或是中国的音乐都是音乐，都可以给人们以美的享受。东西方在音乐的一些基本概念、基本理论上也必然会有一些相同的地方，如记谱法，东西方的音乐都有七个基本音级构成，八度以内都有十二律。节拍方面都有二拍子、三拍子、四拍子，某些节奏型在东西方音乐中都很常见。五线谱是世界通用的记谱法，它对音的高低、音的长短的记录方法可为世界各国所接受。东西方都认为音乐作品必须建立在一定的调式的基础之上，否则就不成其为作品，而只是音符的堆积。东西方的音乐都由旋律、节奏、节拍、和声、调式、速度、力度、音区、音色等因素作为基本表现手段，曲式作为综合表现手段等等。

由于文化背景、生活习俗、审美习惯、哲学思想等诸多的不同，中国音乐与西方音乐确实存在着很多的差异，而其最本质的区别即在于基本乐理的差异。中国音乐处处表现为一个"活"字，西方音乐却处处表现为一个"死"字。中国传统音乐中，同样一首曲牌，不同的艺人演奏会有不同的加花和润腔的手法，即使同一位艺人，在不同场合或在不同的情绪下演奏也会有很大的差别，真正做到"死谱活奏"，与西方音乐不能改变乐谱中的任何音符的"死谱死奏"形成了鲜明的对比。

本文拟从中国音乐与西方音乐的调式、音阶，旋律及节拍、节奏等方面作一简要的比较。在进行比较之前，还需作一必要的说明：中国是56个民族组成的多民族国家，各民族甚至各地区的音乐都有自己的风格与特色。从宏观上分析，他们分别属于三种不同的音乐体系，其中有的民族只使用一种音乐体系，有的民族使用两种或三种不同的音乐体系。

杜维亚《中国少数民族音乐》（中国文联出版公司1986年出版）对此做过详细分析："使用中国音乐体系的民族有除俄罗斯族以外的各少数民族，汉族也采用这一音乐体系。使用欧洲音乐体系的有哈萨克、维吾尔、柯尔克孜、塔塔尔、俄罗斯和锡伯族。使用波斯——阿拉伯音乐体系的有三个民族：维吾尔、塔吉克和乌孜别克族"。维吾尔族是我国56个民族中唯一同时使用三种音乐体系的民族，在南疆主要使用波斯——阿拉伯音乐体系；北疆主要使用中国音乐体系；由于民族杂居的原因，又受欧洲音乐体系的影响和渗透，像《送我一支玫瑰花》这样的维吾尔民歌，显然是欧洲音乐体系和声小调的音乐。所以，我们在这里与西方音乐作比较，主要是指中国音乐体系的音乐总结出来的中国基本乐理。

调　式

西方音乐中典型的调式类型为大调式和小调式，他们分别由7个高低不同的音组成，每种大调式或小调式又可分为自然的、和声的、旋律的三种形式。

自然大调从调式主音到高八度的主音之间各音的音程关系是"全、全、半、全、全、全、半"，和声大调是降低自然大调的第六级而形成的，旋律大调的上行音阶与自然大调相同，而下行时要降低第七级和第六级。

自然小调从调式主音到高八度的主音之间各音的音程关系是"全、半、全、全、半、全、全"，和声小调是升高自然小调的第七级而形成的，旋律小调的音阶上行时要升高自然小调的第六级和第七级，而下行时则要还原。

自然大调是大调式最基本的形式，色彩明亮。和声大调和旋律大调较为少见。而三种小调的应用都很普遍，和声小调的运用似乎更多些。小调式的色彩比较暗淡、柔和。

除上述常见的大小调式以外，还有一些特种自然大小调，如降低自然大调第七级的混合利底亚调式；升高自然大调第四级的利底亚调式；升高自然小调第六级的多利亚调式；降低自然小调第二级的弗里几亚调式等。

大、小调的音阶是分别由两个相同或两个不同的四音音列组成的。

中国音乐的调式是由五声音阶或以五声为为骨干音的六声音阶、七声音阶组成的。

五声调式是由五个按照纯五度排列起来的音 do→sol→re→la→mi 构成的，把这五个音移到一个八度之内由低到高排列起来即 do、re、mi、sol、la。其阶名分别称为宫、商、角（Jué）、徵（Zhǐ）、羽。宫与商的音程为大二度，商与角的音程为大二度。角与徵的音程为小三度，徵与羽的音程为大二度，羽与宫的音程为小三度。以大二度或小三度构成的"三音小组"是构成五声调式的基础，"三音小组"中的三个音自下而上的排列可分为：a. 大二度加小三度；b. 大二度加大二度；c. 小三度加大二度。五声调式是由两个相同的或不同的"三音小组"构成的。五声调式缺少大小调式中的小二度、增二度、增四度和减五度这类音程的尖锐倾向而感觉较为温和。以宫音作为调式主音称为宫调式，以商音作为调式主音成为商调式，依此类推。五声调式的色彩从亮到暗的排列分别为徵调式、宫调式、商调式、角调式和羽调式。

宫、商、角、徵、羽五个阶名的来源与中国传统文化有密切的关系，《易经》讲阴阳五行，五行指的是金、木、水、火、土这五种物质以及他们的运动，五行中的相生相克关系是宇宙间万物的基础。运用五行的各种特性，以金木水火土为中心，把自然界以及相关的各种现象、特性、形态、功能、感觉与五行中某一行的特性相联系，可列表如下：

五行	五声	五脏	五方	五季	五志	五官	五色	五味	五化	五气	五位	五食
木火土金水	羽角宫徵商	肝心脾肺肾	东南中西北	春夏长夏秋冬	怒喜思悲恐	目舌口鼻耳	青赤黄白黑	酸苦甘辛咸	膻焦香腥朽	生长化收藏	风暑湿燥寒	物民君事臣	蒸煎烧煮炸

中国古代把夏至到秋分段的时间称为长夏，故称五季。中国古代音乐的声与音是两个不同的概念。郑玄《史记·乐书·集解》曰："宫商角徵羽，杂比曰音，单出曰声。"五声比五音的叫法更准确些。现代人"声"与"音"的概念已基本趋于一致。

五行中的生克关系，就是用相生相克来说明事物的相互关系。相生，有生长、促进、发展的意思，即金生水，水生木、木生火、火生土、土生金。相克就是克制、克服、制约的意思，即金克木、木克土、土克水、水克火、火克金。五行相生关系中，任何一行都有"生我"、"我生"两方面的关系，生我者为母，我生者为子，所以相生关系即母子关系。在相克关系中，都有"我克"和"克我"这两方面的关系。我克者为我所胜，克我者为我所不胜。所以想克关系又叫"所胜"与"所不胜"的关系。上表把中国传统医学、中国传统音乐以及日常生活中碰到的各种复杂现象做了清理，可以说明他们之间的相互关系。

下图为宫商角徵羽的相生相克关系：

图中相邻的两个音（顺时针方向）为相生关系，即宫生徵、徵生商、商生羽、羽生角、角生宫（要通过"借字"实现）。相对的两个音为相克关系，即宫克商、商克角、角克徵、徵克羽、羽克宫。宫商角徵羽五个音的相生相克，演绎出意境深邃的、丰富多彩的中国传统民族民间音乐的旋律，也为"五调阴阳"提供了理论的依据。

宫商角徵羽五个音称为正音，在以五声为骨干音的六声、七声调式中，则需在五声的基础上加偏音，他们分别是清角（fa）、变徵（升fa）、闰（降si）和变宫（si）。

六声调式即在五声的基础上，分别加清角或变宫，形成加清角的六声调式和加变宫的六声调式，在中国民歌、歌舞曲和器乐曲中，加变宫的六声调式较多见，而加清角的六声调式则相对较少。

在我国不同的历史时期，先后形成了三种不同类型的七声调式：

雅乐七声：在五声的基础上加变徵和变宫。

燕乐七声：在五声的基础上加清角和闰。

清乐七声：在五声的基础上加清角和变宫。

清乐七声的宫调式音阶与西方的自然大调音阶表面上看来是一致的，但由于旋律发展手法的不同，乐曲的风格味道存在着很大的差异。清乐七声调式的乐曲是以五声作为其骨干音，清角、变宫两个音往往处于经过性、辅助性或其他形式的从属地位，而自然大调中的第四级（fa）与第七级（si）则与其他音同等重要，自然大调乐曲的旋律可自由地运用小二度或三整音的进行。民族舞蹈《金山战鼓》的主题是Ｇ七声清乐宫调式，在旋律中不可能有小二度或三整音的进行。

中国近现代创作的歌曲或乐曲，既可用大小调式，也可用五声、六声、七声民族调式，由于调式的不同，音乐的风格会有显著的不同。

旋　律

与西方音乐相比，中国音乐更注重旋律美，旋律处于主宰一切的地位，获得了高度的发展，各种旋律都讲究线条，这些旋律线的神韵可以与书法、绘画、舞蹈、戏曲、园林、建筑等其他艺术形式比美。有的绵延起伏，犹如绿树成荫的丘陵地带；有的跳动剧烈，犹如险峻的高峰；有的明显地呈现抛物线形；有的音符密集，有的音符稀疏。旋律中大量的运用"带腔的音"（又称"音腔"）。

西方音乐中的音往往是有定高，每个音以一定的振动频率为准，如果演奏或演唱的音不符合一定的频率就是音不准。钢琴演奏的音，音与音之间有"裂痕"，其他乐器演奏的音或是声乐演唱，也很少在音的过程中有变化，即使是十分优美抒情的音乐亦如此。如柴可夫斯基作曲的著名芭蕾舞剧《天鹅湖》的音乐主题片段（谱例略）。

中国音乐中的音在演唱或演奏过程中往往有"音腔"，即音的音高、力度、音色的种种变化。① 中国民歌、戏曲及曲艺音乐的演唱都存在着一个润腔的问题，特别是戏曲的演唱，根据不同的润腔形成众多的流派，在各种流派的演唱中都大量地存在着各种"带腔的音"。中国民族器乐之所以有中国风格，甚至各民族各地区都有鲜明的民族风格和地区特色，旋律中的"音腔"起着特殊的作用。中国乐器的"音腔"主要是通过"吟、揉、绰、注"等演奏手法来实现的。"吟"和"揉"使音产生各种类型的波浪形的音波，"绰、注"主要是滑音效果，"绰"是由低向高滑，"注"是由高往低滑。拉弦乐器因没有音品，可以自由的上滑或下滑，又能演奏各种类型的揉弦、压弦，演奏音腔极为方便。弹拨乐器也可演奏吟、揉、滑、推、拉而形成音腔。中国民族吹管乐器与西洋管乐器不同，一般不加键子，演奏滑音也很容易。打击乐器是演奏不出音腔的，但表演东北大秧歌的民间艺人在念某些鼓点时，也可以念出类似音腔的滑音，如东北秧歌五鼓中三处类似音腔的地方，正好与舞蹈叫鼓的动作配合得十分协调。民间艺人并不懂得音腔的理论，但他们从长期的实践经验中，自觉或不自觉地念出音腔觉得有味儿，可见舞蹈的风格与音乐是融为一体的。

中国交响音乐要民族化，就要很好地学习和运用音腔，国内早就家喻户晓并已走向世界的小提琴协奏曲《梁山伯与祝英台》（何占豪、陈钢作曲），主要旋律是从发源于浙江省嵊州市（原嵊县）的地方戏曲越剧的唱腔音乐中提炼升华而成的，小提琴大量的模仿二胡中的"绰、注"等演奏技法和模仿古筝的某些技法形成音腔，使其在 20 世纪 50 年代就获得中国自己的交响音乐的美称。《梁祝》协奏曲的展开部，在剧烈的抗婚场面后，乐曲转入慢板，小提琴与大提琴对答地奏出了沉痛悲切的曲调，描写了梁祝楼台相会、互诉衷情的情景。

北京舞蹈学院建院初期，中国古典舞、中国民族民间舞都是民乐伴奏的，因民乐队人数有限，中国古典舞改为钢琴伴奏。民乐伴奏或钢琴伴奏

---

① 沈洽：《音腔论》，载《民族音乐学论文集》，上海音乐出版社，1988 年。

只是不同的伴奏形式而已，各有优点。钢琴伴奏的和声、织体都很丰富，立体感强，一人即可代替一个乐队，但民族风味毕竟要差一些，其主要原因在于钢琴的音与音之间有"裂痕"，不能演奏音腔。

节拍、节奏

西方乐理的节拍是在同样的时间片段内，重音与非重音有规律地循环重复，无论何种节拍，每小节的第一拍必须是重音。

中国传统音乐的节拍是用"板"和"眼"来标记的，每小节的第一拍称为"板"，其他则称为"眼"，如二拍子叫一板一眼，四拍子叫一板三眼，八拍子叫加赠板的一板三眼（第五拍为赠板），一拍子叫有板无眼，散拍子叫无板无眼。眼又分头眼、中眼和末眼。

有板无眼：板

一板一眼：板、眼

一板三眼：板、头眼、中眼、末眼

加赠板的一板三眼：正板、头眼、中眼、末眼、腰板、头眼、中眼、末眼（腰板即赠板）。

我国现在通用的乐理教材中讲的"'板'表示强拍，'眼'表示弱拍和次强拍"的结论是不正确的，其错误的原因是用西方乐理来套用中国音乐，削足适履，不合尺寸。中国乐理节拍重音的位置较为自由，乐曲中每一小节的第一拍不一定是强拍。中国传统音乐的记谱法都是字谱，竖行记写，没有小节线。小节线只是百余年来，五线谱和简谱传入中国以后，才把乐谱从竖写改为横写并模仿西方乐理把乐曲划出小节线，但划小节线以后的音乐仍然是中国音乐，其内涵与西方音乐有很大的差异。所以，尽管把乐曲划出了小节线，节拍重音的位置仍比较自由，当然也不是毫无规律地把重音随便按在某拍都行，还是有其自身的规律的。如：

安徽花鼓灯的连槌锣：

a：令匡 一丁 匡　　b：令匡 一丁 匡

连槌锣在大多数情况下是用在做舞蹈技巧时，如打腿的动作，打在第三拍上，节拍重音如例 a，在第三拍上。有时连槌锣配合肩的动作，节拍重音如例 b，在第一拍的后半拍。

苗族踩鼓舞中二步舞的鼓点为：

嘎的　嘎的　咚̌　嘎的　咚̌ ｜

上例的第三拍，第五拍为节拍重音。

中国朝鲜族与朝鲜半岛的朝鲜人是不同国家的同一民族，其音乐形态同出一源，一脉相承，同属中国音乐体系。中国音乐把节拍称为"板眼"，朝鲜音乐把节拍称为"长短"。朝鲜音乐的节拍重音与中国音乐的板眼差不多，不受小节线的限制，重音可以在不同的位置上，但一旦人们习惯了某种民谣或某种舞蹈的节拍、节奏以后，其重音的位置就不再变动了。

"古格里"、"查金古格里"、"他令"都是 12/8 拍子，三个鼓点节拍重音的位置都是不一样的：古格里的节拍重音在每小节的第三拍和第九拍，查金古格里的节拍重音在每小节的第十一拍，他令的节拍重音在每小节的第一拍和第九拍。这样的重音位置与朝鲜族舞蹈的潇洒、典雅、含蓄、飘逸的风格以及他们分别配合的舞蹈动作十分吻合，假如按西方音乐的节拍观："强弱弱、强弱弱、强弱弱、强弱弱"来跳朝鲜舞是不可想象的。

中国音乐的节拍因不受"同样的时间片段内重音与非重音循环重复"这一规律的限制，乐曲中每一小节的节拍数也可以不固定，如下列安徽花鼓灯的鼓点，同一个鼓点就包含了两种或两种以上不同的节拍：

鼓　　头：

冬 ｜ 尺冬 尺冬 尺冬 冬 ｜ 冬古儿 龙冬 一冬 冬 ｜ 匡匡 令 ｜

匡匡 令 ｜ 匡令 匡令 匡令 匡 ｜ 匡匡 一丁 匡 0 ‖

前喘气锣：

匡令 匡 ｜ 令匡 一丁 匡 令丁 ｜ 匡 0 ‖

结束点：

匡令 匡 ｜ 尺 尺 ｜ 匡令 匡 ｜ 令匡 一丁 匡 ｜ 匡匡 令匡 一丁 匡 ‖

舞蹈伴奏中的花鼓灯鼓点约 30 来个，有不少鼓点包含两种或两种以上不同的节拍；而不同的鼓点节拍又不统一；在鼓点与鼓点相连接时，又有很多不同的连接法，使拍数的多少不统一。花鼓灯的音乐主要是打击乐，在各种舞蹈的动作不断连续组合的同时，形成了相应的各种节奏的锣鼓点的连续组合，节拍、节奏变化万千，十分丰富。

西方音乐拍有定值，每拍的时值固定不变。中国音乐则极为自由，拍可无定值，相邻两拍的时值可以不等，即我们平时称的散板，但散板不等于没有拍，清·徐大椿说："无节之中处处有节，无板之处胜于有板。"中国音乐即使有板有眼，也具有较强的伸缩性而形成弹性节奏。拍值变长称"撤"，拍值变短称"催"，如民间艺人在描述东北秧歌音乐特征时，常说"板往前催，唢呐往长拉。"其意思是唢呐在演奏东北秧歌音乐时，为适应舞蹈的韵律特点，要演奏得"抻"一些，但不能因此而速度越来越慢，为保证不影响速度，"板"要往前催一点。

京剧音乐中大量的出现这种"撤"与"催"的现象，使京剧音乐极富魅力。现代京剧《红灯记》中李铁梅的著名唱段《做人要做这样的人》，由西皮散板、摇板、原板、垛板等板式组成。其中的西皮原板唱腔中，速度的变化很细致，开始时中速，到第三小节"撤"，第六小节再"撤"，速度更慢，第七小节的第三拍"催"，第十九小节"撤"，为下一句唱腔的速度做好准备。按西方乐理的标准来听这段唱腔，会得出节奏不稳的结论，而按中国乐理的标准来听，音乐因避免了固定速度的死板教条，充满辩证精神，给音乐带来发展的动力和施展的余地，这却好是中国音乐神韵之所在。在京剧传统戏的唱段中，这种弹性节奏比比皆是。

中国古典舞与中国戏曲关系密切，中国古典舞音乐中会有大量的弹性节奏的现象。如果把中国古典舞音乐（特别是身韵的音乐）作脉动式的固定速度演奏，或无规律地随心所欲的自由演奏都将损害舞蹈的形象与风格。中国民间舞音乐从舞蹈韵律特点出发，也常会碰到这种节奏的伸缩现象。

正像西方乐理不能完全解释中国音乐一样，中国乐理也不能完全解释西方音乐。所以，我们在深入研究西方乐理的同时，加强对中国乐理的深入研究是非常必要的。笔者相信，在21世纪的中国音乐教育中，必然从单轨走向双轨，既学西方乐理，又学中国乐理。只有这样，才能真正做到"古为今用，洋为中用"，使我国的音乐教育事业呈现更为美好的前景，使我国的舞蹈音乐事业跃上一个新的台阶。

（本文原载于《北京舞蹈学院学报》1997年第1期）

第六章　东北、华北地区部分民族的民间舞蹈音乐 …… (123)

第一节　草原特色的蒙古族歌舞音乐 …… (123)

第二节　蒙古族民间歌舞的表演形式 …… (127)

第三节　蒙古族民间歌舞的新发展 …… (130)

第四节　潇洒典雅的朝鲜族歌舞音乐 …… (133)

第五节　朝鲜族歌舞音乐的特点 …… (134)

第六节　各种鼓点介绍 …… (139)

第七节　朝鲜族与维吾尔族民间舞蹈音乐的简要比较 …… (142)

第八节　鄂温克族民间舞蹈音乐 …… (144)

第九节　鄂伦春族民间舞蹈音乐 …… (146)

第十节　达斡尔族民间舞蹈音乐 …… (147)

第十一节　满族民间舞蹈音乐 …… (149)

第七章　西北地区部分民族的民间舞蹈音乐 …… (153)

第一节　丝绸古道上的维吾尔族歌舞音乐 …… (153)

第二节　赛乃姆音乐 …… (157)

第三节　多朗舞音乐 …… (160)

第四节　萨玛舞音乐与夏地亚纳音乐 …… (163)

第五节　盘子舞、萨巴耶舞音乐 …… (164)

第六节　塔吉克族民间舞蹈音乐 …… (165)

第七节　乌孜别克族民间舞蹈音乐 …… (166)

第八节　哈萨克族民间舞蹈音乐 …… (167)

第九节　回族民间舞蹈音乐 …… (169)

第八章　东南沿海地区部分民族的民间舞蹈音乐 …… (171)

第一节　壮族民间舞蹈音乐 …… (171)

第二节　瑶族民间舞蹈音乐 …………………………（172）

第三节　黎族民间舞蹈音乐 …………………………（174）

第四节　高山族民间舞蹈音乐 ………………………（176）

附录　主要参考书目 ……………………………………（178）

第三部分
中国民族民间舞蹈音乐教程

原 著 小 序

舞蹈是一门综合性的艺术，它常与音乐、绘画、杂技、文学、戏剧、影视等姐妹艺术相结合，其中与音乐的关系尤为密切。舞蹈艺术中，舞蹈与舞蹈音乐之间的关系是红花与绿叶的关系。凡是成功的舞蹈作品问世，都是舞蹈与音乐天衣无缝的巧妙结合。民间舞蹈（民间歌舞）中的音乐演奏不仅起伴奏的作用，而且其本身又是相当重要的表演者，并配合和感染着舞者的情绪。

《中国民族民间舞蹈音乐教程》是舞蹈与音乐交叉的边缘性学科，它以当今流传于中国各民族、各地区的民间舞蹈的音乐，舞蹈院校民间舞教材的音乐以及现当代创作的民间舞剧目的音乐作为研究对象，并且以北京舞蹈学院中国民间舞表演课中的5个民族8大部分（汉族的东北秧歌、山东秧歌、安徽花鼓灯、云南花灯和少数民族中的藏族、蒙古族、维吾尔族、朝鲜族）为重点，适当的扩大范围。结合舞蹈本身的特征，对音乐的特点；音乐的来源与分类；鼓点的记谱法及其用法；曲式和有代表性的舞蹈作品的音乐进行研究和探讨，紧密结合舞蹈教学，解决实际问题。

在本教程编著过程中，得到王文汉同志很多的帮助，其中第一章系根据王文汉、裘柳钦合著的《东北秧歌音乐》一书缩写并作了若干必要的补充；北京舞蹈学院罗雄岩教授为本书提出过一些很好的意见和建议；中国艺术研究院博士生李莘也提出过一些意见；本书还引用了有关书刊的资料，在此一并致以诚挚的谢意！

裘柳钦
2003 年 6 月

总　论

第一节　丰富多彩的中国民间舞蹈

在中国56个民族组成的大家庭中，民间舞蹈浩如烟海、绚丽多姿、风格各异、姹紫嫣红，它们是华风乡情的生动体现，也是各民族、各地区人们审美情趣的真实反映。在历史发展的长河中，各民族之间互相学习，取长补短，共同创造和发展了光辉灿烂的中华文化。

民间舞蹈具有广泛的群众性，无论是汉族或少数民族的歌舞都深受当地人民群众的喜爱。随着中国国际地位的日益提高和对外交往的不断加强，中国的民间舞蹈艺术已开始走向世界，为世人所瞩目。

汉族是我国人口最多的民族，约占全国总人口的91%；其余55个民族，约占9%（2000年统计），但其居住面积却约占全国总面积的50%～60%，主要分布在新疆、内蒙古、宁夏、西藏、广西5个自治区以及东北、西北、西南、中南、东南沿海等地区。各少数民族的人口数量相差很大，多则千万人以上，少则一万人以下。

在汉族形成和发展的过程中，有过几次人口大规模的南迁，最终形成了在东北的松辽平原以及海河、黄河、淮河、长江、珠江等大江大河流域农业最发达的地区及各地的大、中城市集中分布，在边疆与各地少数民族杂居的分布特点。

辽阔的居住区，不同的自然环境、生活习俗、劳动方式，形成了既有汉族共同特色又有风格迥异的地区特色，多种多样的汉族民间舞蹈。龙舞是流传极为广泛的一种民间舞蹈，因舞蹈者持中国传说中的龙形作道具表演而得名。龙舞的历史悠久，表演形式众多，常见的有："龙灯（火龙、彩龙）、布龙（打龙）、草龙、段龙、百叶龙、板凳龙、纸龙、香火龙、星子龙、鲤鱼龙、牛龙、罗汉龙、花篮龙、断头龙等几十种之多。"[①] 在1957

---

① 刘恩伯、张世令、何健安编写：《汉族民间舞蹈介绍》，人民音乐出版社，1981年。

年第 6 届世界青年学生和平与友谊联欢节上，辽宁省金县的龙舞获金质奖章。同是北方的秧歌，又有东北、山东、河北、山西、陕北等不同的地区风格。同是山东的秧歌，又有鼓子秧歌、胶州秧歌、海阳秧歌、平阴秧歌、崂山秧歌、凤秧歌、聊城秧歌、柳林秧歌等各具特色的不同类别。南方的花灯，云南、贵州、四川、湖南又各有特点，而云南花灯在其发展演变的过程中，各地的花灯都与当地的民间音乐相结合，形成众多不同的云南花灯的艺术派别，如昆明花灯、玉溪花灯、嵩明花灯、弥渡花灯、楚雄花灯、姚安花灯、建水花灯、罗平花灯等。据统计，许多省的汉族民间舞蹈形式在 100 种以上，其中影响较大的有秧歌、花鼓、采茶、腰鼓、龙舞、狮舞、花鼓灯、花灯、绸舞、灯舞、高跷、旱船等。

我国的兄弟民族都能歌善舞，歌舞是人民生活中必不可少的重要内容，一些没有文字的少数民族，歌舞是他们最基本的文化活动，代代相传。在少数民族的各种民族节日以及庆祝丰收、婚嫁等喜庆的日子里，人们都要尽情地歌舞，以表达他们的欢乐之情。

中国民间舞蹈的分布是由中国各民族分布的状况自然形成的，本民族的民间舞蹈一般都在本民族的居住区内流传、发展。同时也因民族杂居以及语言、习俗、宗教信仰相同，出现一些跨民族、跨地区、跨国界的民间舞蹈。

在民族杂居地区，存在着跨民族的舞蹈形式。如东北秧歌既是汉族民间舞蹈，又是满族人民喜爱的舞蹈形式；龙舞、狮子舞是流传最广的汉族民间舞蹈，也在侗、布依、苗、羌族中流传；西南地区的花灯，在汉、侗、苗、布依、土家等民族中都有流传；象脚鼓舞原是傣族的民间舞蹈，与傣族杂居的景颇、阿昌、德昂、布朗等民族都盛行象脚鼓舞。

有的民族分布比较广，如蒙古族主要聚居在内蒙古自治区，其余的居住在新疆的巴音郭楞蒙古自治州、博尔塔拉蒙古自治州和布克赛尔蒙古自治县；青海的河南蒙古族自治县、海西蒙古族藏族自治州；甘肃的肃北蒙古族自治县；黑龙江的杜尔伯特蒙古族自治县；吉林的前郭尔罗斯蒙古族自治县；辽宁的喀喇沁左翼蒙古族自治县、阜新蒙古族自治县。在很多省、市、自治区也有一定数量的聚居或散居的蒙古族人。因此，很自然地形成了跨地区的蒙古族舞蹈。彝族、藏族、锡伯族、达斡尔族等民族也与此相似。

一些居住在边境地区的少数民族往往与邻近的国家形成跨国界的民间舞蹈，如中国朝鲜族是从明末清初以来（特别是 19 世纪 60 年代以后）陆续从朝鲜半岛迁来的，他们与朝鲜半岛的朝鲜人是不同国家的同一民族，其民间舞蹈是跨越国界的朝鲜舞。在东北、西北、西南、中南的一些少数民族都存在着这种跨国界的民间舞蹈。

各少数民族都有自己的传统节日，在传统节日里，男女老幼都要尽情地歌舞。少数民族的主要传统节日有：①

那达慕大会是蒙古族传统的节日盛会，"那达慕"是蒙古语，意为"娱乐"、"游戏"。最初带有宗教色彩，意在通过祭敖包，祈求吉祥幸福，后演变为那达慕大会，会上要举行赛马、摔跤、射箭、拔河等体育比赛，演出歌舞、说唱等节目。

古尔邦节和开斋节（新疆地区称后者为肉孜节）是回、维吾尔、哈萨克、柯尔克孜、东乡、撒拉、乌孜别克、塔吉克、塔塔尔、保安等民族的共同节日。"古尔邦"是阿拉伯语的音译，意为"牺牲"、"献牲"，俗称"献牲节"、"忠孝节"。古尔邦节和开斋节是伊斯兰的两大节日。

歌圩是壮族人民定期举行的传统歌唱节日，各地歌圩的日期不一，近代常于春节、三月三、七月十五、八月十五以及婚礼或农闲时在山坡地举行。歌圩以唱山歌为主，男女青年对唱情歌，除对歌外，还伴有抛绣球、放球、还球、舞龙、舞狮、唱采茶等歌舞。

芦笙节是苗族传统的音乐歌舞节日，多于春秋两季举行。身着盛装的苗族人民围聚于芦笙坡或广场，吹起芦笙，边吹边舞或芦笙合奏、伴奏或放声歌唱。芦笙乐舞称为"踩芦笙"或"跳芦笙"，各寨的芦笙队要进行竞赛，演奏的乐曲不能重复。芦笙节期间还要举行斗牛、赛马等各种体育竞赛活动。

达努节是瑶族人民喜庆丰收的传统节日，每年从农历五月二十六日起至五月二十九日，连续击鼓歌舞4日，礼贺女神，表演以歌舞为主，有赛铜鼓舞、对唱山歌、鼓吹乐演奏等，此外，还有点冲天炮、武术表演等活动。

目脑纵歌是景颇族传统的大型歌舞节日，又称"总戈"，意为"大伙跳舞"。一般在农历正月十五以后的第9天，选双日举行。传说目脑起源于鸟类舞蹈，在大皮鼓及铓锣声中，在两位头戴孔雀羽帽的老人引导下，围成圆圈随乐起舞，一般要跳两天两夜，尽情歌舞。

泼水节是傣族人民最隆重的新年节日和歌舞节日，人们在节日期间要

---

① 杨渭宾等编写：《中国少数民族概观》，天津古籍出版社，1988年。

互相泼水祝福,故得其名。傣语称此节日为"比迈",意为新年。泼水节在公历四月中旬(傣历6月6日至7月6日之间),节日活动持续3~4天,节日期间除泼水外,还要放高升、赛龙舟、丢包、放火花、点孔明灯等活动。晚上,人们在灯火的照耀下,身披五彩羽翅、模拟象征吉祥的孔雀翩翩起舞,人们的情绪高涨,欢呼声不绝于耳。

三月街是云南大理白族人民的传统节日,农历三月十五日至二十五日举行。大理三月街是盛大的物资交流会,赶街人数可高达一百多万人次。街期还要组织文体活动,如摔跤、射箭、击拳、赛马等,还演出滇戏、花灯、表演民间歌舞。三月街至今已有一千多年的历史。最初可能是佛教讲经的盛会,后逐渐演变为今天的三月街。

宝瑞瑞是哈尼族的祭龙习俗,在每年的二三月举行。哈尼族视龙树为自己的保护神,每个村都有龙林、龙树。到祭祀那天,选出两个小伙子,打扮成花枝招展的大姑娘,大家都簇拥着,敲锣打鼓,弹三弦,绕寨子游一周。同时还要开展所喜爱的文体活动。

羌族祭山会 农历四月初一这天,每家屋顶上插上杉树枝,室内神台上堆剪纸花并点松光、烧柏枝。在祭祀天神"木比塔"时,巫师敲着羊皮鼓,唱本民族的史诗,并宰羊作为祭品。当天,寨中不分男女老幼都要喝咂酒,唱酒歌,跳锅庄,这是一种祭丰年的活动。

满族八腊节 八腊节也称腊八节,是满族民间比较普遍的传统节日。相传腊月初八是释迦牟尼成道日,佛教寺庙都要举行诵经典礼,并效法佛成道之前牧女献乳糜的传说,取香谷和果品做粥供佛,名为"腊八粥"。努尔哈赤建都赫图阿拉,便大建佛寺,每逢腊八,则供粥诵经。民间借此机会进行联欢,逐渐成为习俗。

望月节是朝鲜族传统节日,正月十五日傍晚,当月亮升起的时候,几位被推选出的老人爬上"望月架",在上边看月亮,谁先看到月亮,就意味着儿孙幸福,新的一年有好兆头。望月后,大家点燃"望月架",围着"望月架",敲起长鼓,吹起箫、唢呐,男女老幼跳起优美、欢乐的农乐舞,狂欢到深夜。

火把节是彝、白、哈尼、傈僳、纳西、普米、拉祜等民族的传统节日,因以点燃火把为活动的中心内容而得其名。节日从农历六月初或六月二十四日起,一般延续3天。节日期间有歌舞、赛马、斗牛、射箭、摔跤、拔河、荡秋千等活动。青年男女在寨中大火把的周围弹唱、跳舞,彻夜不息。

旺果节是藏族的传统节日,又称"望果节"。主要流行于西藏自治区雅鲁藏布江流域的河谷地区。一般在秋收前择日举行。男女老幼身穿节日盛装,绕行于田头、地垄,并在河坝、林间集会,唱歌跳舞,预祝丰收。

丰年祭是高山族的传统节日,也称"粟祭"、"丰收祭"、"收获节"。祭祀时,人们牵手环绕篝火,顿足为节,边唱边舞,庆贺丰收。

汉族的传统节日有:春节、元宵节、清明节、端午节、中秋节、重阳节等。

各少数民族由于地域、语言、宗教信仰、劳动方式、文化传统、审美习惯等诸多不同,形成了众多各具特色的表演形式和表现方法,他们与汉族一起,共同组成丰富多彩的中国民间舞蹈。

第二节 中国各民族音乐概况

中国是由 56 个民族组成的国家,由于文化背景、地理环境、生活习俗、语言系属、宗教信仰诸因素的不同,我国各民族的民间音乐采用了多种不同的音乐体系,形成了繁花似锦的不同风格。

音乐学家杜亚雄对此作了详细的分析:"我国少数民族民间音乐分别采用中国、欧洲和波斯——阿拉伯三个不同的音乐体系。55 个少数民族中,有的民族只采用一种音乐体系,如藏族、壮族采用中国音乐体系,俄罗斯族采用欧洲音乐体系等,这些民族可称为'单一音乐体系民族'。有的民族情况较复杂,同时采用两个或三个音乐体系,如哈萨克族和塔塔尔族采用中国、欧洲音乐体系,维吾尔族采用中国、欧洲、波斯——阿拉伯三个音乐体系。对这些民族,我们称为'复合音乐体系民族'。使用中国音乐体系的少数民族有 54 个,即除俄罗斯族以外的各少数民族,汉族也采用这一音乐体系。使用欧洲音乐体系的有哈萨克、维吾尔、柯尔克孜、塔塔尔、俄罗斯和锡伯族。使用波斯——阿拉伯音乐体系的有三个民族:维吾尔、塔吉克和乌孜别克族。"[①]

我国绝大多数少数民族和汉族都采用中国音乐体系,只有俄罗斯族不采用中国音乐体系而采用欧洲音乐体系,但他们从 18 世纪或 19 世纪陆续迁入新疆维吾尔自治区的伊犁、塔城、阿勒泰和乌鲁木齐等地以来,由于民族杂居的原因,在汉族、维吾尔族、哈萨克族、蒙古族等民族民间音乐

---

① 杜亚雄:《中国少数民族音乐》(一),中国文联出版公司,1986 年。

的影响下，也接受并渗入了中国音乐体系的某些基本特征。因此，我们在分析中国民间舞蹈音乐的基本特点的时候，应着重结合中国音乐体系的基本特征来加以分析，并尽可能与欧洲音乐体系的基本特征进行对比。

调式、音阶

西方音乐中典型的调式类型为大调式和小调式，它们分别由7个高低不同的音组成，每种大调式或小调式又可分为自然的、和声的、旋律的三种形式。

自然大调是大调式最基本的形式，色彩明亮。和声大调和旋律大调较为少见。而三种小调的应用都很普遍，和声小调的运用似乎更多些。小调式的色彩比较暗淡、柔和。

除上述常见的大小调式以外，还有一些特种自然大小调，如降低自然大调第七级的混合利底亚调式；升高自然大调第四级的利底亚调式；升高自然小调第六级的多利亚调式；降低自然小调第二级的弗里几亚调式等。

大、小调的音阶是分别由两个相同或两个不同的四音音列组成的。

中国传统音乐的调式是由五声音阶或以五声为骨干音的六声音阶、七声音阶组成的。

五声调式是由五个按照纯五度排列起来的音 do→sol→re→la→mi 构成的，把这五个音移到一个八度之内由低到高排列起来即 do、re、mi、sol、la。其阶名分别称为宫、商、角（jué）、徵（zhǐ）、羽。据古籍《管子》记载，远在春秋前期（约公元前7世纪至公元前6世纪），五声调式中五个音由齐国管仲用"三分损益法"求得。[①] 宫与商的音程为大二度，商与角的音程为大二度，角与徵的音程为小三度，徵与羽的音程为大二度，羽与宫的音程为小三度。以大二度或小三度构成的"三音小组"是构成五声调式的基础，"三音小组"中的三个音自下而上的排列可分为：a. 大二度加小三度；b. 大二度加大二度；c. 小三度加大二度。五声调式是由两个相同的或不同的"三音小组"构成的。五声调式缺少大小调式中的小二度、大七度、增四度和减五度这类音程的尖锐倾向而感觉较为温和。五声调式中的五个音可以分别成为调式的主音，以宫音作为调式主音称为宫调式，以商音作为调式主音称为商调式，依此类推。五声调式的色彩从亮到暗的排列分别为徵调式、宫调式、商调式、角调式和羽调式。

---

① "三分损益法"是我国古代用数学方法来计算音律的方法。

宫、商、角、徵、羽五个阶名的来源与中国传统文化有密切的关系，《易经》宣扬阴阳五行学说，五行指的是金、木、水、火、土这五种物质以及他们的运动，五行中的相生相克关系是宇宙间万物的基础。运用五行的各种特性，以金木水火土为中心，把自然界以及相关的各种现象、特性、形态、功能、感觉与五行中某一行的特性相联系。如中医学的五脏：心、肝、脾、肺、肾；音乐的五声：宫、商、角、徵、羽；戏曲表演的五法：手、眼、身、法、步；京剧行当：生、旦、净、末、丑等。

宫、商、角、徵、羽五个音称为正音，在以五声为骨干音的六声、七声调式中，则需在五声的基础上加偏音，它们分别是清角（fa）、变徵（升fa）、闰（降si）和变宫（si）。

六声调式即在五声的基础上，分别加清角音或变宫音，形成加清角的六声调式和加变宫的六声调式，在中国民歌、歌舞曲和器乐曲中，加变宫的六声调式较多见，而加清角的六声调式则相对较少。

在我国不同的历史时期，先后形成了三种不同类型的七声调式：1. 雅乐七声；2. 燕乐七声；3. 清乐七声。现当代中国音乐的七声调式多为清乐七声。

清乐七声的宫调式音阶与西方的自然大调音阶表面上看来是一致的，但由于旋律发展手法的不同，乐曲的风格味道存在着很大的差异。清乐七声调式的乐曲是以五声作为其骨干音，清角、变宫两个音往往处于经过性、辅助性或其他形式的从属地位，而自然大调中的第四级（fa）与第七级（si）则与其他音同等重要，自然大调乐曲的旋律可自由地运用小二度或三整音的进行。

中国民族民间舞蹈音乐的调式，在民族与民族之间；地区与地区之间有不少差别，如东北秧歌以宫调式、徵调式居多；山东秧歌以徵调式比重最大；草原牧歌时期以来的蒙古族音乐以及藏族的"弦子"的音乐以羽调式的乐曲最多，较为柔和抒情；朝鲜族以徵调式和羽调式（朝鲜的宫廷音乐"乡乐"称这两种调式为"平调"和"界面调"）较多；塔吉克族则以其他民族较为少见的角调式居多。

旋　律

与西方音乐相比，中国音乐更注重旋律美，旋律处于主宰一切的地位，获得了高度的发展。

中国民族民间舞蹈音乐一般都具有旋律流畅、悦耳动听、易于记忆、与舞蹈的韵律协调一致、旋律中大量运用"带腔的音"（音腔）等特点，从而使中国民族民间舞蹈音乐具有鲜明的民族风格和地方特色。

中国音乐中的音在演唱或演奏过程中往往有"音腔"，"即音的音高、力度、音色的种种变化"。[①] 中国民歌、戏曲及曲艺音乐的演唱都存在着一个润腔的问题，特别是戏曲的演唱，根据不同的润腔形成众多的流派，在各种流派的演唱中都大量的存在着各种"带腔的音"。

北京舞蹈学院的山东胶州秧歌《清蓝蓝的河》组合选用了山东同名民歌作为舞蹈音乐，音乐亲切、抒情，富有山东地方特色，无论是人声演唱或民族器乐演奏，"音腔"是不可缺少的（谱例略）。

中国民族器乐之所以有中国风格，甚至各民族各地区都有鲜明的民族风格和地区特色，旋律中的"音腔"起着特殊的作用。中国乐器的"音腔"主要是通过"吟、揉、绰、注"等演奏手法来实现的。"吟"和"揉"使音产生各种类型的波浪形的音波，"绰、注"主要是滑音效果，"绰"是由低向高滑，"注"是由高往低滑。拉弦乐器因没有音品，可以自由地上滑或下滑，又能演奏各种类型的揉弦、压弦，演奏音腔极为方便。弹拨乐器也可演奏吟、揉、滑、推、拉而形成音腔。中国民族吹管乐器与西洋管乐器不同，一般不加键子，演奏滑音也很容易。打击乐器是演奏不出音腔的，但表演东北大秧歌的民间艺人在念某些鼓点时，也可以念出类似音腔的滑音，如东北秧歌五鼓，可念成：

　　　　　∨　　　　　　　∨
冬　冬｜0古儿　龙冬｜仓　冬｜0古儿　龙冬｜仓古儿　龙冬｜

　　　　　　　　　∨
仓古儿　龙冬｜仓　冬｜0古儿　龙冬｜仓　冬巴｜冬　仓‖

冬念一声 dōng，冬念三声 dǒng 加滑音。五鼓中三处类似音腔的地方，正好与舞蹈叫鼓的动作配合得十分协调。民间艺人并不懂得音腔的理论，但他们从长期的实践经验中，自觉或不自觉的念出音腔觉得有味儿，可见舞蹈的风格与音乐是融为一体的。

西方音乐中的音往往是音有定高，每个音以一定的振动频率为准，如果演奏或演唱的音不符合一定的频率就是音不准。钢琴演奏的音，音与音

---

① 沈洽：《音腔论》，载《民族音乐学论文集》，上海音乐出版社，1988年。

之间有"裂痕",其他乐器演奏的音或是声乐演唱,也很少在音的过程中有变化,一般不带"音腔",即使是十分优美抒情的音乐(如柴可夫斯基作曲的《天鹅湖》的主题音乐)亦如此。

中国音乐的旋律大量使用音腔与中国民族民间舞蹈"圆、屈、拧、倾"的韵律特点有密切关系;而西方音乐不用音腔与西方舞蹈(如古典芭蕾舞)的规格要求"开、蹦、直"相一致。

中国民族民间舞蹈音乐大多是以单声部的形式出现的,各种旋律都讲究线条,这些旋律线的神韵可以与书法、绘画、雕塑、舞蹈、戏曲、园林、建筑等其他艺术形式比美。有的绵延起伏,犹如绿树成荫的丘陵地带;有的跳动剧烈,犹如险峻的高峰;有的明显地呈现抛物线形;有的音符密集,有的音符稀疏。各种线条产生的美妙的音乐与舞蹈如胶似漆,不能分离。

中国民族民间舞蹈音乐也并不都是单声部音乐,各种民间乐队在以齐奏为主、即兴发挥的过程中经常出现支声性的复调因素,如藏族歌舞音乐的歌唱与器乐伴奏中时分时合的旋律进行。有时也出现对比性的复调因素,如某些少数民族歌舞音乐的歌唱拖以长音而伴奏紧拉的紧拉慢唱,或东北秧歌跑场音乐中唢呐用循环换气的方法吹奏长音而打击乐器紧打的紧打慢吹的多声形式。

在中国民间舞蹈(歌舞)音乐中的多声部音乐很有特点,有时还出现二度的叠置,如壮族、侗族的多声部合唱。这些多声部音乐中,其思维方式是横向的,是以旋律为主的,与欧洲音乐体系的纵向性思维具有明显的区别。

中国民族民间舞蹈音乐的旋律除具备上述共同特点外,各地民间音乐的旋法都有各自的特点,使人一听就能辨明是什么民族、什么地区的音乐,丰富多彩的旋律呈现百花怒放的景象。

节拍、节奏

不同的节拍、节奏、节奏型也是形成舞蹈音乐的民族风格和地方特色的重要因素之一。

汉族民间舞蹈音乐的节拍多为 2/4 或 4/4 拍子,有时出现快速的流水板(1/4 拍子),主要用于北方的秧歌的跑场表演。

少数民族舞蹈音乐的节拍较为多样化,除最常见的每小节二拍、四拍、三拍外,12/8、6/8 等三拍子系统的节拍是朝鲜族最常见的节拍;维吾尔族、彝族、达斡尔族也常用三拍子系统的节拍，也有 5/8、7/8 等混合拍子；塔吉克族的民间舞蹈音乐则常用 7/8（哈甫苏孜）、5/8（买力斯）的混合拍子。同样是 7/8 拍子，维吾尔族、塔吉克族又各有特点：维吾尔族的 7/8、律动均分，重音固定，如 X ｜ X ｜。塔吉克族的 7/8 则比较自由，如按均分律动击拍，简直打不出拍子来，听起来好像与四二拍子相似，但又比四二拍子的第二拍多出一点来，它不是均分律动的 7/8 拍子，在每小节中，节拍重音的位置也不固定，这是一种很难掌握的拍子。

中国民族音乐的节拍是用"板"和"眼"标记的，如二拍子叫一板一眼，四拍子叫一板三眼，八拍子叫加赠板的一板三眼（第五拍为腰板），一拍子叫有板无眼，散拍子叫无板无眼。眼又分头眼、中眼、末眼等。

有板无眼：板。

一板一眼：板、眼。

一板三眼：板、头眼、中眼、末眼。

加赠板的一板三眼：正板、头眼、中眼、末眼、腰板、头眼、中眼、末眼（腰板即赠板）。

中国的民间音乐，无论是古代的文字谱、减字谱、敦煌琵琶谱，还是近代的工尺谱，一般为竖行记写，从右到左。在工尺谱中，音的高低用"上尺工凡六五乙"七个汉字及其变体代表，"工凡"与"乙仕"之间为半音，其他相邻两音之间均为全音，工尺谱中音的长短是用板眼符号表示的，板眼符号记在每拍第一个音的右侧。用"、"或"×"代表板，用"•"或"。"代表眼。每拍中包含几个音以及它们的音值用字数、字体的大小、字与字之间的距离表示（自从近代五线谱、简谱传入中国后，在中国民族音乐中，才出现小节线并将乐谱从竖写改为横写）。板的位置在小节线后的第一拍（腰板为第五拍），其他为眼的位置。在中国民族音乐中，板不一定是强拍，眼也不一定是弱拍。中国传统音乐的强拍与弱拍往往与歌词的重音有关，词的重音决定这一拍就是强拍而与小节线没有什么关系。

中国民族民间舞蹈音乐中，节拍的重音并不一定都在每小节的第一拍，有时在小节的中间或最后一拍，小节与小节之间也可能经常变换节拍，与舞蹈的动作相协调。用欧洲音乐体系的标准来衡量中国民族音乐的节拍是不合适的。例如朝鲜族的"古格里"、"查金古格里"、"他令"都是 12/8 拍子，三个鼓点节拍重音的位置都是不一样的：古格里的节拍重音在每小节的第三拍和第九拍，查金古格里的节拍重音在每小节的第十一拍，他令的节拍重音在每小节的第一拍和第九拍。这样的重音位置与朝鲜族舞蹈的潇洒、典雅、含蓄、飘逸的风格以及它们分别配合的舞蹈动作十分吻合，假如按西方音乐的节拍观："强弱弱、强弱弱、强弱弱、强弱弱"来跳朝鲜舞是不可想象的。

中国音乐的节拍因不受"同样时间片断内重音与非重音循环重复"这一规律的限制，乐曲中每一小节的拍数也可以不固定，如下列安徽花鼓灯的鼓点，同一个鼓点就包含了两种或两种以上不同的节拍：

鼓　　头：冬｜尺冬尺冬尺冬冬｜冬古儿龙冬一冬冬｜匡匡令｜

匡匡令｜匡令匡令匡令匡｜匡匡一丁匡 0 ‖

前后喘气锣：匡令匡｜令匡一丁匡令丁｜匡 0 ‖

结束点：匡令匡｜尺尺｜匡令匡｜令匡一丁匡｜匡匡令匡一丁匡 ‖

舞蹈伴奏中的花鼓灯鼓点约30来个，有不少鼓点包含两种或两种以上不同的节拍；而不同的鼓点节拍又不统一；在鼓点与鼓点相连接时，又有很多不同的连接法，使拍数的多少不统一。花鼓灯的音乐主要是打击乐，在各种舞蹈的动作不断连续组合的同时，形成了相应的各种节奏的锣鼓点的连续组合，节拍、节奏变化万千，十分丰富。

朝鲜音乐中也存在着这种类似的情况，平安道民谣《顺安媳妇》，每小节的节拍分别是 12/8、9/8、12/8、15/8、9/8、12/8、6/8、12/8、6/8。由于每小节节拍数的不同，不可能出现西方音乐那种固定的强弱规律。

西方音乐拍有定值，每拍的时值固定不变。中国音乐则较为自由，拍可有定值，亦可无定值，相邻两拍的时值可以不等，即我们平时称的散板，但散板不等于没有拍，清·徐大椿说："无节之中处处有节，无板之处胜于有板。"中国音乐即使有板有眼，也具有较强的伸缩性而形成弹性节奏。拍值变长称"撤"，拍值变短称"催"，如民间艺人在描述东北秧歌音乐的特征时，常说"板往前催，唢呐往长拉。"其意思是唢呐在演奏东北秧歌音乐时，为适应舞蹈的韵律特点，要演奏得"抻"一些，但不能因此而速度越来越慢，为保证不影响速度，"板"要往前催一点。中国的戏曲音乐（如京剧音乐）在演唱的速度上大量的存在着这种"撤"与"催"

的现象，使戏曲音乐极富魅力。

中国古典舞与中国戏曲关系密切，中国古典舞音乐中会有大量的弹性节奏的现象。如果把中国古典舞音乐（特别是身韵的音乐）作脉动式的固定速度演奏，或无规律地随心所欲地自由演奏都将损害舞蹈的形象与风格。中国民间舞音乐从舞蹈韵律特点出发，也常会碰到这种节奏的伸缩现象。

节奏在舞蹈音乐的诸要素中具有十分重要的意义，有人把它比喻为音乐的骨架或舞蹈的骨架也是不无道理的。有了一定的节奏或节奏型，用打击乐器敲击或用人声呼喊都可以跳舞。如阿吉热合曼原作、阿依吐拉·隆征丘改编的维吾尔族女子独舞《摘葡萄》；明文军等人编导的《花鼓灯》；杨颖编导的藏族女子集体舞《热巴》；靳苗苗编导的苗族女子集体舞《苗家女》等都是用鼓等打击乐器伴奏的。节奏可以脱离旋律、调式、和声、织体等因素而独立存在，而旋律、调式、和声、织体都不可能脱离节奏而存在，所以，节奏在舞蹈音乐中具有更为重要的地位。

腰鼓舞（也叫打腰鼓）原是流行于陕北一带的汉族民间舞蹈，腰鼓舞的特点是没有乐队伴奏，也没有歌唱相伴，而是用自己敲击的节奏与舞蹈的动作紧密结合。鼓点的变化比较多，常用的有：起点、止点、路鼓、流水、单点、花点、乱点，长点、紧三槌等。[①] 腰鼓舞一般都是集体舞蹈，人数可多达数百人，颇为壮观。

达斡尔族的民间歌舞《哈库麦》（又称"鲁日格勒"），通常由三个部分构成，即第一段：赛歌；第二段：比舞；第三段：拳斗。第二部分是以舞蹈为主、歌唱为辅的，这一部分的舞蹈也可以不用歌唱，不用乐器伴奏，而是由舞者按一定的节奏边呼号边舞蹈。速度越快，情绪越高昂。著名舞蹈家贾作光根据达斡尔族民间舞蹈素材加工、编导的舞蹈《哈库麦》就用人声边呼号边舞蹈，很有特色。其节奏为：

2/4 ‖: 扎嘿　扎 | 扎嘿　扎 | 扎嘿　扎嘿 | 扎嘿　扎。 :‖

中国民族民间舞蹈音乐的节奏非常丰富，变化万千，节奏的变化集中地体现在打击乐器的演奏中，各民族、各地区之间存在着很大的差异。苗族、傣族、维吾尔族、朝鲜族民间舞蹈的各种鼓点，汉族的安徽花鼓灯和

---

① 刘恩伯、张世令、何健安编写：《汉族民间舞蹈介绍》，人民音乐出版社，1981年。

各种秧歌中的鼓点将在有关章节中详细介绍。

在谱写舞蹈音乐的时候，一定要抓住各种舞蹈的基本节奏型，常常是固定的节奏型指导着音乐的发展，但速度不是固定不变的，可随着情绪的变化而有所变化。

第三节　中国民族民间舞蹈音乐的概念与特点

舞蹈是一门综合性的艺术，它常与音乐、绘画、杂技、文学、戏剧、影视等姐妹艺术相结合，其中与音乐的关系尤为密切。民间舞蹈（民间歌舞）中的音乐演奏不仅起伴奏的作用，而且其本身又是相当重要的表演者，配合和感染着舞者的情绪。

中国民族民间舞蹈音乐是舞蹈音乐的一个分支，它的概念狭义地说系指那些在人民群众中广为流传，具有鲜明的民族风格和地方特色的民间舞蹈的音乐，包括用民间乐队演奏的器乐曲牌、民歌小调和歌、舞、乐相结合的歌舞音乐。广义地说也包括那些按舞蹈艺术的规律，为民间舞教材和民间舞剧目而编创的音乐。即从广场到课堂到剧场，或从民间到教材到剧目这样一个完整的体系。

民间舞蹈、民间舞教材、民间舞剧目这三者之间的关系是十分密切的，后两者都源于民间舞蹈，民间舞蹈是民间舞教材与民间舞剧目的源泉，它们是继承与发展的关系。这三者又是有区别的。民间舞蹈是指流传于民间的、群众性的、自娱性的、具有一定的地域或民族性的舞蹈。民间舞教材则是以民间舞蹈作为素材提炼加工的具有训练性的基本训练和组合训练。组合训练虽然也带有表演的性质，但其主要目的还是训练性的。民间舞剧目是指有充实的内容，技巧与表演相结合，技巧为表现内容服务的舞蹈作品。

舞蹈艺术中，民间舞蹈、民间舞教材和民间舞剧目这三者关系密切而又有明显的区别，一些优秀艺人的精彩表演或优秀剧目的片段也可作为教材，但它们毕竟是三个不同的部分。

与舞蹈艺术相比，音乐艺术在三者的结合上更为紧密。以民族器乐为例，一些民间的器乐作品同时可作为音乐院校的教材，也可作为舞台表演的节目。如盲艺人华彦钧（阿炳）的二胡曲《二泉映月》、《寒春风曲》、《听松》，琵琶曲《大浪淘沙》、《昭君出塞》、《龙船》，可说是地道的民间音乐，但它们也是音乐院校二胡专业和琵琶专业的教材和音乐会的曲目，风靡海内外。江南丝竹、广东音乐和一些吹打乐也是三者结合的。

中国民族民间舞蹈音乐从广义看应包括上述三个方面的内容,而且民间的舞蹈音乐、民间舞教材的音乐和民间舞剧目的音乐之间具有很多的内在联系。

民间的舞蹈音乐是极为丰富的,由于民间艺人和劳动人民的创造性劳动,大量的器乐曲牌、民歌小调、鼓点与民间舞蹈相结合,与民间舞蹈同步发展,形成谁也离不开谁的协作伙伴关系。民间舞教材的音乐和民间舞剧目的音乐则需要在深入学习民间舞蹈的音乐的基础上,对它们进行加工、整理和提高。但无论怎样提高,都不应脱离原有的风格,那些脱离民族和地区界限的"创新"是不可取的。

中华人民共和国成立以来,随着我国舞蹈事业的迅速发展,专业音乐工作者为中国民族民间舞技术训练课的教材(包括中国民间舞的基本训练和组合训练)编写了大量的伴奏音乐,整理了鼓点,为中国民族民间舞的教学做出了积极的贡献。此外,音乐工作者还创作了一批在剧场表演的民间舞蹈的音乐,如《红绸舞》、《荷花舞》、《孔雀舞》、《三千里江山》、《洗衣歌》、《葡萄架下》、《彩虹》、《奔腾》、《春天》、《看秧歌》、《俺从黄河来》、《好大的风》、《黄土黄》、《一个扭秧歌的人》、《女儿河》、《阿惹妞》、《两棵树》等舞蹈的音乐都是较为成功的,它们丰富和发展了传统的民间舞蹈音乐。

中国民族民间舞蹈音乐具有如下一些特点:

1. 富有生活气息

民间歌舞反映了劳动人民的要求,表演这些歌舞的表演者多为农民或牧民,其中技艺高超者逐渐成为职业性或半职业性的民间艺人,他们对群众的爱好十分了解,因此,他们的表演与观众心连着心,极富生活气息,充满即兴性与灵活性。如安徽一些农民花鼓灯剧团的鼓乐艺人在表演时,一边演奏,一边伴以适当的动作,十分欢腾、活跃。如果这种广场的民间歌舞不用乐队伴奏而改为放录音演出,效果将大大逊色,其原因主要就在于缺乏演员与演奏员之间的交流与默契,从而也就缺乏生活气息。

2. 歌舞结合

民间舞蹈的表演形式可分歌舞、乐舞以及歌、舞、乐相结合等多种。这些形式可独立表演,亦可交叉进行。

歌舞的形式通俗易懂,适合中国人的审美心理和审美习惯。歌舞是我国古代民间舞蹈踏歌的遗风与发展,可分载歌载舞、歌舞相间、以歌伴舞等不同形式。汉族的花灯；汉族、壮族的采茶舞；蒙古族的安代舞；藏族的弦子舞；侗族的多耶；彝族的打歌等都是载歌载舞的。汉族的花鼓灯属于歌舞相间的形式。维吾尔族的赛乃姆、塔吉克族的买力斯属于以歌伴舞的形式。

乐舞可分为跳乐、以乐伴舞和鼓舞等不同类型。

跳乐 又称跳月、跳弦、打跳等，在我国西南地区的苗、彝、侗、水、拉祜族广泛流行，舞者持乐器边演奏边舞蹈，所用的乐器有芦笙（苗、侗、水、瑶、仡佬等族的吹管乐器）、三弦（因形制不同，主要有傈僳三弦，彝族小三弦、中三弦、垤施三弦，拉祜三弦等）、琵琶（与中国民族乐队中的琵琶不是同一形制，主要有侗族小琵琶、中琵琶、大琵琶，是侗族的弹拨乐器，侗语称琵琶为"衣"、"嘿衣"、"比巴"。侗族小琵琶又称"比巴拉"，侗族大琵琶又称"比巴劳"。初看有点像三弦，音箱为桃形、椭圆形、八角形、梯形等多种，面板为薄桐板，背面与面板间有音柱，张三根或四根弦）、月琴（彝、哈尼、布依、汉等族弹拨乐器。彝语称"巴布"、"班匹"、"和巴"。流行于四川、云南、贵州、广西等省、区）等。

以乐伴舞 目前不少汉族民间舞蹈已脱离歌唱，完全用乐器伴奏，如北方的秧歌。某些少数民族舞蹈，如藏族的堆谐；维吾尔族各种木卡姆的舞蹈；朝鲜族的假面舞也采用以乐伴舞的形式。

北方的各种秧歌中的唢呐，以其宏大的音量、善于演奏热烈喜庆的情绪以及善于与打击乐器相结合等特点而受到青睐，成为秧歌中唯一的旋律乐器或主奏乐器。

我国少数民族的乐器种类繁多，据袁炳昌、毛继增主编的《中国少数民族乐器志》[①]介绍，共达500多种。种类之多，特色之浓是世上罕见的。少数民族的民间歌舞多用本民族的特色乐器组成的乐队伴奏，如苗族的芦笙乐队；维吾尔族的木卡姆乐队；藏族民间乐队；朝鲜族民间乐队等，各具特色。

鼓舞 鼓也是乐器，因此，鼓舞实际上也是以乐伴舞的一种类型，但它单独用鼓伴奏，故称之为鼓舞。因鼓的制作材料和形制不同而种类繁多，分别与不同的舞种相结合，如铜鼓舞、木鼓舞、羊皮鼓舞、象脚鼓舞，杖鼓舞、手鼓舞等。鼓舞中的鼓还往往同时兼作舞蹈中的道具。

---

① 袁炳昌、毛继增主编：《中国少数民族乐器志》，新世界出版社，1986年。

中国的鼓源远流长,是世界上鼓的发源地之一,在历史的长河中,汉族还吸收了不少外来鼓,特别是一些边疆少数民族的鼓。中国各民族的鼓既有本民族的传统,也受到外来鼓的影响,其中主要受阿拉伯和印度鼓的影响较大。中国鼓在历史上也对周边国家产生过较大的影响。

据《诗经》、《周礼》、《礼记》等古籍记载,中原地区鼓的形制在秦汉以前已达20余种,唐以后,多达50余种。明、清以来,用于歌舞音乐、戏曲音乐、说唱音乐和民族器乐的鼓达100种以上。

鼓在中国民间舞蹈的伴奏中具有特殊的地位,因其音量宏大、气势雄伟、音色特殊、节奏鲜明、音量变化的幅度大和富有表现力等原因而被广泛的采用。如维吾尔族、乌孜别克族、塔吉克族的手鼓(达卜);朝鲜族的杖鼓(长鼓);彝、苗、侗、壮、布依、水、黎、瑶、白、佤、土家、仡佬等民族的铜鼓;傣族、布朗族、景颇族、德昂族的象脚鼓;汉族安徽花鼓灯的胯鼓;山东鼓子秧歌的大鼓等均可一人承担起伴奏任务,而在多数情况下,鼓还要有其他乐器与它配合,当鼓与别的乐器相结合时,往往起着领奏或指挥的作用。

歌、舞、乐相结合自古以来就是我国舞蹈的主要表演形式,直到今天也是中国民族民间舞蹈的表演形式之一。前面谈的一些歌舞,如加上乐队伴奏便形成歌、舞、乐三者的结合。彝族的罗作舞就是歌、舞、乐三者合一的。在一些创作的民间舞蹈中,如湖北民间舞蹈《打起莲湘庆丰收》、东北秧歌《小看戏》、山西秧歌《看秧歌》、藏族歌舞《洗衣歌》、蒙古族舞蹈《喜悦》、《草原女民兵》、傣族舞蹈《送粮路上》等剧目,由于歌、舞、乐三者的完美结合,深受广大人民群众的欢迎和喜爱。

3. 音乐具有舞蹈性

中国民族民间舞蹈音乐往往是音乐的歌唱性、旋律性与舞蹈的节奏性、动作性的完美结合。

对照一下花灯调《十大姐》与云南民歌《小河淌水》可以发现它们之间的亲密关系。(谱例略)

云南弥渡民歌《小河淌水》旋律优美抒情,表现了青年男女之间真挚、纯洁的爱情,为了更富抒情的意味,节拍不固定,由2/4、3/4、4/4穿插进行。

《小河淌水》共有5个乐句组成,G羽调式,每个乐句的落音都是羽音(La),但丝毫都没有觉得单调,在国内外演出都很受欢迎,是一首经典民歌。但由于节拍变换,相对比较缺乏舞蹈性。

弥渡花灯调《十大姐》与弥渡民歌《小河淌水》的旋律十分相似，但节拍都变为规整的 2/4 节拍，速度加快，律动感加强，使之更为舞蹈化，变为一首很好的花灯歌舞音乐。

具有舞蹈性的音乐有以下一些特点：

（1）旋律流畅，富有歌唱性。旋律进行较为平稳，以级进为主，间以一些跳进，剧烈地大跳较为少见。

流畅的旋律与有特点的节奏相结合，使舞蹈音乐具有民间风味。

（2）节奏鲜明。一些表演性强的舞蹈可以与散板节奏的音乐相结合，但绝大多数舞蹈的音乐都是节奏鲜明的。如云南花灯各种崴的音乐，节奏不鲜明舞蹈就崴不起来，蒙古族各种肩部、腕部动作以及步伐动作的音乐都需要有鲜明的节奏相配合。

（3）演奏特色。音乐演奏需要舞蹈化，音乐演奏的强与弱；快与慢；连与断等都需要与舞蹈的情绪、舞蹈的动作相结合，很多音乐还往往具有伸缩性以配合舞蹈的韵味和特点。此外，一些民族风格和地方特色浓郁的音乐还会有一些有特点的演奏方法，如藏族弦子音乐凡遇长音时一拍换一弓，每一拍两个八分音符，中间加一个低大二度或小三度装饰音的演奏方法；节奏鲜明的蒙古族音乐，句尾常为三音节 XX X；朝鲜族音乐的句末长音，常为先平稳而后半部加颤音等。

4. 感情基调乐观向上。民间歌舞表演的场地多为广场、街头或院内，时间多集中在各民族的传统节日、农闲时或各种喜庆的日子。在这些节日里人民群众心情舒畅，民间歌舞可以增加节日的气氛，"自娱"又"娱人"。封建社会中，背起花鼓走四方，以打花鼓作为行乞的手段的状况早已不复存在。因此，民间歌舞音乐的感情基调是乐观向上的。音乐的情绪多为欢快、热烈、火爆、粗犷、刚健、豪迈或优美、抒情、流畅、风趣、俏皮等，体现了中华民族的乐天精神。

第四节　中国民族民间舞蹈音乐的曲式

音乐是音响和时间的艺术，它通过人的听觉器官去联想各种情绪和形象，理解音乐的内容。与其他艺术门类相比，它不同于绘画、雕塑、建筑等空间艺术，这些艺术形式是通过视觉来感受的，无论是整体或局部都能一目了然，而且往往是先有整体感，然后再仔细地感受它的局部；舞蹈艺术既是时间艺术，也具有空间艺术（动态的空间）的意义；音乐艺术则是时间艺术，是通过时间展现的，先有局部再有整体，而这种整体也只是通过回忆、联想而成的。音乐又是音响的艺术，音响由声波的振动而形成，它依靠人类的发声器官或各种乐器发音所形成的声波，用音乐中的各种表现手段来塑造音乐的形象和表现作品的内容。音乐的表现手段有：旋律、节奏、节拍、调式、和声、速度、力度、音区、音色、配器、曲式等。不同的民族、不同的地区会因语言、气候、地理环境、劳动方式、生活习俗的不同，运用上述表现手段，形成不同的民族风格和地区风格，也会因时代不同和作曲家的个性不同而产生不同的时代特点和个人特点。

广场的民间舞蹈具有很大的即兴性，舞蹈表演者与音乐演奏者之间配合默契，浑然一体。而在剧场表演的民间舞蹈剧目的结构却受到音乐的曲式的制约，两者之间的统一需要舞蹈编导与作曲家在创作的过程中对作品的内容统一认识，共同完成创作任务。凡是成功的舞蹈作品问世，都是舞蹈与音乐天衣无缝的极妙结合，没有优秀的舞蹈音乐便不可能产生高水平的舞蹈作品，舞蹈编导与音乐工作者之间的亲密合作是优秀舞蹈作品诞生的一个先决条件。

音乐作品合乎逻辑思维的结构称为曲式，它是音乐的表现手段之一，曲式由音乐作品的内容所决定，并且尽可能与内容相统一。中国民族民间舞蹈音乐异常丰富，曲式多样。严格地说，每首乐曲都有不同的曲式，但按其一般规律，可以分为一些不同的类型。

一段体

一段体，即乐曲由一个乐段构成，它是最小规模的曲式结构。乐段通常由若干个乐句、乐节组成。乐段可以是一种曲式；也可以成为大型乐曲的音乐主题；变奏体乐曲的母曲及各种曲式的组成部分。

在中国民族民间舞蹈音乐中，一段体的曲式最为普遍，它具有短小精悍、易学易唱的特点，容易为广大群众所掌握。根据乐句的数目可分为：一句结构的乐段；两句结构的乐段；三句结构的乐段；四句结构的乐段和四句以上结构的乐段等多种。

一句结构的乐段是乐段结构的特殊形式，较为罕见。这种乐段的规模实际上相当于一个乐句，只能表达简单的内容，藏族中甸锅庄《金宗银宗松宗》即属此类。（谱例略）

歌词大意为：你唱一个，我唱一个，大家一齐跳一个。一个乐句反复演唱，边唱边跳。

两个乐句的乐段在一些少数民族歌舞音乐中比较多，如藏族歌舞音乐的《公公》、《古来亚木》、《谢雄孟久》、《恰地功保》等，表演时，有的乐曲每句都重复；有的某一乐句重复；有的用脚顿地，以其节奏作为乐曲的引子、间奏和尾声，不管其如何变化，其基本结构则为上下句两个乐句组成。汉族民歌中也可经常看到上下句结构的一段体。

果谐音乐《谢雄孟久》由两个乐句组成，采用合头换尾的重复方法，每个乐句由8小节组成，其中前5小节完全相同，只是后3小节作了变化，第一句结音在G（宫音），第二句结音在E（羽音）。（谱例略）

《古来亚木》则正好相反，采用了换头合尾的重复方法。《古来亚木》的歌词大意：美丽的头巾象征着磋果，揩母姑娘呀，心里不要忧愁。（谱例略）

上述两例的上下句具有对称、平衡的特点，两句的音乐材料基本相同，只是下句作部分变化，下句起加深上句的音乐形象的作用。有的两句结构的乐段，上下句的曲调并不相同，但其节奏型或旋律的某些因素及音乐的情绪具有内在的联系。

《草原上升起不落的太阳》由上、下两个乐句反复4次加结束句，上下两个乐句的旋律不同，但节奏几乎完全一样，这种节奏的重复使音乐具有很强的统一性。歌曲易学易唱，迅速传遍大江南北，家喻户晓。（谱例略）

在两个乐句构成的乐段中，也有两乐句没有什么相似，而是形成对比。

三句结构的乐段大多是在两句结构的基础上扩展而成的，常用换头或换尾的重复方法来发展音乐，也有用引申发展的方式，采用接力赛跑式的承递发展。

《仲马徐容桑》是以第一乐句为核心引申发展的，第二乐句的前半部分重复了第一乐句，但将结音从二拍紧缩为一拍，后半部分加进新的音乐材料，并将结音从属音（角音）转到主音（羽音），第三乐句基本上重复了第二乐句的后半部分，由于强调主音，使音乐的稳定感增强。（谱例略）

蒙古族盅碗舞曲《金盅》、藏族卓舞的音乐《阿乌耶》等都属三句结构的乐段。

四句结构的乐段无论是在汉族或少数民族的民间舞蹈音乐中随处可见。四个乐句的乐段，在结构上具有方整、均衡、对称的特点，而这正是大多数舞蹈所需要的普遍特点，因而，这种四句结构的乐段在各民族中都成为乐段结构的典型样式。这种四个乐句组成的乐段结构与我国古代诗词"起、承、转、合"的结构原则是一致的。在音乐中，"起"是音乐的最初陈述，带有"种子"和"核心"的意义，具有呈示的作用，"承"是继承与巩固,是乐思的进一步展开,"转"是变化与对比,具有不稳定性、展开性,充满发展的动力,这种倾向迫使"合"的出现,"合"具有终止感。

《牧童暮归》① 是一首山东鼓子秧歌的课堂组合音乐,是"起承转合"的方整性四句乐段,四句的落音分别为徵、商、羽、宫,合乎起承转合的逻辑思维。乐曲的头2小节类似牧童吹奏的笛声,以此为动机将其延伸发展,并与鼓子秧歌的鼓点相结合成为一首舞蹈音乐。

在各种形式的音乐作品中,对称的美学原则具有普遍的意义,不仅如此,对称在多种艺术领域和科学领域中都具有重大的意义。著名物理学家、诺贝尔奖获得者杨振宁博士在《对称与物理学》的演讲中指出:"对称概念像人类文明一样古老。它是如何诞生的,也许是一个永恒的秘密。但是,生物世界和物理世界中令人惊奇的对称结构,必定给先民们留下了深刻的印象。……随着文明的发展,对称逐渐蔓延到人类活动的各个领域:绘画、音乐、建筑、文学等等。"②

杨振宁博士列举了宋代大诗人苏东坡(公元1036—1101)写的一首诗,它由八个竖行组成,每行7字,这首诗可以竖直向下读,从右边第一行开始,接着读第二行,以此类推。但是,也能够倒着读,从最后一行(第八行)底部向上读,接着按同样的方法读第七行,如此等等。用这两种方法读来诗都很美,都具有正确的音步和恰当的韵脚。

苏东坡回文诗

潮随暗浪雪山倾,
远浦渔舟钓月明。
桥对寺门松径小,
巷当泉眼石波清。
迢迢远树江天晓,
霭霭红霞晚日晴。
遥望四山云接水,
碧峰千点数鸥轻。

杨振宁博士还列举了德国音乐家巴赫(J. S. Bach1685—1750)的

---

① 见裘柳钦主编:《中国民族民间舞曲选》,上海音乐出版社,2004年。
② 杨振宁:《对称与物理学》,载《中国音乐》1995年第4期。

"Crab 小提琴二重奏"，小提琴 A 将乐谱从头奏至尾，小提琴 B 则是将乐谱从尾奏到头，同时演奏，成为复调音乐的佳作。

此外，也有多于 5 个乐句的乐段。例 2《小河淌水》、例 37《月牙五更》等曲由 5 个乐句组成；例 85《送郎》由 6 个乐句组成。有的乐曲的乐句长短相等，有的乐曲的乐句有短有长。分清乐曲中的每一乐句对于编舞和表演都具有十分重要的作用。（谱例略）

两段体

顾名思义，两段体乐曲由两个乐段组成，可分引申式和对比式两种类型。对比式两段体又可细分为带再现和不带再现两种。

引申式两段体的两个乐段采用同一个音乐材料，第二乐段是从第一乐段引申发展而来的，这种引申式的两段体由于是从同一个音乐材料发展出来的，因而具有较大的统一性，但第二乐段与第一乐段相比，又具有一定的对比与变化。

《毛主席的恩清深似海》[①] 是甄荣光同志在深入学习维吾尔族民间音乐的基础上创作的一首优秀课堂组合曲（《三步一抬综合训练》），乐曲的情绪乐观向上，与舞蹈三步一抬的动作和欢快的舞步配合得天衣无缝。乐曲的旋律具有典型的维吾尔族民间音乐的风格，D 七声商调式，fa 和 si 两个偏音的运用非常自然，其旋法与维吾尔族赛乃姆舞蹈的固定节奏型十分统一，这首乐曲还采用了后半拍起的弱起节奏的句法，这种节奏在维吾尔族民间音乐中普遍存在，因为它与维吾尔族的语言有密切的关系。两个乐段的音乐，前半部分完全相同，第二乐段后半部分的音乐作了发展，音区也比第一乐段的相应位置有所提高，情绪越来越热烈。

对比式两段体由两个不同的音乐材料构成，其对比的程度比引申式两段体要大些，但两个乐段之间仍然有一定的联系。

甄荣光创作的另一首维吾尔族组合音乐《歌唱新生活》（《进退步组合》）属于带再现的对比式两段体。[②]

乐曲由两个部分组成，A 段每个小节都含有维吾尔族典型的切分节奏 $\underline{X11}X1$，欢快、活泼。B 段旋律的节奏由长音、三连音、附点音符等组合而成，与 A 段形成明显的对比，但最后一句的节奏又回到 A 段的切分节奏，具有再现的性质。乐曲热情奔放，充满生活情趣。有趣的是全曲是用切分节奏的固定节奏型相贯串的，A 段的旋律与固定节奏型是一致的，而

[①] 见裘柳钦主编：《中国民族民间舞曲选》，上海音乐出版社，2004 年。
[②] 见裘柳钦主编：《中国民族民间舞曲选》，上海音乐出版社，2004 年。

B段不仅旋律与A段形成对比，同时，B段的旋律与固定的切分节奏型也形成对比，两种不同的节奏齐头并进，出现交错节奏，使音乐既对立，又统一。

《鄂尔多斯舞》（贾作光编舞、明太作曲）音乐的结构为不带再现的对比式两段体，第一乐段，是由合头换尾的上下句结构的两句结构的乐段，音乐辽阔、开朗、扎实有力。第二乐段是轻松、乐观、热情的小快板，由4个乐句组成，每个乐句的小节数为8+8+4+4，A、B两个乐段用不同的音乐形象从不同的侧面共同表现作品的内容。鲜明地刻画了鄂尔多斯男子汉剽悍、粗犷、豪迈的雄姿。

大型中国民间舞序列《华风乡情》的藏舞部分（游开文编导，佚名作曲）的音乐是根据西藏的囊玛音乐加工创作的，音乐为对比式两段体加一个引子，囊玛音乐有一定的程式，由一个固定的引子、慢速、典雅、优美的歌曲和活跃的舞蹈部分组成。（谱例略）

三段体

三段体可分为带再现和不带再现两种。

带再现的三段体，第二段是对比乐段，第三段的音乐材料与第一段相同，再现时可完全重复第一段，也可作某种变化。这种带再现的三段体的第二段称为中间段，第三段称为再现段。

《红绸舞》是根据汉族民间的秧歌舞中的舞绸动作和传统戏曲舞蹈加工创作的，1950年由长春市文工团集体创作并首演，1951年由中央歌舞团演出，改编导演：金明，编曲：程云等。舞蹈通过红绸不断飞舞流动的各种线条所组成的丰富多彩的画面，抒发了获得自由解放的中国人民强烈

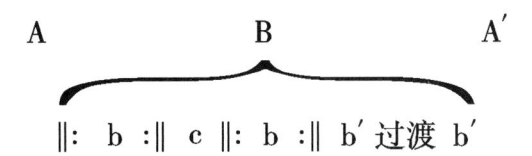

```
         A              B              A′
                    ⌒⎴⎴⎴⎴⎴⌒
              ‖: b :‖ c ‖: b :‖ b′ 过渡 b′
```

的喜悦心情，以及对更加美好的未来的憧憬。音乐为带再现的三段体：

舞蹈将传统舞蹈彩绸改为红绸，由系在腰上的绸子改为拿在双手中舞动，脚下的步伐由戏曲中的"圆场"碎步改为大秧歌舞步和跳步。舞蹈开场时，一群男女青年高举红色火炬来欢庆节日，火炬突然从青年手中散开，在火炬中跃射出无数条长绸升腾高空，飞舞起来，女子绸舞与男子绸舞竞相表演，形成小小的高潮。接下来是优美抒情的女子双人长绸和奔放热烈的男子双人长绸，最后以火一般的红色绸花铺盖舞台，使舞蹈

达到高潮。音乐以东北秧歌音乐的素材为主加以变化发展。其中第二段为展开段，篇幅较大，变化较多。第三段再现段的最后，主音翻高八度，形成高潮。

《红绸舞》在第三届（1951年）世界青年与学生和平友谊联欢节上获一等奖。1964年收入北京电影制片厂摄制的影片《彩蝶纷飞》中。1994年在"中华民族20世纪舞蹈经典"评比中获金像奖（谱例略）。

女子三人舞《担鲜藕》，编导：于丽娟、罗浩泉，音乐由江苏民歌《拔根芦柴花》、《九连环》串联而成，1986年苏州市群众艺术馆首演，该舞在1986年举行的全国民间音乐舞蹈比赛中获编导一等奖。

舞蹈较好地运用了汉族民间舞的表演形式，表现了江南水乡的美好景色及水乡人们新的精神面貌。作品巧妙地将两筐鲜藕人格化，由两位演员身套藕形裙筐扮演鲜藕，与担鲜藕的姑娘一起构成三人舞。该舞被认为是"雅俗共赏"的新民间舞作精品（谱例略）。

音乐的曲式为带再现的三段体：

　　　　引子　A　B　间奏　A′　尾声

全曲都在D宫调式内进行，除偶尔出现变宫音外，几乎都是五声性的音乐。引子与间奏采用同一个音乐材料与A段音乐《拔根芦柴花》十分协调，节奏鲜明，突出了《担鲜藕》"担"的韵律，歌唱性极强的B段《九连环》，与前后起到了对比的作用。尾声由A段音乐的最后一个乐句扩展而成。

女子群舞《看秧歌》，编导：王秀芳，编曲：刘德增，山西省歌舞剧院首演于1987年。舞蹈表现了我国北方一群乡村少女观看秧歌剧的鲜活而生动的形象，具有浓郁的生活情趣和强烈的戏剧色彩（谱例略）。

看秧歌的曲式为带再现的三段体：

引子　　　A　　　　B　过渡　　A′　　　尾声
　　　过门 a 间奏 a 间奏　b b′　　过门 ‖: a :‖

主题音乐 a 取自山西祁县、大谷地区的民歌《看秧歌》。

新春佳节，一群披红挂绿的山村少女兴致勃勃地赶路去看秧歌。第一段A表现少女们在路上跳着、扭着、唱着，欢乐的歌儿荡漾在山间的大地上。但天公不作美，南山顶上天色变得阴沉。不久，云散天晴出太阳，姐妹二人欢欢喜喜出村庄。她们被山那边的锣鼓声所吸引，姐妹二人赶路忙。

B段主要是表现姑娘们看秧歌的各种神态,惟妙惟肖,B段音乐稍慢。

千姿百态的秧歌剧,让人爱,让人入迷。一群活泼可爱、天真烂漫的姑娘喜看、惊看、羞看、悲看,时哭时笑,如痴如醉。看到甜处叫人捧腹大笑,看到苦处叫人流泪而泣……

过渡乐段表现姑娘们在日落西山后,还未看够,但只得心慌意乱地回家去。

A′为再现段的音乐,姑娘们在回家的路上,走一程、唱一程,一路上叽叽喳喳笑个不停。猛然间,风搅着雪花飘来,惊醒了姐妹们急忙回程。

《看秧歌》1987年山西歌舞剧院在山西省首届民间艺术节中,作为《黄河儿女情》中的一个节目亮相。翌年,《黄河儿女情》在承德举行的华北音乐舞蹈节演出中大受欢迎。1988年中央电视台春节晚会中播出该舞后,家喻户晓。

不带再现的三段体由三个不同音乐材料的乐段组成,其速度规律往往是"慢－中－快",同向逞递,渐层发展,这种不带再现的三段体结构更具中国特色。胶州秧歌《迎春舞曲》的慢板旋律优美,有押劲,快板活泼欢快,而中间一段则是两者之间的过渡。

无论是带再现的或不带再现的三段体乐曲,都可根据内容的需要,在三个主要段落的基础上加上引子,间奏和尾声。

多段体

严格地说,两段体、三段体都属于多段体的范畴,为了叙述的方便,把它们分别作为一种曲式米进行分析。因此,这里指的多段体不包括两段体、三段体的乐曲。

多段体可分两大类:(1)由同一音乐材料根据不同的节奏型进行发展;(2)各段由不同的音乐材料构成。

多段体曲式与后面要谈的联曲体不同,联曲体中的各个乐段(乐曲或曲牌)都可以具有独立性,而这种多段体乐曲的其中一个段落却不具备独立的性质,而只是多段体乐曲的一个组成部分。

《荷花舞》是著名舞蹈家戴爱莲1953年编排的一个节目,它歌颂了和平与幸福,表现了中国人民热爱自然、热爱祖国、热爱和平的心意。《荷花舞》参加了1953年在布加勒斯特举行的第4届世界青年学生和平与友谊联欢节,获集体2等奖。1994年获"中华民族20世纪舞蹈经典作品"金像奖。

《荷花舞》的曲式结构为：

引子　A　　　B　　　C　　　D　　A′
　　　G宫　G宫　D徵　　G宫　D徵　G宫

引子共2小节，6/8，是对环境的描绘：清风拂面，杨柳轻扬，水生鳞波，红荷朵朵随风飘，似一幅十分美丽的中国画。

A段音乐，6/8，展现旭日东升，绿水长流的自然景色和宁静的环境，舞蹈表现荷花群时而回旋，时而蜿蜒，充满流动性，借以描述自由、舒畅的心情。

B段音乐比较平静，2/4，群荷分列两行，面向着观众，用双脚碾步向两旁移动，一阵微风吹过，打破了水里的平静，激起了漩涡。一群拟人化的荷花姑娘在舞台上变换着各种队形，形成了浮游流动和涟漪叠起的意境，美不胜收。

戴爱莲认为《荷花舞》的5段音乐中，尤其喜爱第3段C，她在一篇《忆"荷花"》的文章中谈到："我觉得它表情丰富与亲切，变化多而不突兀，感情细腻、流畅，这段音乐十分适合白荷花的舞蹈，它给舞蹈的发展留有更多的余地。白荷花是整个舞蹈的中心，因此要着力地描述她，想办法突出她，白荷花的上场是需要苦心思索一番的。白荷花象征着纯洁和崇高，理想和幸福，她是自然和理想的结合，她在我的心目中既是具体的花的形象，又是我们美好幻想的寄托。白荷花爱着群荷，也受到群荷的拥戴，她们的感情是亲密无间的"[①]

D段音乐是整个舞蹈的高潮，是一首主题歌，歌词如下：

蓝天高，绿水长，
莲花朝太阳，风吹千里香，
祖国啊，光芒万丈，
你像莲花正开放。

舞蹈的设计是安排白荷花独自抒情的场面。把荷花的向阳开放与祖国的欣欣向荣作了形象的比拟。

第5段音乐又回到A，一朵洁白的荷花带着群荷在夕阳中飘向远方。

舞蹈塑造了亭亭玉立，出污泥而不染的拟人化的荷花的形象，令

---

① 中国舞蹈艺术研究会筹委会编：《中国民间舞蹈选集》，艺术出版社，1954年。

人难忘。

独舞与群舞《一个扭秧歌的人》,编导:张纪刚,作曲:汪镇宁,北京舞蹈学院中国民间舞系首演于1991年。

舞蹈向我们讲述着一位流浪艺人的身世,一个一生都在给别人带来欢乐的民间舞者,最终却暴尸于街头。但他的青春和热血早已化作崇高的精神,融进火爆的秧歌舞中,和着千万舞者的生命激情发扬光大。

《一个扭秧歌的人》的曲式为多段体:[1]

A B C D E B′ A′
  ⏜   ⏜
  b b′ b c a

A是从远处传来的一缕感伤、凄凉的二胡乐声,由远及近,又由近趋远。这段音乐是根据山西晋中民歌《送樱桃》改编的,具有浓厚的山西风味。

舞台后部,蜷曲着一位风烛残年袒胸露体的流浪艺人,这位老者居然在乐声中找到了"生机",眉宇颤动、肩胸扭起,头部和身体摇摆。顷刻间,他突然挺身跃起,手舞红绸,充满活力。B段音乐出现,开始是近似呼喊的散板旋律。

此时,老者突然倒地,停止了呼吸。一群乡间的歌舞者围拢,用山西太谷民歌《绣花灯》改编的主题B(b)带来了"喜气"。一位年轻的舞者,手中握有一条红绸潇洒地舞动在他们的中央,尽情地舞蹈。

此段,主题音乐作了变奏并加以发展(b′)。年轻舞者的舞蹈得到了充分的发挥。

音乐进入了C段,后生们猛然间也爆发出无法抑制的激情,与那位年轻的舞者一起舞了起来,每个人舞动起自己的红绸,尽情地欢舞。

后生们似乎还不过瘾,还要接着跳,音乐进入了第四段D,这段音乐很有意思,它包括了前面的三个音乐材料,即B、C和A中的因素。这三个材料的连接非常自然。D段音乐的调性移高大二度,进入G宫系统,调性色彩较为明亮。

舞蹈(独舞与群舞)继续进行,舞者几乎到了"忘乎所以"的程度,音乐进入高潮,即第五段E,E是两个乐句的不断反复,速度越来越快。

后生们全部退下,只剩下老者一人,音乐回到B的旋律,但音乐的情

---

[1] 谱例见裘柳钦《中国民族民间舞蹈音乐教程》,上海音乐出版社,2004年。

绪已不那么喜气，而是有些沉闷。音乐的力度越来越弱，直至几乎听不见为止。最后，音乐又进入了 A 的忧郁与凄凉的二胡乐声，声音越来越弱。老者永远地离开了人间，但他的秧歌舞却得到永生。

《一个扭秧歌的人》上演后，得到了广大观众的热烈欢迎，该舞于 1994 年获得"中华民族 20 世纪舞蹈经典"作品提名奖。在 1995 年全国第三届舞蹈比赛中，主要演员于晓雪获中国民间舞表演一等奖。

汉族集体舞《黄土黄》，编导：张纪刚，作曲：汪镇宁，北京舞蹈学院中国民间舞系首演于 1991 年。

《黄土黄》的曲式为多段体：[1]

引子　A　B　C　D　E　C　B′
　　　节奏a. b. c. a　　d. b.节奏

舞蹈选用汉族民间舞"胸鼓舞"的形式。《舞蹈大辞典》对该舞作了如下评述："《黄土黄》以原生态节庆舞蹈的欢狂和宣泄，从反面映照了一个民族的甜、酸、苦、辣及其对生活的摆脱心态。然而，人们依然跪伏在这块'干裂'而贫瘠的土地上，满含泪水地、颤抖着双手挥洒一杯杯黄土，深信着'有一杯黄土就饿不死人'，因而把人们对祖国、故乡的眷恋，对他们生长的'根'的深情推到极致。作品深刻揭示了生活在'黄土地'上的人们几千年繁衍生息铸成的典型心态。"[2] 该舞 1994 年获"中华民族 20 世纪舞蹈经典"作品奖。

《黄土黄》的音乐气势磅礴、音响强烈、节奏鲜明，给人们极大的震撼。

引子是在 8 声唢呐长音中开始的，像是召唤性的呼喊，接着又是乐队演奏和声的长音和人声喊叫，男演员胸前挎着鼓上场。

A 段是男子群舞，音乐先是节奏，后为 a、b、c、a 4 个小的部分所组成，后面几个部分除 E 以外，差不多都是下面的鼓点，再加音乐。

B 段是女子群舞，音乐较为抒情，结构为 8＋8＋8＋8＋8＋8。

C 段是男女群舞，音响强烈，充满阳刚之气，与 B 段的阴柔之风形成强烈的对比，整段音乐是上下两个乐句的多次反复。

D 段是男子独舞到男子群舞，音乐由 d、b 和节奏组成。d 实际上是 a 的换调变化。

E 段全是节奏，这段的节奏较为密集，与其他几段不一样。

---

[1] 谱例见裘柳钦《中国民族民间舞蹈音乐教程》，上海音乐出版社，2004 年。
[2] 吕艺生主编：《舞蹈大辞典》，中国戏剧出版社，1994 年。

后面的 C 是男子群舞；B′是根据 B 的音乐材料的核心部分不断反复，最后越来越弱。舞蹈的画面是舞台后部女子群舞，舞台前部基本是男子的造型为主，最前面为一男子在地上扒黄土，点出了主题。

流传在塔里木盆地西沿、叶尔羌河畔的多朗舞，其伴奏的音乐叫"多朗木卡姆"，它由 5 个部分组成，有固定的程式和节奏型：1. 散序；2. 奇克提麦；3. 赛乃姆；4. 赛乃凯斯；5. 赛勒玛。曲式为引子、A、B、C、D。

"多朗木卡姆"的音乐材料简练，一般都从散序中找出最美的音调，通过变奏等不同手法形成不同的节拍和节奏，5 个部分的速度规律为"散一慢一快一急"，逐步形成高潮。至今保留下来的 9 部多朗木卡姆为：孜勒·比亚万、乌孜哈勒木卡姆、热克木卡姆、木夏乌勒克木卡姆、包木·比亚万、朱拉木卡姆、斯木·比亚万、胡代克·比亚万、都戛麦特木卡姆。其音乐的结构都是这一格式。如何对多朗舞音乐加以继承与创新，已成为当今音乐工作者研究和探讨的重要课题之一，相信在不久的将来一定会有与新的内容相适应的多朗舞音乐的曲式出现。

循环体

在多段体乐曲中，有一部分音乐出现达三次或三次以上，而在它各次出现之间，插入由新的音乐材料构成的部分，即为循环体。

安徽花鼓灯的打击乐非常丰富，在开场前都要演奏"开场锣鼓"招徕观众，它也是花鼓灯整体表演的一个组成部分，其中《小五番》、《小十番》的结构属循环体。

（前合头）　　　　　　　　　　（后合头）
头→‖：合头→主题（每番出现一个新主题）→合头→撞四→结束句：‖

《小五番》先后出现 5 个主题；《小十番》先后出现 10 个主题。主题前后为前合头、后合头。①

女子群舞《女儿河》，编导：张继刚，作曲：汪镇宁，北京舞蹈学院中国民间舞系首演于 1989 年。舞蹈以清新隽永的格调，表现了黄河流域女儿们的美丽，同时，揭示了"女儿河"的俊俏和绚丽。

《女儿河》的曲式如下：②

---

① 谱例见北京舞蹈学校资料室编：《安徽花鼓灯音乐》，内部油印资料，1980 年印。
② 谱例见裘柳钦：《中国民族民间舞蹈音乐教程》，上海音乐出版社，2004 年。

引子　**A**　　　　**B**　**A'**　　　　**B'**　尾声
　　　a b b¹ c²　d　a e b³ c⁴　d f

　　从大的部分来看，可以把《女儿河》看成一首变奏体的乐曲，但从小的各部分来看，是一首循环体的乐曲，a、b、c、d、e、f 6个音乐材料中，b出现了5次，c出现了3次。所以，把它看成循环体的乐曲更好些。

　　引子部分主要是"女儿河"的流水声和几个分解和弦。幕启，16位少女排成一行跪坐在舞台前沿，俯身侧首，依次相靠，手握垂摆的纱巾。犹如一条清澈的长河。

　　A段音乐出现后，舞蹈选用地秧歌的动作，多由行进的斜排和交错穿插的动作为主变换队形，格调清新明快，造型优美大度，手法简洁自然，音乐流畅细腻。各段之间既有对比，又有统一，一气呵成，给人以很深的印象。

　　各种队形经过充分的调度后，又回到幕启时的状态，舞者再次排成"女儿河"，首尾相呼应，并以潺潺的流水声作为尾声结束全曲。该舞以单纯的动作和构图，散发出浓郁的诗情和画意。

　　《女儿河》上演后，荣获1991年第三届"桃李杯"比赛优秀剧目奖和北京市第三届舞蹈比赛二等奖。

变奏体

　　以一个基本曲调（母曲）作为基础，用各种变奏手法加以发展构成的曲式，称为变奏体。

　　由于中国民族民间舞蹈音乐最普遍的曲式是一段体，而一段体的曲式短小，为适应广大群众自娱性的长时间的表演，民间艺人不满足于对乐曲作机械的无数次的重复，为避免多次重复而带来的单调乏味，总要运用各种手法对音乐作变奏处理，技艺高超的民间艺人往往既是演奏者，又具备编曲的才能，能根据不同的场合和情绪对音乐作即兴的变奏。民间艺人的演奏灵活多变；风格地道；韵味十足；音乐抑扬顿挫；音响干脆、利索，刚柔并济；与舞蹈水乳交融，浑然一体。

　　变奏手法的普遍运用是使中国民族民间舞蹈音乐富有生活气息的重要原因之一，变奏手法的运用使一曲多变，在变化中有统一，在统一中有变化。通过变奏使一首短小的一段体的乐曲变为一首变奏体的乐曲。

　　变奏手法是千变万化的，具有很大的灵活性和即兴性。如东北秧歌唢呐曲牌《句句双》的第一乐句能作以下多种不同的变奏。

12个变奏仅仅是唢呐演奏家王文汉演奏的部分变奏，还可举出一些不同的变体来，可见变奏的手法具有多么强大的生命力，它能使一首很短的乐曲作无穷的变化（上述变奏是在不同的指法调上演奏的，为便于比较，都按D宫调式记谱）。①

常用的变奏手法有：

1. 旋律加花或简化：旋律加花或简化是最普遍的一种变奏手法，加花即加音添字，民间艺人常根据不同的环境、不同的情绪对旋律进行加花装饰，形成不同的变体。如王文汉演奏的东北秧歌曲牌《满堂红》。②

从《满堂红》变奏与母曲的对比中可以看出，变奏是在原曲的基础上加花润饰旋律，变奏的重要位置上一般都是原曲中的音，只有个别音作了必要的调整。旋律加花后，在原曲五声音阶的基础上增加了偏音，使旋律流畅、华丽。

另有一些乐曲与此相反，开始部分速度较慢，音符密集，实际上是旋律加花的乐谱，随着乐曲速度的加快，旋律逐渐简化，速度越快，旋律越简化，在汉族和少数民族的民间舞蹈音乐中都可见到这种被称之为倒装的变奏（变奏在前，主题在后）。如河北民间乐曲《大姑娘爱》。③

在藏族的民间歌舞音乐中，先慢后快，逐渐简化是最为普遍的变奏方式，无论是果谐、堆谐、锅庄大都采用这种方式。

2. 演奏技术的变化：在每一个变奏中运用一种或几种不同的演奏技巧产生不同的变奏效果。由于各民族、各地区民间乐队的组成有很大的差异，民间艺人的演奏都有各自的绝招，因此，通过演奏技巧的变化而形成的变奏是非常丰富的。如演奏东北秧歌音乐常用的唢呐技巧有：滑音、舌顶音、吐音、花舌（打嘟噜）、破工、气震音、颤音、循环换气等。此外，还有变音色和某些综合技巧的运用，如花舌与上、下滑音的结合，能产生十分华丽的音响效果。

3. 特性音调和特性节奏的运用：前面《句句双》变奏4—6，运用了一些有特点的音调融入变奏中，使变奏具有特色。变奏4效果华丽，适于表现青年男女时使用，变奏5、6则幽默、风趣，适于表演老扛时使用，上述三个变奏的3—4小节为特性音调，运用不同的特性音调，使音乐产生不

---

① 谱例见裘柳钦：《中国民间舞蹈音乐概论》，中国戏剧出版社，1994年。
② 谱例见裘柳钦：《中国民间舞蹈音乐概论》，中国戏剧出版社，1994年。
③ 谱例见裘柳钦：《中国民间舞蹈音乐概论》，中国戏剧出版社，1994年。

同的形象，从而达到一曲多用的目的。

4."借字"手法的运用："借字"是我国传统民间器乐曲中独具特色的一种变奏手法（详见第一章第四节：五调朝阳）。

5.变换乐器的演奏指法：以唢呐为例，分别以自然音阶中的七个音作唢呐的筒音以改变乐曲的调性。它与一般的移调演奏不同，一般的移调只改变主音音高，旋律不变。这里指的变换乐器的演奏指法是在移调和变换指法的同时，根据乐器的性能和不同的音域（指首调读谱法，有时需对某些音翻高或翻低八度），进行加花和运用不同的技巧，从而使乐曲的旋律相应的产生变化。

上述变奏手法可单独使用，但更多的是几种手法结合使用的。

联曲体

联曲体一词源于戏曲音乐，《中国大百科全书·戏曲曲艺卷》第301—305页对"曲牌联套体"作了详细的解释："曲牌联套体是戏曲音乐形式的一种。将若干支曲牌按一定章法组合成套，以构成一出（折）戏的音乐。一本戏若干出（折），即由若干组套曲构成。曲牌联套的结构形式，继承了唐宋大曲、宋词、鼓子词、转踏、唱赚、诸宫调等所有歌舞音乐和说唱音乐的历史成果，并经历了一个由简单到复杂的发展过程。在梆子、皮黄出现以前，曲牌联套曾是戏曲音乐唯一的结构形式。昆曲、高腔至今仍在采用。"[①] 这种结构形式在今天中国民族音乐的其他形式（如曲艺音乐、歌舞音乐、民族器乐）中也被广泛采用。

曲牌联缀的形式在中国民族器乐曲中屡见不鲜，曲牌联缀的形式是民间艺人和劳动人民的一种创造，民间艺人在长期的艺术实践中，为了使音乐更富有变化以适应长时间演奏的特点，逐渐将一些曲牌（2首以上）串联在一起演奏，形成套曲，它比变奏体的乐曲具有更大的对比性。

曲牌联缀后形成的曲体为联曲体，也可以形成循环体。

乐曲之间的速度常见的以下几种：

（1）速度不变。如《句句双》套《满堂红》、《大花头节》套《柳摇金》、《浪头》套《对五》套《浪头》等。[②]

（2）慢板—小快板。如《句句双》套《柳摇金》、《句句双》套《满堂红》（海城刘文权、刘文平演奏谱）。[③]

---

① 张庚主编：《中国大百科全书·戏曲曲艺卷》，中国大百科全书出版社，1985年。
② 王文汉、裘柳钦编著：《东北秧歌音乐》，中国美术学院出版社，1994年。
③ 《中国民族民间器乐曲集成·辽宁卷·鞍山分卷》，第二册，鞍山市民族民间器乐曲集成编辑部编，内部资料，1984年印。

（3）慢—中—快。如《句句双》套《小磨房》由（王文汉演奏的《小磨房》由中速变为快速）慢、中、快三个部分联缀而成。

（4）散—慢—中—快。如《浪头》套《慢老扛句句双》套《反磨房》套《黄河套》（鞍山赵尔岩、周启轩、赵世全演奏谱）[①]

联曲体的音乐适于表现大型或较大型的民间舞蹈。东北秧歌的跑大场常用这种曲式，维吾尔族的赛乃姆舞蹈、歌舞大曲"十二木卡姆"以及蒙古族的安代舞、苗族的芦笙乐舞等都常用这种曲式。

如东北秧歌《圈大场》由《五匹马》、《黄河套》、《对五》联缀而成。

曲牌联缀的形式可分别用于清场、走场、跑场的表演，也可用于某些综合性的表演。

思考题：

1. 我国哪些民族使用中国音乐体系？哪些民族使用欧洲音乐体系？哪些民族使用波斯—阿拉伯音乐体系？
2. 中国音乐体系的音乐有何特点？
3. 简述中国民族民间舞蹈音乐的概念。
4. 中国民族民间舞蹈音乐有哪些主要特点？
5. 中国民族民间舞蹈音乐的曲式有哪些类型？分析若干首中国民间舞曲的曲式。

[①] 《中国民族民间器乐曲集成·辽宁卷·鞍山分卷》，第二册，鞍山市民族民间器乐曲集成编辑部编，内部资料，1984年印。

第一章　东北秧歌音乐

第一节　东北秧歌音乐的特点

"秧歌"一词源于农民在插秧和耘田劳动中唱的歌，关于秧歌的记载大约始于清代，清·吴锡麒《新年杂咏抄》载："秧歌，南宋灯宵之村田乐也，所扮有耍和尚、耍公子、打花鼓、拉花姊、田公、渔妇、装态货郎、杂沓灯术、以得观众之笑。"

秧歌一词的含义有广义、狭义之分。广义泛指"出会"、"走会"、"社火"、"闹红火"中的各种民间舞蹈，如秧歌、高跷、竹马、旱船、花灯、花鼓等。一些古籍中常把秧歌与中原的民间歌舞联系在一起，如清·缪润绂作诗曰："元宵节近起秧歌，取笑均推江老婆，谁是主人谁是客，团团听打凤阳锣。"[①]《刘阳县志》和《宁乡县志》均有记载："上元……又有服优场男女衣饰，暮夜沿门歌舞者，曰花鼓灯"，"男女妆唱秧歌，采茶等曲，曰打花鼓。"狭义即指地秧歌和高跷秧歌。

东北秧歌是东北汉、满两族人民十分喜爱的一种民间歌舞形式，它流传于东北三省，具有广泛的群众性。

东北秧歌的形成距今约有300余年的历史。清人杨宾于康熙30年（公元1691年）根据他在宁古塔[②]（今黑龙江省宁安县）的见闻写的《柳边纪略》[③]对当地人民的秧歌活动有过记载："上元夜，好事者辄扮秧歌。"又说："秧歌者，以童子扮三四妇女，又三四人扮参军，各持尺许两圆木，戛击相对舞，而扮一持辙镫（伞灯）卖膏药者为前导，傍以锣鼓和之，舞毕乃歌，歌毕乃舞，达旦乃已。"

在民间，每逢春节期间，秧歌队走村串乡，作各种表演，十分热闹；正月十五元宵节又掀起一个高潮；半职业性的民间艺人则要"耍正月，闹

---

① 缪润绂：《沈阳百咏》。
② 宁古塔地处黑龙江流域中俄边境，清代流放犯人的地方之一。
③ 《图书集成》，商务印书馆，1936年版。

二月，稍带三月"，在这一期间和各地庙会时经常表演。据《奉天志》记载："正月十五上元节，俗称元宵节，由十四日至十六日商家皆张灯、皆奏管弦，街市间演杂戏，如龙灯、高跷、旱船等，俗称秧歌，十五尤盛，有星挤火树之观，游人杂沓攘往熙来至夜分。"另据《台安县志》记载："新中国成立前每逢年节走街串巷唱秧歌吹年喜的艺人到处都有。海城临界大石桥耀州山每年四月十八日有传统的耀州山娘娘庙秧歌盘会，此秧歌盛会闻名于辽南，亦闻名于东北。"近几十年来，秧歌表演主要集中在春节和元宵节，唱秧歌变成了跳秧歌。

东北秧歌分地秧歌（又称地蹦子）和高跷秧歌两类。地秧歌，流传面较广，遍及整个东北大地。高跷秧歌盛行于辽宁省南部地区，特别是大石桥市（原营口县）、海城市（原海城县）和盖州市（原盖县），辽阳、鞍山等地的高跷秧歌也非常出色。在辽南出了不少著名的民间艺人，其中著名的鼓乐艺人有营口的张庆池、辽阳的王文洲、鞍山的赵尔岩、沈阳的吕升岩等人。舞蹈院校开设的中国民间舞课中的东北秧歌教材主要来源于辽南高跷秧歌。

有关东北秧歌舞蹈的特点，李瑞林、战肃容编著的《东北大秧歌》作了如下论述："东北大秧歌在风格上既有火爆、泼辣的特点，又有稳静、幽默的特点。动作既哏又俏，既稳又浪（浪，即欢快俊俏之意），而且稳中有浪，浪中有稳，刚柔结合，不能扭扭捏捏缠绵无力。"[①]

音乐的特点与舞蹈的特点是一致的，东北秧歌音乐既有火爆热烈的特点，又有欢快、俏皮、风趣和优美抒情的特点。

东北秧歌音乐的传统乐曲十分丰富，它是我国民族音乐遗产的重要组成部分，是历代民间艺人和劳动人民智慧的结晶，其艺术标准可用三个字加以概括，即"顺"、"活"、"韵"。"顺"意为通顺，旋律的各种变化；乐曲的接连；调式、调性的变换都要顺。"活"即要具有高超的即兴演奏的能力，使音乐灵活多变。"韵"即韵律感及风格味道。

东北秧歌的民间乐队一般有高音唢呐2人及打击乐器若干人组成。唢呐以七寸五（指唢呐杆的长度）筒音为 a' 的高音唢呐最常用，[②] 打击乐器有大台鼓、大镲、小镲，也可加大锣。

具体地说，东北秧歌音乐有以下一些特点：

[①] 李瑞林、战肃容编著：《东北大秧歌》，上海文艺出版社，1981年。
[②] 唢呐、笛子等吹管乐器，按上所有的音孔发出的音称为筒音，筒音是该乐器的最低音。

一、调式、音阶

我国北方的民间音乐与南方的民间音乐相比，偏音用得多一些，但其旋律的骨干音仍以五声为主。

五声调式的乐曲常用的有《句句双》、《鬼扯腿》、《柳摇金》、《满堂红》、《摘黄瓜》、《小磨房》等。

六声调式的乐曲可分两种类型：第一种是在五声音阶的基础上加变宫音 si (7)，这类乐曲在六声调式的乐曲中占多数，如《柳青娘》、《梢头》、《鹁鸪》、《反鹁鸪》、《大姑娘美》、《反磨房》等；另一种是在五声音阶的基础上加清角音 fa (4)，这类乐曲在六声调式的乐曲中占少数，如《小抱龙台》、《水龙吟》、《对五》等。si 和 fa 两个偏音并不一定是经过性或辅助性的装饰音，它们出现的次数较多，位置亦相当重要，对风格的形成影响很大，所以，把它们看成六声调式的乐曲是必要的。

七声调式的乐曲在东北秧歌音乐中占一小部分，如《双双边》、《湘子出家》、《海青歌》、《得胜令》等。

有一些乐曲在实际演奏中出现偏音，但它的原始曲谱或加花后演奏谱的骨干音还是五声的，在分析乐曲的音阶时要多加注意。

东北秧歌音乐的调式以宫调式、徵调式较多，羽调式、商调式次之，角调式罕见。宫调式、徵调式的色彩较为明亮，这两种调式较多的原因与东北秧歌音乐中很多乐曲的情绪热烈、欢快有关。

在东北秧歌音乐中常有调式交替现象，形成交替调式。交替调式指的是同一首乐曲（曲牌）中出现两种或两种以上不同的调式，使乐曲在色彩上有所变化，从而增强了乐曲发展的动力。东北秧歌音乐中的交替调式主要是在同宫系统内的交替，即音列不变，调号不变，如《句句双》，用筒音为 a′的 D 调高音唢呐倍调指法演奏，即为 D 宫调式与 A 徵调式交替，在 D 宫系统内交替，改变主音（从 D 变为 A）而不改变宫音（D）。

《句句双》的前两乐句为 D 宫调式，以其上方五度音 Sol 为骨干音，两句的结音都是主音 do，稳定性强。第三乐句为过渡，第四乐句则交替到了徵调式，在徵调式结束整首乐曲。

二、旋律

旋律是塑造音乐形象的主要手段之一，东北秧歌的传统乐曲如此丰富，与这些乐曲的旋律十分动听有着密切的关系。旋律跌宕起伏，迂迴曲折，情绪热烈火爆或幽默风趣或优美抒情。旋律中出现大量的"带腔的音"，特别是各种音程中的上下滑音。唢呐演奏这种"带腔的音"时，还往往结合"花舌音"等技巧，形成特有的风格。

其音程关系大致可分以下几种：

（1）级进与不超过五度的跳进相结合。如《逗蛐蛐》的旋律除大二度或小三度（在五声音阶中的小三度也是级进，因为中间没有偏音）的级进外，以四度跳进为主，偶尔有五度跳进；《反磨房》的旋律以级进为主，穿插大三度、纯四度、纯五度交替出现。这类乐曲的旋律连贯、流畅，容易上口。

（2）级进与八度以内的跳进相结合。东北秧歌音乐中，这一类乐曲最为普遍。

（3）超过八度的跳进较少，大多在唢呐演奏旋律翻高或翻低八度后出现，这种超过八度的跳进，使乐曲的音区、音色形成对比，很有特色。

《东北小曲》的第二、三小节之间为大九度跳进，显然是因为后两小节旋律翻高了八度所形成的，用笛子、唢呐等管乐器超吹演奏毫不困难，效果较好，如这首小曲反复演奏若干次，最后一遍翻高八度演奏，还能增强乐曲的结束感。例 b、c 是《句句双》两个不同变奏的结束句，也是由唢呐翻高八度后形成的，音乐生动活泼。

三、节拍、节奏

东北秧歌的传统乐曲多为 2/4 拍子，亦有 4/4 拍子或 1/4 拍子（流水板），在传统乐曲中整首乐曲 3/4 或 6/8 等三拍子系统的节拍形式是不存在的，3/4 节拍只在某些乐曲的片断中偶尔出现。

节拍重音并不按欧洲音乐体系中强拍必须在每小节的第一拍的规律，重音常出现在小节的中间（4/4 拍子的第三拍）或最后一拍。

东北秧歌音乐的节奏富有变化，特点之一是大量运用附点音符，特别是在中速或慢速的乐曲中，这样的音乐与舞蹈"出脚快，落脚稳，膝盖带艮劲"的韵律特点十分协调。

演奏时可强调一下附点的时值，演奏得抻一些，但必须要拍点准确，既不拖，又不往前催，做到节奏稳。附点音符的运用有很大的灵活性，每个艺人都有自己不同的处理，把附点放在合适的位置。

还有一种节奏处理也很有特色，唢呐慢吹与打击乐器紧打相结合。唢呐吹"浪头"长音时，常用"破工"技巧，"破工"是一种用东北唢呐演奏的特殊技巧，深为东北广大鼓乐艺人和人民群众所喜爱。方法是用筒音超吹，发出比筒音高十度的音，这个音由一个基本音和其泛音列复合而成，音响激昂、粗犷，有破味，善于表现火爆、热烈的情绪。唢呐演奏长音时，用传统换气方法，边演奏边换气，可延长至数十拍，与此同时，打击乐器配以各种鼓点或即兴演奏。这种紧打与慢吹的结合，类似戏曲中的紧拉慢唱，节奏"有板"和"无板"同时出现，具有对比性复调的因素，使秧歌表演的气氛热烈，情绪激动，很有艺术效果。

四、对句的运用

由于舞蹈动作常有"上装"（女角）、"下装"（男角）及各种人物之间的互相对答，在音乐中亦常出现对句。东北秧歌音乐的结构比较方整，多为上下句结构或采用同一乐句反复一次的手法使其成双。对句的应用使这种均衡、对称的音乐更加生动活泼，更加亲切和更富有生活气息，并使音乐更为火热、激动，从而达到渲染气氛，使舞蹈进入高潮的目的。

对句的方法大致有以下几种：

a. 甲吹第一乐句，乙吹第二乐句，（上下句对句）或甲吹上半句，乙吹下半句。

b. 同乐句反复时，甲先吹一次，乙重复演奏一次（民间称学舌）。

c. 几小节学舌：即同样的小节数，起落音相同，甲演奏后，乙自由模仿，即兴变奏。

d. 更小范围内的对奏：甲吹前半拍，乙吹后半拍。在由四个十六分音符组成的一拍中，甲吹一、三两音，乙吹二、四两音。

这种对句的方法，民间称"整学乱使"或"整学拆着使"。

对句的形式有下列几种：

a. 两支相同规格的高音唢呐对句。

b. 高音唢呐与中音唢呐对句。上例同样适合高音唢呐与中音唢呐进行对句。

c. 唢呐与打击乐器对句（俗称"出鼓"），如《五匹马》在用作跑场音乐时，常在乐句中间插入打击乐对句，以增强热烈的气氛。

d. 在小型民族乐队中，各组乐器之间以及管弦乐器与打击乐器之间的对句。

上述方法都能产生良好的效果。

五、浪头

"浪头"又称"浪子",意为以某一音为轴,音乐在轴的两侧波动。"浪头"音乐由于速度较快,有冲劲,善于制造火爆热烈的气氛,因而在跑大场的表演中,"浪头"是必不可少的。"浪头"的用处很广,民俗活动中演奏的很多器乐曲中也广泛的使用"浪头",除东北的民间器乐曲外,在河北吹歌、陕西鼓乐等民间音乐中也经常使用。

"浪头"可用在曲牌联缀时的开头、结尾或中间换乐曲时;前首乐曲的尾部接一个小的"浪头",再接下一首乐曲;如某一首乐曲单独使用,这首乐曲的尾部甚至中间都可以接"浪头"。它是民间艺人即兴创作的重要组成部分,具有很大的灵活性,"浪头"的篇幅长短不拘,根据场面的大小临时决定。

每个艺人演奏"浪头"都不尽相同,但它有一定的规律性:"浪头"由长音(可自由延长)和流水板组成;速度较快;中间套有对句;用长音作过渡或通过它转调。

用在乐曲结尾处的"浪头"用调式主音与其上方大二度音交替出现,最后用主音长音结束。它有利于巩固调式,增强乐曲的结束感和气氛热烈的程度。"浪头"的主音长音后往往接打击乐五鼓、八鼓、硬三棰、滚龙场等鼓点,在鼓点中再即兴的套上一、两句短句,使音乐在热烈、火红的高潮中结束全曲。

六、曲式

东北秧歌音乐的曲式有一段体、两段体、三段体、多段体、变奏体、联曲体等多种。有关曲式的问题,在总论中已作了较为详细的介绍,这里只对东北秧歌音乐的曲式做一些简单的说明。

一段体是东北秧歌音乐最普遍的曲式,无论是唢呐曲牌或民歌小调,在东北秧歌中,差不多都是由一个乐段组成的,但其规模一般都不少于4个乐句。

两段体、三段体的乐曲都是在一段体的基础上,通过变奏或曲牌联缀而形成的。一些创作的乐曲则出现ＡＢ、ＡＡ'、ＡＢＡ'等结构形式。变奏体是以一段体的乐曲作为母曲,用各种变奏的手法变化而成的。

东北秧歌音乐的变奏属于严格变奏,即各次变奏的乐曲结构及小节数都应与原始曲谱相同。它不同于某些地区的民间器乐曲,如江南丝竹乐

《老六板》通过放慢加花的手法衍变成《花六板》、《中花六板》、《慢六板》等。速度放慢后，结构依次成倍扩展。也不同于《二泉映月》等乐曲，每次变奏的结构根据内容的需要作必要的扩充或压缩。东北地区的某些器乐曲中，在放慢加花时也有这种结构成倍扩展的增板现象，俗称"慢四鼓"，但东北秧歌音乐无论采用何种变奏手法，其结构始终保持不变，但变奏的速度可根据需要而有所变化。

联曲体即将若干首曲牌或乐曲有机地串联在一起演奏，民间艺人演奏套曲时相互之间心领神会，每当换一首乐曲，由技艺高超者预示一下，先吹这首乐曲的原始曲谱（可吹一次整首乐曲，也可只演奏这首乐曲开头的乐句，然后立即变奏），接着演奏这首乐曲的各种变奏，然后又换一首乐曲，中间或结束处都可套上一些打击乐器的演奏（见例26《圈大场》）。

第二节 音乐的来源与分类

一、音乐的来源

东北秧歌音乐的来源主要是东北地区的一些唢呐曲牌；当地民间器乐曲的片断；东北民歌和地方小调；音乐工作者新编创的歌曲、乐曲。此外，它还吸收了一些"二人转"和"单鼓"的音乐。

东北秧歌最常用的乐曲是杂曲（小曲、曲牌），这些乐曲一般都较短小，多为一段体，没有引子和尾巴。如《句句双》、《梆子娃娃》、《思想沉》、《八仙庆寿》、《柳摇金》等。

东北的民间器乐曲十分丰富，如辽宁鼓吹乐、吉林鼓吹乐各成体系，光是辽宁鼓吹乐就拥有数百首乐曲，包括牌子曲（以乐曲大小分大牌子曲和小牌子曲）；汉吹曲；满曲（俗称"关里板子"）；水曲（又称"锣板曲"）。汉吹曲的结构由汉吹引子、身子及尾巴组成，尾巴的多少每首乐曲不统一，尾巴称"节"，有1节、2节、3节不等，最多可达6节。汉吹曲的尾巴有的是某一曲专用，有的是若干首乐曲所共有的。大牌子曲也由引子、身子和尾巴组成，结构庞大。

民间艺人根据秧歌表演的需要按不同的场面、人物和速度，常选择某些器乐曲的片断为秧歌伴奏。如选用大牌子曲《一条龙》的尾巴《水龙吟》，《四来》的第五段《冬来尾》，《大游湖》的尾巴《大游湖尾》等；汉吹曲《大花》尾巴的第一节《大花头节》，《下山》的尾巴《下山头节》等。

《大花头节》配合舞蹈的走场气氛热烈，唢呐演奏超过八度的大跳以及滑音和花舌音的运用很有特色。

小牌子曲《泰山景》、《棉柳絮》、《绣红灯》、《串珠帘》等也常用来为秧歌伴奏。

艺人掌握的曲目越广泛，选择某些乐曲的片断为秧歌伴奏的可能性越大，因此，掌握曲目的多少便成为衡量民间艺人技艺高低的一项重要内容，掌握曲目多的便获得"曲包子"的美称。

秧歌在晚上表演时，还要表演"二人转"小戏，在唱"二人转"之前，常演唱小帽，小帽的音乐都是民歌小调，这些曲调也可用于为秧歌伴奏，如《月牙五更》、《瞧情郎》、《小看戏》等。

舞蹈系列剧《月牙五更》，陶承志编剧、作词、作曲，由李绍栋、苏杰、冯嫦荣、于宝坤、江宏向编导，沈阳歌舞团 1992 年首演，系列剧由序；恋一更：盼情；醉二更：盼夫；乐三更：盼子；梦四更：盼妻；闹五更：盼福及尾声七个部分组成。音乐采用关东地区流行的民歌小调《月牙五更》创作而成。系列剧《月牙五更》展示了人生的历程，组成一幅东北人民生动活泼的风情画卷，表达了东北人民的性格、情感、企盼与依恋，传达出黑土文化的深层底蕴。《月牙五更》是一首羽、徵交替调式的乐曲，前半部分为羽调式，最后一句在徵调式上结束，为同宫系统内的调式交替，通过调式的交替，使音乐的色彩有所变化。

一些优秀的单鼓音乐也被吸收到东北秧歌音乐中来，《桃园新曲》与东北民歌《腊梅花儿开》有些相似。

自 20 世纪 50 年代以来，音乐工作者为东北秧歌谱写了不少新的音乐，它们除保持了原有的地方风格外，还具有新的时代风貌，如舞蹈节目《拔萝卜》（王泽南编曲）、《在果园里》（白杰曲）、《大姑娘美》（刘式昕编曲）、《华风乡情》（裘柳钦、王文汉曲）、《好大的风》（汪镇宁曲）等。

《拔萝卜》，1955 年由北京舞蹈学校首演（王连城编舞，王泽南编曲），是用东北秧歌素材创作的一个优秀的儿童舞蹈，根据同名年画创作，深受孩子们的喜爱。舞蹈表现了一个儿童去地里收萝卜，突然发现有一棵萝卜长得像小树那么高，小水缸那么粗。她一个人怎么也拔不动，叫了两个小朋友帮忙，还是不行，又找来几个小朋友，大家一齐拔，终于拔出了这个大萝卜，欢欢喜喜地拉回家去。舞蹈表现了"团结就是力量"和"坚持到底就是胜利"的哲理。音乐用东北秧歌曲牌《句句双》、《鬼扯腿》加工而成，具有浓郁的东北风味和儿童情趣。

一些优秀的具有东北风味的创作歌曲也可以用来为东北秧歌伴奏，如刘锡津的《我爱你，塞北的雪》、赵奎英的《我爱家乡的山和水》、杨柏森的《大姑娘美、大姑娘浪》等。

二、音乐的分类

东北秧歌的传统乐曲大致可以分成以下几类：

1. 街蹚子（俗称过街楼）。这是秧歌队过街时的一种表演形式，秧歌队员按上、下装排成两行在街头表演，它又可细分为两类：

a. 在街上表演，这类乐曲速度较快，冲力很大，如《浪头》、《五匹马》、《对五》等。

b. 秧歌队在街上边走边演，这类乐曲速度中等，如《大句句双》、《摘黄瓜》、《梆子娃娃》、《梢头》等。在街上行走主要靠打击乐伴奏。

2. 跑场音乐。跑场在院内表演，由头跷、二跷领队，在头跷指挥下，快速变换各种队形，开始是搭象（叠罗汉），跑场开始后场面比较大，队形有"龙摆尾"、"蛇脱壳"、"二龙吐须"、"倒圈帘"（又称"圈白菜心"）等。跑场音乐热烈火爆，速度较快，与舞蹈动作的"一窝蜂"和"万马奔腾"之势相协调，常用乐曲有《浪头》、《五匹马》、《对五》、《湘子出家》、《小磨房》、《反磨房》、《得胜令》等，多为曲牌联缀的形式，跑场音乐中，"浪头"是必不可少的。

3. 走场音乐。走场也在院内表演，比较稳健，互相间常有逗趣，表演时秧歌队也要变换各种队形，如"四面斗"、"十字梅"、"摆葫芦阵"、"别花丈"（又称"别篱笆"）等，走场音乐平稳、连贯、欢快、律动感强、有弹性、速度中等。走场音乐也由若干首曲牌或器乐曲的片断组成。常用乐曲有《柳摇金》、《柳青娘》、《小抱龙台》、《满堂红》、《水龙吟》等。

4. 清场音乐（又称情场音乐或逗场音乐）。清场分单人场、双人场、还有三人场等，某些人物（如头跷、上装、下装、渔翁、老扯等）上场表演，有一定的情节。音乐特点与上场的人物有关，如表现青年男女的清场音乐华丽、优美、流畅；表现老扯的清场音乐则幽默、风趣、诙谐。清场音乐在整个东北秧歌中所占的比重最大，最丰富。常用乐曲有《句句双》、《满堂红》、《柳青娘》、《反磨房》、《逗蛐蛐》、《画眉序》、《鹁鸪》、《大姑娘美》等。

5. 慢场音乐。慢场在晚上表演，又称跑圆场或三场（即快、慢、快 3 个部分组成），是在秧歌队下跷棍后，表演"二人转"之前的一种表演形式，在地面表演。常用乐曲有《海青歌》、《抱龙台》、《小磨房》、《大姑娘美》等。

6. 小帽音乐。慢场表演后，要表演"二人转"小戏，在表演"二人转"小戏前，为招徕观众，常演唱小帽，其作用可从观众常说的几句顺口溜中看出："小帽、小帽，看戏的外捞，行家看门道，力巴（庋把，意为外行）看热闹。"民间艺人也常有下面的说法："三句也是帽，两句也是帽，卖卖嗓子溜溜调。"可见，表演者在正式演唱之前，常用小帽溜嗓，试弦。小帽音乐都是民歌小调。如《月牙五更》、《摇篮曲》、《下盘棋》、《打秋千》、《茨儿山》、《茉莉花》、《放风筝》等。

把东北秧歌音乐分为上述6类只是一个粗略的划分，同一首乐曲，由于速度不同和变奏手法的差异可作不同的用途，因此，要严格地把音乐分类是十分困难的。

第三节　打击乐与唢呐

东北秧歌是一种民间的广场艺术，使用的乐器都要适应广场这个艺术环境，无论是唢呐或是打击乐器都有宏大的音量，所以，表演东北秧歌时，尽管观众熙熙攘攘，把广场围得水泄不通，里三层外三层，但打击乐的音响仍能使表演者和观众听得十分清晰。

打击乐具有丰富的表现力，它对于招徕观众和激发观众的情绪；配合舞蹈动作；加强节奏；掌握速度；烘托气氛等方面都具有重要的作用。

常用的打击乐器有：大台鼓、人镲（分两种：一为腰鼓镲，一为镲锅比腰鼓镲稍大、稍厚）、小镲、有的地方也用锣（以锣脐大小分高音小光锣、中音中光锣，低音锣一般不用。）

演奏打击乐器和演奏其他管弦乐器一样，很讲究韵味，演奏时应随着音乐的起伏和舞蹈情绪的变化而有所变化：抑扬顿挫分明；强弱对比明显；音色的变化、音质的虚实和各种演奏方法的合理使用，使打击乐的演奏生动活泼，具有旋律感。

下面对几件主要打击乐器作简要的介绍：

大台鼓　也叫战鼓，由鼓腔、鼓皮、鼓钉和鼓环等部分组成。鼓腔为木制的圆桶，圆桶中部横截面的直径大于鼓面直径。鼓腔上下两面均蒙以牛皮，直径为1尺5寸以上，分中心（鼓脐）、中圈（鼓面半径的中点附近）、外圈、鼓边等部位。鼓中心是主要的敲击部位，发音结实、浑厚、低沉。演奏鼓的基本功首先练鼓中心，鼓脐要打准。鼓外圈发音较薄，鼓边的音响清脆。

秧歌队过街时，鼓由两人抬着，演奏者边走边演奏；在广场表演时，鼓由两人抬着或放在鼓架上，用两根较粗的鼓槌敲击鼓皮而发音。用较松的木质制作的鼓槌略粗，直径约 2 公分半，用硬木制作的鼓槌略细，直径约 2 公分，鼓槌头呈半圆形。

大台鼓的表现力很强，演奏时强弱力度变化的幅度很大。力度变化根据需要可有两种演奏方法：一、鼓的敲击部位不变：在鼓中心演奏，音质结实，可从强到弱或从弱到强。二、改变敲击部位：由虚到实，由弱到强，常从外圈到鼓中心；反之，由实到虚，由强到弱，常从鼓中心到外圈。

大台鼓的主要演奏技巧有：

放击：正常击奏。

按击"⊙"：一根鼓槌点击。如起鼓第一小节 冬 冬｜，第一个八分音符"一"用点击方法演奏。

闷击"∧"：用一只手或一根鼓槌按住鼓面，另一根鼓槌击奏，发出闷而短促的音响。

轮"彡"：轮即滚奏，是鼓演奏者最主要的基本功，演奏时两根鼓槌快速连续交替敲击鼓面，力度从 ppp－fff 效果都很好。

敲击鼓帮"↑"：用一根或两根鼓槌敲击鼓帮，发音清脆。在音乐开始演奏前敲两下鼓帮或在某些鼓点结束后接下段音乐前敲击鼓帮可以起预示乐曲速度的作用。在鼓点进行中敲击鼓帮的情况不像安徽花鼓灯音乐用得那么多，这是一种调节气氛的噱头。

大台鼓演奏者是舞蹈表演者和音乐演奏者之间的桥梁，他不仅是音乐里手，而且也懂舞蹈，对各种场面和人物都很熟悉。能随机应变，起着整个东北秧歌表演的指挥作用。

跟旋律即兴演奏也是鼓演奏者的基本功之一，在旋律演奏中配以即兴演奏的鼓点，能起到衬托、润饰旋律的作用。如《浪头》表示一种欢腾的气氛，在唢呐演奏的同时加上鼓的演奏，能产生排山倒海之势。即兴演奏时，鼓演奏者要随时注意舞蹈动作，看底鼓演员（最后一对上、下装演员）或某些人物的暗示，根据舞蹈的情绪和动作特点给以合适的鼓点。

镲 分大镲、小镲两种，由两面中间隆起成碗状的圆形铜片组成。中间隆起的部分称镲锅。大镲的直径约 8 寸以上，小镲的直径约 4 寸左右。大镲发音较低，小镲发音较高。

大镲的演奏方法有以下几种：

平击：右手朝上稍斜，两手对击。

闷击"∧"或"卜"：两手对击后，镲边紧靠胸部，镲的前端张开，发出"朴朴"的音响。

为配合某些舞蹈动作，还可产生各种效果性的音响。

一拍一下的小镲则起着加强节奏的作用。

锣　用响铜制成，形如圆盘，中心称锣脐，俗称锣眼、锣心；锣面除中心以外的部分叫锣腔，俗称锣帮；边上的部分叫锣边或锣沿，锣边上有两个小孔为穿绳或穿小皮带之用，绳子上端套有一小竹筒或扁状的竹板，称为锣拐。

锣的击奏方法有以下几种：

放音：击奏后声音放出来。

空音：轻击。

卡音：击奏后声音放出来，然后用手按住锣面，不论乐曲的速度快或慢，卡得早或迟，都必须声音放出来后再卡住。

闷击"∧"：声音闷而短促。闷击的方法有两种：用左手肘部顶住锣脐内部或右手击奏后，音不放出来，立即捂住锣面。

经过无数代民间艺人的创造性劳动，东北秧歌已形成了一套完整的有特色的鼓点，与舞蹈动作紧密配合。

与旋律的各种变奏相类似，每一个鼓点都有多种不同的变体，灵活使用。

东北秧歌的主要鼓点如下：

起鼓

a. 一冬冬｜仓仓古儿｜龙仓一冬｜仓 00 ‖

b. 一冬冬｜仓仓古儿｜龙仓一冬｜仓古儿龙冬｜仓 00 ‖

c. 一冬冬｜仓仓古儿｜龙仓一冬｜仓仓仓古儿｜龙仓一冬｜仓 00 ‖

为节约篇幅，以下每一个鼓点只列出一种或两种：

一鼓：冬 0 古儿｜龙冬仓 0 ‖

二鼓：冬0古儿｜龙冬仓｜冬不冬｜仓00‖

三鼓：冬0古儿｜龙冬仓｜0古儿龙冬｜仓冬不｜冬仓0‖

四鼓：冬0古儿｜龙冬仓｜0古儿龙冬｜仓0古儿｜龙冬仓｜冬不冬｜仓00‖

五鼓：a. 冬冬｜0古儿龙冬｜仓冬｜0古儿龙冬｜仓古儿龙冬｜仓古儿龙冬｜仓冬｜0古儿龙冬｜仓冬不｜冬仓‖

b. 冬冬｜0古儿龙冬｜仓冬｜0古儿龙冬｜仓冬冬｜仓冬冬｜仓冬冬｜0古儿龙冬｜仓一冬｜冬仓‖

硬三棰：冬0古儿｜龙冬仓｜0古儿龙冬仓‖：一冬冬｜仓令仓令仓：‖0古儿龙冬｜仓冬不｜冬仓‖

滚龙场：冬0古儿｜龙冬仓｜0古儿龙冬｜仓古儿龙冬｜仓古儿龙冬｜仓仓古儿｜龙仓一冬仓0：‖

手巾花八鼓：冬0古儿｜龙冬仓｜0古儿龙冬｜仓0古儿｜龙冬仓｜仓古儿龙仓｜一冬仓：‖

整装八鼓：冬0古儿｜龙冬仓｜0古儿龙冬｜仓0古儿｜龙冬仓｜冬不冬｜仓0古儿｜龙冬仓｜0古儿龙冬｜仓0古儿｜龙冬仓｜冬不冬｜仓00‖

十二鼓：冬0古儿｜龙冬仓｜古儿龙冬｜仓0古儿｜龙冬仓

冬不冬仓｜0古儿龙冬｜仓古儿龙冬｜仓古儿龙冬｜

仓仓古儿｜龙仓一冬｜仓0‖

五鼓套硬三棰：冬冬｜0古儿龙冬｜仓冬｜0古儿龙冬｜仓古儿龙冬

｜仓古儿龙冬仓‖：一冬冬｜仓令仓令仓：‖

0古儿龙冬｜仓冬不｜冬仓0‖

五鼓套滚龙场：冬冬｜0古儿龙冬‖：仓冬｜0古儿龙冬｜

仓古儿龙冬｜仓古儿龙冬：‖仓仓古儿｜

龙仓一冬｜仓0冬·不｜冬仓‖

硬三棰套滚龙场：冬0古儿｜龙冬仓‖：一冬冬｜仓令仓令仓：‖

0古儿龙冬｜仓古儿龙冬｜仓古儿龙冬｜

仓仓古儿｜龙仓一冬｜仓0‖

滚龙场套硬三棰：冬0古儿｜龙冬仓｜0古儿龙冬｜仓古儿龙冬｜

仓古儿龙冬｜仓仓古儿｜龙仓一冬仓｜

‖：一冬冬｜仓令仓令仓：‖0古儿龙冬｜

仓冬不｜冬仓‖

一、二、三鼓是走场或跑场中的通用鼓，用得最普遍，有时用在乐曲中间或两首乐曲连接的地方。在民间，舞蹈表演的结尾处常用一、二、三鼓或滚龙场，有时也用整装八鼓；街上表演中，常用五鼓煞尾，有时还可用五鼓套别的鼓点。

鼓点中有的是专用的鼓点的名称，有的则是借用舞蹈动作的名称。专用的鼓点的名称一般以大镲的击奏数为准，如一鼓大镲击奏一下，二鼓、三鼓、四鼓大镲分别击奏二下、三下、四下，五鼓的名称不够确切。按动作名称定名的有滚龙场、整装八鼓、手巾花八鼓等。

在东北秧歌传统的伴奏形式中，演奏旋律的重任由唢呐承担。一般用两支相同规格的高音唢呐，以七寸五①筒音为 a^1 的 D 调高音唢呐最常用，此外，还有六寸五、七寸、八寸、八寸五、九寸、一尺零五分的唢呐。

唢呐又叫喇叭，由哨子（又称响）、气盘、芯子（又称侵子、扦子）、杆子和铜碗等部分组成。哨子用芦苇制作成两个哨面。杆子为锥形，用乌木或红木制成，也有用柏木制作的。杆的下口略粗，上口稍细，杆子上开有八个按音孔（前面七个，后面一个，即第七孔）。铜碗由铜片制成，呈喇叭形，套在木管下端。

关内的唢呐超吹的音比平吹的同一音孔高八度，第七孔平吹与筒音超吹所发的音音高相同，第八孔平吹与第一孔超吹所发的音音高相同。东北地区的唢呐由于乐器制作上的差异，筒音超吹所发的音比筒音高十度（"破工"），第一孔超吹所发的音比平吹高九度（"清工"），第二孔一般不用超吹，其他音孔超吹的音均比平吹的音高八度。

唢呐的音域为两个八度加一个音。D 调高音唢呐的音域为 a^1—b^3。技艺高超的艺人能奏出比筒音低半音的音，奏法是用嘴唇拢哨片，运气较细，一般用于"借字"演奏需降低一律时，他们还能用滑奏的方法奏出比最高音高小三度的音，但这个音发音尖锐、紧张、很少使用。

唢呐的音孔为平均音孔，可方便地进行转调，以唢呐自然音孔的音为主音的各调均可演奏，音准主要靠演奏者的听觉（耳音要好）和演奏唢呐的功夫（技巧），通过舌和嘴唇对哨子的控制，对气息大小的控制等办法。演奏时还需适当使用半孔按指。现将唢呐各调的指法列表如下：

筒音为 a^1（七寸五）唢呐各调指法对照表

调　名	传统名称	唢呐指法
D 调	倍　调	筒音作 5
G 调	梅花调	筒音作 2
C 调	四字调	筒音作 6
F 调	闷工调	筒音作 3

---

① 东北民间艺人的一种习惯语，指唢呐杆长。由于唢呐杆的膛略有粗细，故同一尺寸的唢呐杆的长度稍有差别。

调　名	传统名称	唢呐指法
A调	本　调	筒音作1
E调	老本调	筒音作4
♭B调	六个眼	筒音作7

两支相同规格的唢呐演奏时一般成同度关系，需要时一支唢呐可翻高八度或翻低八度，所以，除同度外，有时是八度。

演奏东北秧歌音乐时常用的唢呐演奏技巧主要有以下一些：

1. 滑音：分上滑音"↗"、下滑音"↘"，奏法分嘴和手上两种。用演奏滑音来润饰旋律可使旋律富有歌唱性并增强音乐表现力。

2. 舌顶音：用舌顶住唢呐哨子，气息加强，可发出比原音高大二度或小三度的音，有一定的滑音效果，舌顶音在中、低音区有较好的效果。

3. 吐音："▼"或"·"，分单吐、双吐、三吐，是唢呐吹奏顿音的一种技巧，用于表现轻快、活泼的情绪。

4. 花舌：又称"打嘟噜"，"∴"，吹奏时用舌尖急促而连续地在口内颤动，发出快速的碎音效果。

5. 破工：是演奏东北民间乐曲时的一种特有的唢呐技巧，演奏时筒音超吹，第八音孔上侧略开，发出比筒音高十度的音，效果热烈火爆，有破味，势如万马奔腾。

6. 气震音：通过对气息的控制，使之发出波浪形的音波，类似拉弦乐器的揉弦。

7. 颤音："tr"，用按音上方音孔连续快速开闭。

8. 垫音："又"，又称上叠音，在本音上方音孔用手指快速打动一下。

9. 打音："才"，又称下叠音，在发音孔及其下方音孔用手指快速打动一下。

10. 抓音：是一种综合技巧，用滑音、花舌、吐音相结合，再加上合理的运气，发出"抓、抓"的音响。

此外，还有变音色和某些综合技巧的运用，如花舌与上、下滑音的结合，能产生十分华丽的音响效果。

唢呐的表现力非常丰富，力度变化的幅度很大，善于表现喜庆和热闹的场面，常与锣鼓等打击乐器结合使用。

要演奏好东北秧歌音乐，唢呐演奏者必须具备扎实的基本功；有较高的技术和技巧；较强的音乐表现力；有丰富的想象力，能触景生情；对秧歌曲熟悉，能根据需要迅速地选择乐曲；熟悉舞蹈动作，能根据舞蹈表演的需要一曲多变。只有这样，才能有较高的即兴演奏的能力，才能把东北秧歌的音乐演奏活。而演奏的生动活泼正是民间艺人与人民群众血肉相连的结果，由于演奏的生动活泼，使音乐具有生活气息和艺术魅力。

第四节　五调朝阳

一、"借"与"赁"的含义

"借字"是我国传统民间器乐曲中独具特色的一种变奏手法，各地的叫法不一，在东北（如辽宁、吉林）的一些鼓吹乐（包括秧歌曲）中的名称为"借字"，它既形象，又通俗易懂。

"借字"，即按一定的规律用某一个音或某几个音来代替乐曲中的某一个音或某几个音，用以改变乐曲的调式、调性，进而衍变、发展旋律，使音乐富有变化。

"借字"分"借"与"赁"（东北民间艺人的读音为"愣"leng），借赁一词为古代用语，台湾《中文大辞典》解释如下："借赁，租借也《通典·食货典·赋税中》孝昌二年冬、税京师、田租、亩五升、借赁公田者、亩一斗。""借字"变奏手法中的"借"与"赁"为反义词。

"借"即在一首乐曲中，凡遇 fa、降 si、降 mi、降 la 均降一律为 mi、la、re、sol；或凡遇 do、S01、re、la 均降一律为 si、升 fa、升 do、升 sol。

"赁"则反之，在一首乐曲中，凡遇 si、升 fa、升 do、升 sol 均升一律为 do、Sol、re、la；或凡遇 mi、la、re、Sol 均升一律为 fa、降 si、降 mi、降 la。

二、五调朝阳

五调朝（cháo）阳的叫法尚不统一，辽宁称五调朝阳或五调还原，吉林称五调朝元。五调朝阳中的五调指的是同宫系统中五种不同的调式，朝阳即还原，五调朝阳的意思就是将一首乐曲（曲牌）在同宫系统内有规律地进行五次调式转换后，又还原到原乐曲上来。

五调朝阳的规律是什么？

民间艺人习惯用"借字"来进行解释。"借字"的具体方法如下：

"借"：先把基本曲调按顺序依次移高纯四度或移低纯五度，这时的实际效果是按音乐理论中近关系转调的规律（向下属方向）依次作了转调。它们之间的关系是调式不变，旋律不变，而调性却发生了变化，变成另外五个宫系统中的同一调式。完成上述步骤后，便可运用"借字"手法来进行处理。

"赁"：先把基本曲调按顺序依次移高纯五度或移低纯四度，这时的实际效果是向属方向依次作了近关系转调，即变为在另外五个宫系统中的同一调式，然后再进行"借字"处理。

按上述方法"借字"处理后有如下问题值得注意：

（1）通过"借字"把旋律单纯移调而形成的转调现象变为在同宫系统内的调式交替，调号、音列不变，调式和旋律发生了变化。

（2）通过"借字"后的实际效果为：

单借＝（四赁）双借　＝三赁

三借＝双赁　（四借）＝单赁

"借字"在东北地区多用民族管乐器（主要是唢呐）演奏，四借、四赁借字较多，而实际效果又与单赁、单借相等，所以，民间艺人在演奏时以三借、三赁为限，不用四借、四赁。

五调朝阳可按如下图式进行：

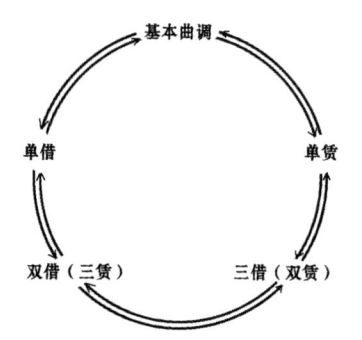

```
        基本曲调
      ↗        ↘
   单借          单赁
      ↖        ↙
   双借（三赁）  三借（双赁）
```

（3）通过"借字"后产生的新的旋律，从理论上分析是按五声音阶的音级观念（mi—sol，la—do 为级进，而不是跳进）进行的旋律模进，但实际演奏中因每次产生的新旋律都要进行加花使其通顺，这种加花具有很大的灵活性和即兴性，所以，加花后的实际演奏谱不可能用模进来进行解释。

（4）《鹁鸪》的朝阳模式适宜于首音与尾音不同的乐曲。《鹁鸪》的尾音比首音低纯五度（尾音比首音高纯四度的乐曲相同），如按五调朝阳图逆时针方向（基本曲调—单借—双借—三借—单赁—基本曲调）朝阳，便形成"尾追头"的现象,即前一段的尾音与后一段的首音相同(同一个音或相差八度)。如按顺时针方向(基本曲调—单赁—双赁—三赁—单借—基本曲调)朝阳,则前段尾音与后段首音不相一致,这时,前段的尾音需适当加音(民间称"搭桥"),使其连接通顺。如乐曲的首音与尾音不是上四度、下五度关系,则"借字"后前段尾音与后段首音亦不可能一致,连接时同样需要作"搭桥"处理。下例《鹁鸪》为按逆时针方向五调朝阳谱,按逆时针方向朝阳在实际演奏中更具普遍性。①

唢呐曲牌《句句双》属于另一种类型,此类乐曲的首音、尾音相同,可按五声音阶的音级顺序进行朝阳,《句句双》的首音为 sol,五调朝阳时每次调式转换的第一个音分别为 Sol、la、do、re、mi 或 sol、mi、re、do、la。②

在调式转换过程中出现的音域不够用的问题,可通过把曲调翻高或降低八度加以解决。技艺高超的民间艺人在演奏时还往往运用音色对比(某一个音高相同的音,用不同的演奏方法在不同音孔上发出,音色不同)和习惯用的音律,使音乐更有韵味。唢呐演奏的音律,既不同于十二平均律,又不是纯律,也不同于古代的三分损益律,它究竟是一种什么律,还有待律学家和演奏家作进一步的探索和研究,我们暂时称它为"感觉律"。因为有的音的音高并不固定,有时略高,有时略低,艺人演奏凭其感觉。

为了使演奏的乐曲通顺,在五调朝阳过程中偶尔出现经过性或辅助性的偏音应视为正常现象。

如原曲中包含有偏音,则可按五调朝阳的具体方法,首先把偏音降低一律或升高一律,然后再进行五调朝阳。

三、三十五调朝阳

三十五调朝阳的含义是指将一首乐曲在以唢呐自然音孔可演奏的七个音为主音形成的七个宫系统内分别进行五调朝阳,按一定的规律顺次作三十五种调式转换后重新返回到原乐曲上来。但在实际演奏中很少有人完整地演奏三十五调,以避免乐曲过于冗长。

为了便于说清三十五调朝阳的具体方法,这里仍然以唢呐演奏为例。唢呐艺人有相对固定的调高概念,他们通常把本调指法(筒音作1)作为基本调,转到其他调时仍可按本调指法记谱,但唢呐尺寸有大有小,所

---

① 谱例见裘柳钦:《中国民间舞蹈音乐概论》,中国戏剧出版社,1994年。
② 谱例见裘柳钦:《中国民间舞蹈音乐概论》,中国戏剧出版社,1994年。

以，他们的固定调概念只是相对的，并不像钢琴按一定的振动频率为绝对标准。

三十五调朝阳的具体方法是先把基本曲调通过"借字"手法实现五调朝阳，用本调指法演奏，然后将上述五调朝阳谱分别进行"单借"、"双借"、"三借"、"三赁"、"双赁"、"单赁"。

实际演奏时，可灵活地从任何一个调起调正旋或逆旋。

在三十五调朝阳过程中，由于唢呐要在七个不同指法调中进行加花变奏，实际演奏效果会出现35种不同的变奏，而不是只出现在7个不同调性上的5种旋律，这正是由"借字"技法而出现的特殊效果。

四、五调朝阳的理论依据

五调朝阳是我国古代音乐理论指导下的一种艺术实践，已故著名音乐理论家沈知白先生在《中国音乐史纲要》中有如下记述："《礼记·礼运》云：'五声、六律、十二管还相为宫'，这是说十二律都可以作为音阶的主音而依次构成十二个宫调，即所谓十二个'均'。①《淮南子》云：'一律而生五音，十二律而为六十音。'这是说，每一律可以构成一个五声音阶，其中每一个音构成一个调式，则十二个均共有六十个调式。"② 这正是五调朝阳的理论依据，五调朝阳就是一个五声音阶五个音构成的五种不同调式的转换；三十五调朝阳即根据唢呐这一特定的民族乐器可以演奏7种不同的指法调所形成的7个同宫系统，每个系统又可产生5种不同的调式，共产生35种调式转换，十二平均律的钢琴可方便地进行六十调朝阳，只是由于音律及加花手法的不同以及演奏"腔化音"（音腔）的限制，韵味可能会差些。

在上述我国古代音乐理论的指导之下，在我国民间，直至近代的民间艺人仍在实践这一理论（遗憾的是由于缺乏进一步的理论研究并大力加以推广应用，致使今天能较好地演奏五调朝阳的艺人已寥寥无几），他们用灵敏的听觉和高超的技艺在唢呐这一平均音孔的乐器上控制音高，顺利地解决了古代用三分损益法计算的音律不能返回黄钟的问题（公元前6世纪，我国周代的律学家把一个八度之内的音分成十二个半音，即十二律，它们的名称分别为：黄钟、大吕、太簇、夹钟、姑洗、仲吕、蕤宾、林钟、夷则、南吕、无射、应钟。黄钟是十二律中的第一个音，十二律的距离大小

---

① 沈知白：《中国音乐史纲要》，上海文艺出版社，1982年。
② 沈知白：《中国音乐史纲要》，上海文艺出版社，1982年。

不等），从而使五调朝阳具有较好的实用价值。

五、五调朝阳在音乐创作中的应用

"借字"技法在中国民族音乐中是一种具有中国特色的变奏手法。在西方的音乐作品中，某些短小的乐曲，为避免多次反复所产生的单调感。可用转调和大小调交替等手法，使之产生调性色彩的变化。而我国民间音乐中的"借字"技法除了使乐曲调式、调性的变化外，更重要的是使旋律上的种种变化，千姿百态，惟妙惟肖。这体现了我们的民族音乐具有悠久的历史和丰富的文化遗产，也体现了我们的民族重线条、重旋律的审美习惯和心理。这一独特的作曲技法在今天的音乐创作中仍值得继承并加以发扬。

"借字"手法的实用价值显而易见，舞蹈音乐的方整性和多次反复的特点完全可以借鉴五调朝阳的方法来加以丰富，其他如戏曲曲牌演奏；各种以五声音阶为主的乐曲（小型器乐曲或声乐曲）；某些较大型乐曲的音乐主题均可应用此法。

第五节 东北秧歌音乐赏析

东北秧歌音乐以其鲜明的民族风格和地方特色，成为民族民间音乐艺术百花园中一朵妩媚动人的鲜花，具有强烈的艺术魅力，为人民群众所喜爱。

我国的民族器乐曲，不论是传统的或现代的，每曲都有标题，其中不少乐曲的标题富有诗意，使听众在听音乐时产生有趣的联想。

东北秧歌传统乐曲的标题可分两种不同的类型：有的乐曲的标题与内容有密切的联系，如《大姑娘美》的音乐刚中有柔、柔中有刚，以优美的旋律表现了东北姑娘活泼、艮劲的美；《得胜令》表现了民族英雄胜利凯旋时，人们热烈欢腾的情景。以地名命名的乐曲则往往是对自然景色的描绘或乐曲的某些特点与地名有某种相似性，如东北秧歌跑场时常用的一种称之为"浪头"的音乐，因其旋律线曲折多变，好像音乐与河套地区的黄河相似，九曲十八弯，有的艺人将这一类音乐起了曲名《黄河套》。但是也有不少乐曲的标题与内容并无直接联系，只是表示出某一种情绪，在欣赏这类音乐时，千万不可牵强附会。

东北秧歌曲牌的标题大致根据以下几种情况定名：

（1）根据乐曲的结构特征。如《句句双》，这是一首流传很广的乐曲，短小精悍，乐曲由4个乐句组成，属一段体，结构方整、均衡、对称。民间艺人演奏此曲时，常用多种手法加以变奏，一曲多变。多数艺人演奏此曲时，前3句分别反复一次或变化重复使其成双，最后一句作为结束句而不加反复。有的艺人演奏此曲，每一乐句均反复成双，如海城著名唢呐老艺人袁国庆即按此法演奏，[①] 是名符其实的《句句双》。

（2）借用戏曲剧目、曲牌的名称或沿用元、明以来南北曲牌的名称。如《闹元宵》、《柳青娘》、《柳摇金》、《洞房赞》、《挂枝香》等。《柳摇金》是京剧及某些地方戏曲的常用曲牌，常用于"吹台"，也用于摆宴、排队相迎、打扫佛堂及各种舞蹈、饮酒、赏花等场面，如京剧《贵妃醉酒》中配合杨贵妃酒后的某些动作的伴奏音乐常用此曲。东北唢呐曲牌《柳摇金》借用了戏曲曲牌的名称，但与戏曲曲牌的旋律差距比较大。唢呐曲牌《柳摇金》欢快、活泼、律动感强，是一首很好的走场音乐的乐曲。

（3）根据地名命名。如《泰山景》、《小游西湖》、《盘山》、《黄河套》等。

（4）以动物、植物和花草名命名。如《鹁鸪》、《逗蛐蛐》、《五匹马》、《鸳鸯扣》、《羊调》、《摘黄瓜》、《茉莉花》、《小红梅》等。

（5）借用歌曲或其他器乐曲的曲名。如《万年欢》、《海青歌》、《得胜令》等。

创作乐曲的标题与内容的关系密切，一般的说，都较为明确地向欣赏者提示了乐曲的内容，比较容易理解。如《在果园里》表现一群年轻姑娘在果园里采摘苹果和劳动的愉快欢乐之情，《劳动竞赛》描写建设者们在欢腾的工地上愉快而紧张地劳动的情景。《喜相逢》则描写了亲人相遇的喜悦。

下面分析3首乐曲：

一、送粮车队

《送粮车队》是一首东北风味很浓的乐曲，音乐形象鲜明，描写农民们获得丰收后，在老车把式的带领下，赶着大车喜送公粮的情景，情绪乐观向上，旋律、节奏型都比较有特色。这首乐曲用于舞蹈节目《车伙》和东北秧歌教材《赶大车》组合。

《送粮车队》的曲式结构为：

[①] 鞍山市民族民间器乐曲集成编辑部编：《中国民族民间器乐曲集成·辽宁卷·鞍山卷》，第二册，内部资料，1984年。

引子　　A　　过渡　　B　　过渡　　A′

　　是一首带再现的三段体乐曲，引子和 A 段均为小快板，描写农民们以喜悦的心情赶着大车喜送公粮。A 段音乐共演奏两次，它由 7 个短句组成，乐句长短结合，打破了方整性的布局，一气呵成。

　　A 段音乐的节奏很有特点，前 6 个短句的正拍都是休止符，从后半拍起句，增强了音乐的流动性和发展的动力。最后一句从正拍起句，使音乐具有结束感。这种节奏安排继承了"二人转"的演唱方法，按艺人的说法，"二人转"的节奏分"黑板"与"红板"，所谓"黑板"就是指从弱拍或后半拍起的唱法，所谓"红板"就是指从强拍起的唱法，艺人多爱用"黑板"[①]，"黑板"与"红板"在民间又称"阴阳板"。《送粮车队》的音乐语言和节奏处理吸收了"二人转"唱腔的特点，使这首乐曲具有浓郁的乡土气息和地方特色。

　　A 段与 B 段之间插入打击乐一鼓，通过它转为慢速。

　　B 段是对比乐段，歌唱性，描写农民们行进在送公粮的路上，情不自禁，引吭高歌，喜唱丰收。速度为慢速，B 段由方整性的 4 个乐句组成，节奏比较单一，但这段的乐句结构、节奏型、速度与第一段明显不同，达到了对比的目的。

　　紧接着用 8 小节打击乐与 A′乐段相连接，打击乐用快速演奏，引出了热烈的第三乐段 A′。

　　A′是第一乐段的再现，这段除头、尾与 A 略有变化外，7 个短句的构成与第一乐段相同，不反复，速度比第一乐段稍快，情绪更为热烈。最后一句音乐渐弱，好像车队渐渐远去，这时乐队分别奏长音、固定节奏型或持续音，大提琴演奏了渐弱但音高却从 A 渐渐上升到 a 的一个乐句，表示老车把式带领大家唱着歌继续前进，渐渐远去，对这首乐曲的乐观情绪作了进一步的补充。

二、华风乡情

　　大型中国民间舞序列《华风乡情》首演于 1989 年第 2 届中国艺术节开幕式，由东北秧歌、藏族舞蹈、朝鲜族舞蹈和安徽花鼓灯等部分组合而成。其中东北秧歌部分由高度、贾美娜编舞，裘柳钦、王文汉作曲。它是按民间的广场艺术构思创作的，舞蹈热烈火爆，具有浓厚的节日气氛。分

[①] 黑龙江省文学艺术界联合会编，靳蕾记录整理：《蹦蹦音乐》，黑龙江人民出版社，1955 年。

出场跑场、女子集体舞、男子集体舞、后跑场4个部分。在音乐方面，作者力求做到中国传统文化与现代感情相结合，既要继承传统，又要有时代感。

全曲由20段音乐组成，曲式为联曲体。

1. 出场跑场：

（1）起鼓（2）《小抱龙台》，热烈地，A宫调式（3）《五匹马》，热烈火爆，B徵调式（4）《浪头》升F徵调式（5）—（7）辽宁鼓吹乐的片断《博花乐子尾》变奏，A宫调式（8）《浪头》，升F徵调式。（9）—（11）《五匹马》，B徵调式转E徵调式转A徵调式。

舞蹈的场景是：两名小孩翻着筋斗上场，跑到已经搭好的象（叠罗汉的造型）跟前，一人手拉一条"象鼻子"（6米长的绸带），到舞台的2点和8点，几乎和拉象鼻子的同时，从象门里出来各种性格的男女秧歌队员，一对一对，开始了跑大场。

音乐用东北秧歌的起鼓开头，快速，演员出场用唢呐曲牌《小抱龙台》，这是一首优秀的走场音乐，律动感强，因舞蹈场面很大，为更好地与紧接的跑场相连接，速度比通常的走场音乐要快。

在《小抱龙台》结束处的长音配以二鼓把速度催上去，（3）—（11）为跑场，音乐热烈火爆，其中用东北的民间乐曲满曲《博花乐子》的尾巴变奏的音乐音程跳动较大，乐句长短不等，打破了以8拍为计数单位的习惯，音乐的冲力很大，与跑场的动作和气氛协调一致。

《五匹马》、《浪头》则都是跑场中的常用乐曲。第一部分11段音乐的调性、调式变换频繁，色彩富有变化，乐曲根据七寸五高音唢呐定调。(3)开头处的长音须用"破工"技巧演奏，使音乐更为火爆热烈，更具东北风味。

2. 女子集体舞：

（12）—（13）优美抒情地 ⒁活泼欢快地⒂流畅地，均为G宫调式。

跑大场结束后，女角留在台上起舞，先是慢速，舞蹈十分优美，要美到家，后面是欢快热情的快板。女子集体舞的音乐是根据东北秧歌的音乐素材创作的，在力求保持其原有风格的基础上刻意赋予时代气息。

（12）段音乐以传统乐曲《句句双反串》开头2小节为动机，采用放慢加花的方法发展而成，为"起、承、转、合"的方整型结构。旋律优美抒情，这种抒情性是建立在东北民间音乐旋法的基础之上的，在跌宕起伏的旋律中穿插着一些音程的大跳（五度、六度、七度），表现了泼辣、哏劲的东北姑娘的美。(13) 是（12）的引申发展，通过节奏的变化，旋律的模进、扩展等手法，对乐思作了进一步的陈述，最后速度突然加快，用小小的"浪子"过渡到快速乐段（14）。如将最后的"浪子"改成长音，则（12）＋（13）可以成为一首独立的引申式两段体乐曲，用它编成一个舞蹈组合也可以成立。而本曲中这个"浪子"的应用起到情绪转折和连接过渡的作用。（14）段音乐旋律流畅，情绪活泼、欢快，具有青春活力。（15）是将（14）的音乐抻开变奏，用扬琴、琵琶的低音区和大阮、大提琴等低音乐器共同演奏旋律，其音色、音区都与前段音乐有明显的对比，若将（14）、（15）两段音乐重叠在一起演奏，则正好构成对比复调。最后4小节放慢配合舞台调度，演员上下场交替。乐曲通过升C音的出现，过渡到属调上去，引出雄健有力的男子集体舞蹈。

3. 男子集体舞：

(16)《梆子娃娃》，有力地，D宫－A徵交替调式，过渡用二鼓转快。
(17)《梆子娃娃》，活泼、热情地，D宫－A徵交替调式，过渡用五鼓再转快。

男角也不示弱，跳起了一段雄浑有力的集体舞。男子舞蹈用了一首唢呐曲牌《梆子娃娃》，开始速度稍慢，音乐浑厚有力，后半部分速度渐快，变为轻快、活泼的小快板，每分钟演奏144拍，很自然地过渡到全体演员的跑场表演。同一首乐曲用不同速度演奏可以表达出不同的情绪，起到了节省音乐材料的作用。

4. 后跑场：

(18)《浪头》，热烈火爆，D宫调式　　(19)《浪头变奏》，更热烈，A宫－D宫调式　　(20) 打击乐，五鼓十鼓套子，热烈欢腾。

最后的跑场比第一部分更为热烈，从（18）段音乐开始，速度变为每分钟152拍，用推动力很强的《浪头》及其变奏和打击乐的演奏结束全曲，很有气势。

三、好大的风

《好大的风》，编导：张继刚，作曲：汪镇宁，北京舞蹈学院中国民间舞系1991年首演。音乐旋律吸收了东北民歌《生产忙》、《小看戏》的精华部分，以唢呐为特色主奏乐器，配以管弦乐、民族打击乐和电声乐器，使音乐既具有浓厚的东北地方色彩，又具有鲜明的时代气息。

舞蹈讲述的是一个十分感人的爱情故事：一对青年男女相恋、相爱，但当地恶少企图霸占少女，少女不断的呼喊、反抗，与恶少拼打，但力不从心。最后，少女为了纯真的爱情以死相抗。男青年看到少女倒下后，也痛苦地结束了自己的生命，倒在了女友的旁边，两颗相爱的心永远贴在了一起。音乐的曲式为多段体：

$$\text{引子} \quad \underset{a\ a'}{A} \quad \underset{b\ b'}{B} \quad C \quad \underset{a\ a'}{A'} \quad \text{尾声}$$

舞蹈一开始是由电声乐模仿刮风的效果，由小至大，由远而近，把远方发生的这段故事带到了观众的面前。夹着风声的是一阵急促的鼓点和大镲声，以及多次重复的固定音型。

舞蹈是一个青年手握着刀，怀着悲愤、怨恨，在由演员队形排成的"森林"中走向远方。

风声（引子）过后，由唢呐奏出揪心的长音，接着奏出一段无限悲凉、怨苦的散板旋律。

舞台正中间后方的少女，即青年的恋人，用东北秧歌舞蹈语汇诉说着自己不幸的遭遇和思念心爱的人的情感。台上的其他演员已全部退下，只有女子的独舞和唢呐主奏的音乐主题（a），让观众静静的倾听。

a段音乐8个乐句还没有让少女的表演尽兴，音乐作了引申，出现了a′，a′的情绪与a基本一致，可以说是a的补充和发展。

音乐进入了B段，由悲转喜，是一个由东北民歌《生产忙》改编的小快板，仍由唢呐领奏（b），优美抒情的双人舞把人们带进了甜蜜的回忆之中，小快板之后，音乐又变为中速稍慢，高音唢呐与中音唢呐演奏复调音乐和对句（b′），仿佛一对恋人的窃窃私语。

当舞蹈的回忆表现到男方将红盖头盖到女方的头上后，男方悄悄地下台，女方仍沉浸在幸福的回忆之中，音乐进入了第三部分（C）。

音乐转入了热烈的喜庆气氛之中，唢呐吹起了婚礼中用的音乐，此段音乐用东北民歌《小看戏》改编。没过多久，音乐出现了紧张的气氛，引子中出现过的多次重复的固定音型再次出现。舞蹈中的少女被盖上盖头之后，跳起了婚礼的舞蹈，但与她一起跳的不是她心爱的人，而是当地恶少，当她发觉之后，才知道是恶少企图强行霸占她，此时，唢呐吹起了上下幅度很大的滑音，加之锣鼓急促的声音，更增加了紧张的程度，紧接着唢呐又吹奏了4声长音，并在不稳定的角音上结束这段音乐，代表着少女的呼喊和反抗。少女在急促的音乐伴奏下，与恶少拼打。为了纯真的爱情，她选择了自杀，投入到"枯井"之中。恶少看情况不好，带着他的手下人逃走了，音乐戛然而止。C段舞蹈富有戏剧性，音乐也富有变化。

　　第四段 A′男青年上场，看到自己的女友已死，极为悲痛，爱与恨交织在一起。场上非常寂静，人们都屏住了呼吸，这时 a 段音乐再次出现，更显得凄凉与悲伤。男青年用双手抱起自己心爱的人，他感到内疚，终于他倒在了她的身旁，两颗心永远贴在了一起。突然，音乐又进入了火爆热烈的气氛之中，再次出现了引子中固定音型的音乐，把舞蹈推向了高潮。舞蹈以浪漫主义的手法，表现那对恋人的灵魂，肩并肩地跳起了火爆、泼辣的东北秧歌舞在舞台上大幅度的流动，向人们诉说他们的故事。热烈的音乐（a′），强烈的鼓点陪伴他们一直跳着、跳着。

　　一阵狂风吹过来，把这动人的故事吹到更远的地方。

　　《好大的风》上演后，得到广大观众的热烈欢迎，获得北京市舞蹈比赛创作和表演一等奖，第三届全国艺术院校"桃李杯"中国民间舞优秀剧目创作奖。

思考题：

1. 东北秧歌可分几种主要表演形式？
2. 辽南高跷秧歌主要流行在什么地方？
3. 东北秧歌的民间乐队由哪些乐器组成？
4. 简述东北秧歌音乐的基本特点。
5. 东北秧歌音乐的来源有哪些？
6. 东北秧歌音乐可分哪几类？各有什么特点？
7. 打击乐在东北秧歌的表演中起什么作用？为什么秧歌音乐喜欢用唢呐主奏？
8. 默写下列鼓点：起鼓、一鼓、二鼓、三鼓、四鼓、五鼓、硬三锤、滚龙场、十二鼓。

第二章　山东秧歌音乐、河北地秧歌音乐

第一节　山东民间音乐的特点

山东是我国古代文化发展较早的地区之一，它是大汶口文化（主要分布在以泰山为中心的山东省境内）和龙山文化（因首次在山东章历龙山镇城子崖发现而命名）的发祥地。自古以来，山东与周边地区都有密切的交往。山东的民间音乐相当发达，民歌、戏曲音乐、民族器乐都非常丰富，山东的歌舞遍及全省，深受人民群众的喜爱，春节和元宵节是各地秧歌最活跃的季节，它们都有自己的特色，其中最主要的有鲁北的鼓子秧歌；青岛附近胶州市（原胶县）农村的胶州秧歌；胶东半岛的海阳秧歌；鲁中的平阴秧歌等。北京舞蹈学院于20世纪60年代初，在采风和收集整理的基础上，把鼓子秧歌、胶州秧歌和海阳秧歌升华为中国民间舞教材之一，影响力与日俱增，因此，人们习惯上称上述三种秧歌为山东三大秧歌。

山东的民间音乐有如下特点：

一、调式、音阶

在山东民间音乐中，以徵调式为数最多，其次是宫调式、羽调式、商调式及角调式。有人做过统计，在山东民歌中，徵调式约占总数的50%左右，宫调式约占30%左右，其他3种调式约占20%左右[1]。这一估计不限于民歌，歌舞音乐和民族器乐曲的情况也相类似。

调式的音阶有五声、六声和七声。其中以加变宫音的六声徵调式的乐曲或歌曲最为多见。

《弹起我心爱的土琵琶》是作曲家吕其明为故事片《铁道游击队》谱写的一首插曲，脍炙人口。曲式结构为带再现的三段体ABA′，三段均为加变宫音的六声徵调式，旋律富有山东民间风味和鲜明的时代特征，流传极

---

[1]　苗晶、金西：《山东民间歌曲论述》，山东人民出版社，1983年。

广。舞蹈院校常用此曲编成胶州秧歌或海阳秧歌的组合。

在山东的民间音乐中经常出现调式交替。运用调式、调性的转换使音乐的色彩有所变化并扩大乐思，增加曲调发展的动力。

二、旋律

山东民间音乐的旋律发展手法非常丰富，新中国成立以来，根据山东民间音乐的音调创作的歌曲、乐曲大量涌现。

山东民间音乐的旋律型多种多样，其中以变宫音上行纯四度的进行颇具特色，变宫音起到了非常特殊的作用，使听众能较快地辨明音乐具有山东地方特色。上行或下行六度、七度跳进的旋律也很有味道。

典型的六度跳进有：宫音下行到角音，角音上行到宫音，大跳后音的进行一般都向反方向级进解决。

六度跳进还有徵音下行到变宫音，变宫音上行到徵音等。

典型的七度跳进有：徵音下行到羽音，羽音上行到徵音；商音下行到角音，角音上行到商音等。音程大跳后，亦向反方向级进解决。也可作短暂环绕后解决到徵音、宫音。

七度跳进的特点鲜明，对山东地区风格的形成影响很大。

第二节　鼓子秧歌音乐

鼓子秧歌主要流行在鲁北的商河、惠民、乐陵、临邑、德平、阳信、禹城等地。明代嘉靖年间编纂的《商河县志》中有如下描述："里人行户扮渔、樵、耕、读诸戏，结彩为春楼……元宵张灯火，放花炮、酒筵乐歌竞为欢会，凡三夜"。清末民初的《陵县志》记有："上元灯节，沿乡傩古俗，各村镇或架龙灯……或徒步装男扮女二三十人不等，谚曰秧歌……在城镇则游行四街，在乡间则周游附近村落，至则男妇临观途塞巷满"。可见鼓子秧歌具有悠久的历史。它的风格热烈、奔放、刚健、粗犷，队形变化丰富多彩，具有磅礴的齐鲁气势，体现了山东人民憨厚、朴实的性格。因鼓子的表演最有特点，故名鼓子秧歌。在民间，鼓子秧歌又称"鼓子"、"打手鼓"、"跑十五"、"闹十五"等。

各地的鼓子秧歌风格大体一致，张浔、刘志军编写的《山东鼓子秧歌》说："山东各地的鼓子秧歌风格大体一致，但又有各自的特色，如商河县是以粗犷豪迈（偏刚）见长，惠民地区则古老抒情（偏柔），有的村以'伞'出名,有的村以'鼓'出名,有的'棒子'打得矫健、生动,有的场子跑得变化多端。"① 真是八仙过海,各显其能。"稳、沉、抻、韧"是鼓子秧歌的基本特征。

鼓子秧歌的演出形式主要分两大部分:一是进街,二是跑场。进街是指秧歌队从村头到演出场地的路上,按照规定的位置排列边走边舞。跑场即在场地表演,又分打场子、按场、收场三部分,其中最主要的部分是按场。按场分文场、武场、文武场。文场是演员按规定图案跑队形,不做动作;武场是演员在规定路线内,原地或走动时做动作;文武场是演员跑场时做动作。

鼓子秧歌的人物角色可分"伞"、"鼓"、"棒"、"花"4种。伞分"丑伞"、"花伞"两种。"丑伞"类似戏曲中老生的形象,是秧歌队的领头人。"花伞"是青年人的形象。他们都用左手握伞。"鼓子"是中年人的形象,左手持鼓,右手握鼓槌、鼓槌的尾部系上小红绸条作装饰。"棒"是少年的形象,两手各持一尺许长的圆棒。"花"是少女的形象,两手各持一条红绸巾。除上述4种主要角色外,还有一种丑角,在演出中穿插,他们装扮成老太婆或"傻小"、"卖膏药者",以调剂气氛。

鼓子秧歌是一种大型的广场舞蹈艺术,队形图案丰富,场面十分壮观。演出人数可达百人以上,威武雄壮,十分气派。

传统的鼓子秧歌全部用打击乐器伴奏,音乐粗犷、淳朴、刚劲有力。

打击乐队通常由一套大锣鼓组成:

大鼓:战鼓,大小不等,最大的鼓面直径达一公尺以上,鼓固定在轮车上,车上站2—4人,用粗木棒同时击奏。

大锣:低音锣,余音较短,发"匡"音,大锣由两人抬着,另一人用大锣槌敲击,通常为两面大锣。

大镲:亦称大钹,通常为2—4付。

此外,还有一套小锣鼓:堂鼓、锣、铙钹、小镲、手锣等。

大锣鼓一般用于男演员的组合表演;小锣鼓用于女演员的组合表演;大、小锣鼓用于跑场子及男女演员表演性段落的煞点。

大锣鼓的基本鼓点有②:

叫板点:叫板点用于舞蹈开始或大段落开始前,速度稍慢。

---

① 张浔、刘志军:《山东鼓子秧歌》,人民音乐出版社,1983年。
② 引自张浔、刘志军:《山东鼓子秧歌》中的《鼓子秧歌音乐介绍》(作者:赵象焜),人民音乐出版社,1983年。

进行点：进行点是用于舞蹈进行中的主要鼓点，中速或稍快。

煞点：煞点用于段落结束或较大的节奏语句结束处，一般接奏于进行点之后，速度与进行点相同。

小锣鼓演奏时可打花点：

1. 主要用于"花"的表演，其基本鼓点多为连续进行。以强奏和弱奏调剂气氛，速度随舞蹈而定。

2. 用于动作静止，动作转换或全舞终止。

舞蹈院校鼓子秧歌教材中，因舞蹈训练的需要，常用以下一些鼓点：

a. 慢速

龙冬冬 一冬冬｜匡 来台｜龙冬冬 一冬冬｜匡（台）‖

b. 中速或快速

龙冬 一冬｜匡 来台｜龙台 一冬｜匡 0‖

c. 快速

龙冬 匡｜龙冬 匡｜冬匡 冬匡｜龙冬 匡‖

d. 结束点　快速

匡 匡｜匡 匡｜龙匡 一冬｜匡 0‖

此外，还有一些根据舞蹈动作即兴演奏的鼓点。

这些鼓点与鼓子秧歌那种刚劲有力、粗犷豪放的特点十分吻合，气势磅礴。

慢速鼓点的节拍重音在每小节的第一拍，强拍与弱拍的对比明显，根据舞蹈动作的需要，第一、三两小节的第一拍可演奏成附点音符，使音乐有抻开的感觉，第二、四小节的第二拍"台"，可稍强些。这个鼓点连续演奏时，第四小节的第二拍往往加一个"台"，以增加活跃的气氛，在整个段落结束时，改用休止符号。演奏时，速度不是四平八稳，略带伸缩性。

快速鼓点的节拍重音在每小节的第二拍。

在民间，鼓子秧歌一直用锣鼓伴奏，没有使用民间的曲牌和民间器乐曲的片断，这一点与东北秧歌的音乐有明显的区别。其实，山东的民间音乐是十分丰富的，山东的鼓吹乐亦很发达，"山东鼓吹"是北方鼓吹乐的一大支脉，遍及山东全省、各地、各派都有自己的艺术特色和代表曲目，曲目相当丰富。如何使丰富多彩的山东民间音乐与独具特色的鼓子秧歌的舞蹈形式相结合，使这种舞蹈既能保持广场艺术的特色，又能不断地创造出具有时代特点的舞台艺术，仍是舞蹈家与音乐家需要共同探索的一大课题。

1957年，为参加全国第二届民间音乐舞蹈会演，山东的音乐工作者根据鼓子秧歌鼓点的节奏、风格，以山东民间音乐（南路唢呐曲牌）为素材谱写了鼓子秧歌曲，开创了鼓子秧歌音乐伴奏的新局面。

由于旋律乐器的参与，比之单纯用打击乐器伴奏的音响要丰富一些，因而这一尝试是十分有意义的。从此以后，在舞蹈院校的课堂教学中，音乐教师也编写或选择一些合适的乐曲为舞蹈伴奏，其作用是不可低估的。

然而从总体来说，鼓子秧歌的鼓点和乐曲至今仍显单薄，需抓紧总结经验，使其丰富、完善，以促进鼓子秧歌这一舞蹈艺术的进一步发展。

鼓子秧歌的演唱部分主要是"哈尔虎"（得名于演唱者手持的伴奏乐器），又名"哈啦虎"、"摇葫芦"，是一种说唱性的歌曲形式。常用曲目有《大实话》、《鸳鸯嫁老雕》、《大观灯》、《小观灯》等，大多具有幽默、风趣的特点。这种形式现在已很难见到，通常可见到的鼓子秧歌主要是舞蹈表演。

《俺从黄河来》是北京舞蹈学院中国民间舞系于1990年6月"乡舞乡情"舞蹈晚会首演的一个优秀节目（张继刚编舞，汪镇宁作曲）。舞蹈以山东鼓子秧歌和胶州秧歌为素材，塑造了中华儿女战天斗地、自强不息的形象，揭示了中华民族历史的恢宏与悲怆、挺立与奋发。是阳刚之美与阴柔之美的巧妙结合。

《俺从黄河来》的曲式为循环体与多段体的结合：

引子　**A**　**B**　**C**　**A′**　**D**　**B′**　**E**　尾声
$\qquad\qquad\qquad\qquad\quad\underbrace{}_{a\,b\,c\,b}$

幕徐徐拉启，一对男女舞者的造型呈现在观众面前，男子大弓步俯身，似黄河纤夫行船的形象；女子举手轻拭额头，似劳作后短暂的歇息。背景是鼓子秧歌的鼓点。

其余的舞者依次跨步而出，似黄河之水天上来，滚滚而过东流去，把那一对舞者融在其中。

接着出现的主题A，粗犷而稳健，与前面的鼓子秧歌的鼓点紧密配合；与其形成对比的第二主题B，则轻快、乐观，流畅自如。

C段是人声呼喊的节奏，合着舞者沉重的步伐。

舞者坚强不屈，执著地向天边远望，他们跌倒又起来，又跌倒又起来，向前迈出坚定的步伐。D段音乐材料简练，是上下两个乐句的多次重复或变化重复，体现出"重复就是力量"的哲理。

舞者渐渐远去，音乐越来越弱。

《俺从黄河来》的音乐对人声的处理颇具特色，引子中出现的男声哼唱的固定音型以及与A的主题形成的对比复调深沉、质朴。男舞者集体上身颤动、步步迈进的动作，表现了一群北方汉子踏在黄土坡上，迈着坚定的步伐向前。尾声部分女声集体哼唱，加上管弦乐的衬托，极大地带动了舞蹈演员的表演热情。音乐头尾呼应，给人以深刻的印象。

《俺从黄河来》上演后反映热烈，荣获1991年第三届全国"桃李杯"比赛优秀作品奖。

第三节 胶州秧歌音乐

胶州秧歌流行于靠近青岛的胶州市，流行的地区较窄，主要是胶州城关50里方圆的一些农村，尤以大沽河一带最盛行。当地人称它为地秧歌或大秧歌，胶州秧歌是外地人对这种舞蹈形式的称呼。舞蹈坚韧、舒展，具有"拧、碾、抻、韧"的特点。表演时，全身不间断地作横向∞字运动，整体动态细腻，其中，最鲜明的"三道弯"，有"三弯九动十八态"之称。它的演出形式为舞蹈与演唱相结合，交替进行。秧歌一开始为跑大场，然后是小戏或带有情节的歌舞。扮演的人物有"鼓子"、"翠花"、"棒槌"、"扇女"、"小嫚"5种角色，每种角色都有自己特定的舞蹈动作和唱腔。常用的唱腔有《南锣》、《东坡》、《扣腔》、《女腔》、《小腔》、《老腔》等，与当地的戏曲"茂腔"、"柳腔"有一定的联系。

在胶州秧歌中，除一些主要唱腔外，还有一些独立的小曲，如《上庙调》、《打灶调》、《镉缸调》、《叠断桥》等，也有一些伴奏舞蹈的唢呐曲牌，如《得胜令》、《水浪吟》、《隔指曲》、《小白马》、《斗鹌鹑》等以及锣鼓牌子。表演胶州秧歌的舞蹈时，一些唢呐曲牌往往联缀成套，曲牌与曲牌之间或者曲牌的内部变换调性比较频繁，形成鲜明的色彩对比。

近年来，舞蹈院校课堂伴奏音乐的来源逐渐多样化，有山东民歌、地方小调、创作歌曲、民族器乐曲的片断、影视音乐片断及选曲、编创乐曲等，如《沂蒙山小调》、《蒙山高、沂水长》、《谁不说俺家乡好》、《我的家乡沂蒙山》、《社员都是向阳花》、《清蓝蓝的河》、《天上的星星亮晶晶》、《微山湖》、《春到沂河》、《泰山颂》、电视连续剧《武松》音乐片断等，这些音乐与胶州秧歌的常用动作丁字碾步、丁字拧步、大撇扇、上推扇、胯间绕扇、羞扇、小嫚扭协调配合，效果不错。

柳琴独奏曲《春到沂河》的片断被用作《推扇综合训练》的伴奏音乐也取得了很好的效果。

北京舞蹈学院附中《胶州秧歌综合性组合》由慢板和快板两个部分组成，音乐选用了舞剧《沂蒙颂》的选曲《蒙山高、沂水长》和电视连续剧《武松》选曲。

《蒙山高、沂水长》是一首加变宫音的六声徵调式乐曲，以其上方纯五度和纯四度音为骨干音，音乐亲切，朴实，优美抒情，表现了军民之间的鱼水情谊。

电视音乐《武松》选曲是一首宫调式的乐曲，音乐欢快而热烈，舞蹈集中了小嫚的动作，音乐速度的变化和反复的次数是根据舞蹈的需要而确定的。

山东音乐工作者创作的胶州秧歌曲《迎春舞曲》旋律优美，慢板有抻劲，快板活泼欢快，成为课堂中的常用乐曲（谱例略）。

胶州秧歌的音乐具有亲切、朴实、优美、委婉、有抻劲等特点。传统的伴奏乐器有：高音唢呐、中音唢呐各一支，高音唢呐演奏旋律，中音唢呐吹低八度，有时稍有变化。打击乐器有大鼓、大锣、大镲、小镲等。现在胶州秧歌一般用小型民族乐队伴奏，如能加上唢呐、柳琴、板胡，则风味更佳。

唢呐是阿拉伯语 surna 的音译，亦称"唢奈"、"苏尔奈"、"喇叭"、"海笛"，广泛流传于亚、非、欧的许多国家及中国各地，汉族、维吾尔族、乌孜别克族、藏族、朝鲜族、蒙古族、苗族、瑶族、侗族、布依族、彝族、傣族、壮族、土家族、白族、毛南族等民族中均有各自形制的唢呐，即使是汉族的唢呐，关内与关外（指山海关）也有一定的区别。金元时传入中国，广泛用于衙门鼓吹及戏曲、歌舞的伴奏。当今的唢呐有高音、中音、低音三种，并出现了加键的半音阶唢呐。常用的高音唢呐筒音为 a^1，音域为 a^1-b^3。[1]

中音唢呐也有多种不同的形制，使用最普通的中音唢呐比高音唢呐低一个八度，音域为 $a-b^2$。

柳琴，又称柳叶琴、金刚腿、小琵琶，原为柳琴戏、泗洲戏及绍兴乱

---

[1] 胡登跳：《民族管弦乐法》，上海文艺出版社，1982年。

弹等剧种的重要伴奏乐器,其形状如小型琵琶。传统的柳琴双弦七品,音域窄,转调不便,改革后的柳琴为四弦,音域宽广,音色优美,半音齐全,转调方便,可方便地演奏各种和音及和弦,被用作独奏以及民族乐队中弹拨乐器组的高音声部。定弦为g、d^1、g^1、d^2、(也有定作a、d^1、a^1、d^2),音域为$g-g^4$。

板胡的琴杆比二胡短而粗,音箱由半个椰子壳制成,用薄的桐木面板代以二胡类乐器的蟒皮,琴弓较粗而长,音色高亢嘹亮,可独奏、合奏,是当今各种梆子戏的主奏乐器,也是伴奏各种秧歌的重要乐器之一。民族乐队中使用的板胡定弦为d^2、a^2,用高音谱号低八度记谱,音域为d^1-a^3。

胶州秧歌的鼓点并不定型,可根据舞蹈而有所变化,如:

嘎·里嘎大｜一大大大｜仓0:‖一大一｜仓仓大大｜令仓一｜

嘎·里嘎大｜一大一｜仓令仓令｜仓0‖

由于大鼓演奏时多敲击鼓边,力度有强有弱,形成颇具特色的鼓点。

根据胶州秧歌素材创作的民间舞蹈《春天》(王玫编舞、裘柳钦编曲),音乐和舞蹈都富有诗情画意;富有生活气息和地方特色。

民间舞蹈《春天》创作于1986年春,北京舞蹈学院于1986年7月首演于在香港举办的首届国际舞蹈院校舞蹈节。舞蹈表现了春天的美好和人们对春天的向往,该舞在国内外多次舞蹈比赛中获奖,为广大观众所喜爱。《春天》的曲式为不带再现的三段体:

前奏　极慢
A（a a' a）　慢板　　优美　　舒展地　　G徵调式
B　　小快板　　欢快地　　G宫转C宫调式
过渡
C快板　　活泼地　　D宫调式
尾声　慢板　C宫调式　　模进过渡到F徵调式

前奏没有什么旋律,只是一串空五度的和音(同一和音的多次反复),速度极慢,音响单调,却有意境,表示严冬已经过去,大地回春,冰雪一滴一滴地逐渐融化,然后竖琴刮奏,表示冰雪融化的水汇成河,春天已经悄然到来,舞蹈由一群天真烂漫的少女(小嫚)的造型而翩翩起舞,生机盎然，舞蹈中纱巾和彩扇的飘动给人以美好的想象，增加了春天的气氛。舞蹈的动作如同音乐一般简单，演员站成很有层次感的方形四排，用扇子遮住自己的脸，仿佛在田地里的一株株小草还未发芽，蠢蠢欲动。在音乐的空五度和音伴奏下，舞者开始抖动扇子，慢慢地露出脸来，春天来到，小草发芽。

随着竖琴的刮奏，引出了第一乐段A，这段音乐主要借用了家喻户晓的电影《红日》的插曲《谁不说俺家乡好》（吕其明、肖培珩词曲），立即使人们联想起歌词中优美的富有艺术魅力的词句："一座座青山紧相连，一朵朵白云绕山间，一片片梯田一层层绿，一阵阵歌声随风传。"选用《谁不说俺家乡好》这首歌曲的旋律作为舞蹈《春天》音乐的第一部分，除了音乐与舞蹈的韵律十分协调外，还因为这首歌能体现出鲜明的地方特色，歌曲作者在创作时曾吸收了山东民歌《赶集》中的某些因素，因而两者之间存在着某种亲密的关系。

《谁不说俺家乡好》与《赶集》相比，均为带变宫音的六声徵调式，音调亦有某些相似之处，经作者精心加工后，使歌曲具有时代感和亲切感。

舞蹈突出了一个"扭"字，脚下的"拧、碾"和腰的"扭"波及到上身各部位，这段中动作多采用"三道弯"的动律，形成流动中的曲线美感，以此表现百花齐放、万紫千红的春天，展现出一幅美丽动人的春天画卷。舞蹈对动作的幅度、速度、力度作了适当的处理。

A段音乐共分3小段，其中第2段的前半部分作了变奏，双簧管奏出了优美的旋律，像春天一样甜美。这段旋律在重要位置上出现变宫音的上行纯四度，具有山东民间音乐的旋法特点，与原歌曲旋律的风格协调一致。

接着出现的是欢快的小快板，音乐轻松、明快、跳跃性强；舞蹈动作灵活、富有变化，通过小臂的绕8字，手推翻腕的有机配合，脚下正丁字碾步与倒丁字碾步，形成了推扇、盘扇等具有胶州秧歌特色的动作，表示小草已有了生命。这段音乐是根据山东民间音乐的音调创作的。结构方整，"起、承、转、合"4个乐句，4小节一句，反复4次，其中后两次向下属方向移调，从G宫调式变为C宫调式，移高纯四度后，使调性的色彩有所变化而产生新鲜感和动力感。

过渡又是一些简单的和弦，但与动作的配合十分密切，过渡中的和声设计为再次转调（远关系转调）作了准备和铺垫。

C段音乐是根据山东黄县民歌《新货郎担》改编的。C段舞蹈的动作比 B 段更加麻利，舞姿变化多样，还加入了一些头部的动作，显得更加俏皮。动作的幅度不是很大，尽情展现青春气息和活力。

改编后，这段音乐为 D 宫调式，色彩明亮，速度为快速，比 B 段的情绪进一步高涨，活泼而愉快，配器采用了对比复调的手法，弦乐演奏的轻快的舞蹈性旋律与圆号演奏的歌唱性旋律交织在一起，使音乐更丰富。

尾声使用的音乐材料是《谁不说俺家乡好》的最后两个乐句，但调性，调式变化较大。最后一个乐句，用其第一小节的 3 个音，往下属方向作连续模进，用模进转调的方法配合了舞蹈画面调度中 3 个逐步升高的层次。舞蹈进入了高潮，用胶州秧歌中最大幅度的动作，强调了延续性和延伸性，尾声的最后，小嫚们脸向同一方向眺望远处，表示了对未来的憧憬。音乐没有完全再现整首歌曲，仅用其最后两个乐句进行变化，却使人沉浸在春天的欢乐之中。①

第四节　海阳秧歌音乐

在胶东半岛的海阳、文登、即墨、蓬莱、掖县、荣城、威海等地流行着胶东秧歌，这类秧歌以小调《跑四川》为基调。胶东秧歌的音乐由领唱秧歌、跑四川调和走戏调 3 部分组成。领唱秧歌由秧歌头"岳大夫"（类似今天的节目主持人）演唱，走戏调是秧歌中穿插的各种小曲，如《四贝上工》、《小货郎》、《小罗匠》、《小二姐做梦》、《十二棵树》、《卖油郎》等。

胶东秧歌中，以海阳秧歌的影响最大，它流传于海阳县农村，是一种包括道具舞蹈、民间小戏等组成的综合性的表演形式。主要人物有"大夫"、"花鼓"、"货郎"和"翠花"，其中大夫与花鼓的舞蹈形象最为突出。海阳秧歌的整个表演过程为：礼炮相迎、三进三退、群舞争辉、小戏压台。

海阳秧歌舞蹈与音乐的特点是古朴、粗犷、热情、豪放。

伴奏乐器有：大鼓（台鼓）、锣、钹、唢呐及拉弦乐器，有的地方使用锣鼓伴奏。主要鼓点有：

慢速鼓点：

a.　<u>冬次次</u><u>冬次次</u><u>冬次</u>一次仓 ‖

b.　冬次冬次 | <u>冬次</u>一次仓 0 ‖

---

① 谱例见裘柳钦主编：《中国民族民间舞曲选》，上海音乐出版社，2004 年。

快速鼓点：

a. 冬次冬次 | 冬次仓 ‖

b. 冬仓一冬 | 仓 0 ‖ （用于乐段结束处）

鼓点较简单，可根据舞蹈的需要无限反复。

在舞蹈院校的课堂中，一些优秀的山东地方风格浓厚的民族器乐曲的片断已成为很受欢迎的伴奏曲，如《夸山东》、《春到沂河》、《微山湖》等。

第五节　河北地秧歌音乐

河北地秧歌又称冀东地秧歌，流传于唐山市的昌黎、滦县、乐亭、卢龙、抚宁等地，背靠燕山，面临渤海，北与辽宁接壤，南与天津相连。交通便捷、特产丰富、文化发达、艺术繁荣，舞蹈艺术独具特色。逢年过节或喜庆的日子，人们总要跳起活泼诙谐、欢快热情、朴实细腻的河北地秧歌，少则几十人，多则上百人。传统地秧歌从行当上分为：妞、丑（文丑、武丑）、老㧟（文㧟、武㧟）、公子等，分别持扇子、手帕、烟袋、棒槌等道具。表演形式分过街、打场两类。过街是秧歌队在串街过巷中的表演形式，边行边舞。打场是在固定场地表演，又分大场、中场和小场。

冀东地秧歌的音乐淳朴抒情、婉转跌宕、诙谐风趣，曲目丰富。以一段体或变奏体的乐曲居多。乐队由两支大杆唢呐（唢呐杆长一尺另五分）、堂鼓、小镲组成。两支唢呐吹同度或八度，互为补充。常用秧歌曲有《满堂红》、《柳青娘》、《大姑娘爱》、《句句双》、《小磨房》、《鬼扯腿》、《鹁鸪》、《上天梯》等，很多曲目的曲名与东北秧歌音乐的曲名相同，但由于演奏手法及变奏手法的差异，风格各异。

常用变奏手法有：加花、简化、摹吹等。

1. 加花　艺人称为"加手法子"，这是各种秧歌音乐及民间器乐曲最常用的一种变奏手法，是音乐形成地方风格的重要手段。崔占春、倪士然演奏的河北秧歌曲牌《满堂红》第二段，在变奏中巧妙地把当地的皮影戏音乐溶化进来，大大加强了冀东的地方色彩。[①]

2. 简化　河北地秧歌音乐一般都遵循"慢—中—快"的速度规律，速

---

① 谱例见裘柳钦《中国民间舞蹈音乐概论》，中国戏剧出版社，1994年。

度越快，音符越简化，情绪越高涨。见谱例《大姑娘爱》。①

3. 摹吹　在秧歌表演进入高潮时，唢呐艺人往往即兴发挥，运用对奏、学舌、模拟人声等手法，渲染气氛，振奋人心。

河北吹歌是用民族管乐器演奏歌曲或戏曲唱腔的一种表演形式，冀东地秧歌的演奏也不例外，唢呐演奏时，运用滑奏、装饰音、打音、运气、舌顶音等技巧模拟人声演唱的语气、声调，除模拟秧歌调（当地称"秧歌柳子"）和秧歌曲（唢呐曲牌）外，还模唱戏曲（京剧、评剧等）的唱腔以及当地人说话的语调、笑声等，富有生活情趣。

《跑驴》是冀东地秧歌的优秀节目，1953年由河北省代表队在第一届全国民间音乐舞蹈会演中首演于北京，编导：周国宝，音乐由曲牌《满堂红》、《上天梯》、《鬼扯腿》、《梆子娃娃》等联缀而成。舞蹈幽默风趣、生动活泼，鲜明地表现了新中国成立后新农村的生活风貌。在1953年举行的第4届世界青年与学生和平友谊联欢节上获二等奖。《跑驴》是继承和革新地秧歌的优秀范例。

思考题：

1、山东三大秧歌指的是什么？它们分别流传在什么地方？音乐各有什么特点？

2、山东民间音乐典型的调式是什么调式？最常见的音阶是什么音阶？

3、默写山东三大秧歌各自的常用鼓点。

4、河北地秧歌主要流传在什么地方？音乐有何特点？

---

① 谱例见裘柳钦：《中国民间舞蹈音乐概论》，中国戏剧出版社，1994年。

第三章　花鼓音乐与安徽花鼓灯音乐

第一节　花鼓音乐

花鼓原指以安徽凤阳花鼓为代表的民间歌舞,其主要特点是身背花鼓自击而载歌载舞。后又泛指以花鼓为伴奏乐器的流行于南方的一些表演性歌舞,如安徽花鼓灯、湖南地花鼓、江浙一带的花鼓等。[①] 凤阳花鼓历史悠久,据《梦梁录》(南宋·吴自牧著)记载,当时临安城内的瓦子勾栏和节日的集会中,都有花鼓表演。

凤阳花鼓常用两人对舞的形式,一男一女,男的持小锣,女的胯花鼓,边击打边歌舞。

湖南花鼓至今约有300余年的历史,清代康熙年间的《城步县志》载:"元宵,花灯赛会,唱完薄曙。"[②] 乾隆年间的《黔阳县志》载:"又为百戏,若耍狮、走马、打花鼓,唱《四大景》曲,扮采茶妇,带假面哑舞诸色,入人家演之。"[③] 湖南地花鼓与花灯、采茶等民间歌舞经常同时演出。后在此基础上发展成湖南花鼓戏。

对子花鼓是湖南花鼓戏的初级阶段,以歌舞为主。对子花鼓以两个人物(一丑一旦)表演为主,载歌载舞,曲调活泼,表演生动有趣。无论是对子花鼓还是后来的湖南花鼓戏,其音乐(唱腔)都是从当地的民歌、山歌的基础上发展起来的。音乐可分川调、打锣腔、牌子(走场牌子及锣鼓牌子)和民歌、丝弦小调四大类。音乐多为羽调式、角调式或宫调式。

湖南花鼓戏根据流传地区的不同,可分长沙花鼓戏、邵阳花鼓戏、衡阳花鼓戏、岳阳花鼓戏、常德花鼓戏、零陵花鼓戏等6个种类。

江苏花鼓在苏北和苏南各地流行,为表示地区差别,在各地的花鼓前冠以地名,如"泰兴花鼓"、"邗江花鼓"、"江都花鼓"等。常与其他民间

---

① 袁静芳主编:《中国传统音乐概论》,上海音乐出版社,2000年。
② 见《城步县志》卷四《风土》,康熙二十四年(1685年)原本。
③ 见《黔阳县志》卷二十七《风俗》,乾隆五十四年(1789年)重修。

艺术一起表演，以歌舞为主，富有生活情趣。

此外，还有流传于山东的磁村花鼓、柳林花鼓，流传于山西的山西花鼓等。

第二节　铿锵有力的安徽花鼓灯音乐

花鼓灯是淮河两岸的人民群众十分喜爱的一种民间歌舞形式，它主要流传在怀远、凤台、颍上、凤阳、蚌埠、淮南一带。农民花鼓灯班子遍及淮河边上的乡镇、村落。以怀远、凤台为代表，形成不同风格的两大派。

关于花鼓灯的起源说法不一，但一般都认为出现在明代，舞蹈理论家罗雄岩的《中国民间舞蹈文化教程》对此作过论述："以'花鼓'为名称的表演形式，一般都认为出现在明代。因为在明代中都府凤阳一带，已经流行以花鼓为伴奏的歌舞《凤阳歌》，而且还以'打花鼓'作为卖艺或乞讨的方式。由于生活中有了花鼓的艺术形式，明传奇《红梅记》的作者周朝俊，才有可能把花鼓作为插科吸收到传奇中，在《红梅记》第十九出的末尾写有'花鼓闹长街'的诗句（见明版《红梅记》）。另外，李家瑞《北平俗曲略》上也说：'波士顿美术馆藏为（中国）明人所绘花鼓图一幅'，画的内容是两人以打花鼓行乞。这些历史资料都说明，不论是打花鼓表演，或是以花鼓表演作为行乞的手段，都是明代才出现的。因此，和'花鼓'有关的花鼓灯成为表演形式出现，绝不可能早于明代，形成独立的艺术形式则已是清代了。"[①]

清人孔尚任曾有诗述康熙年间北京正月闹秧歌、花鼓的盛况："秧歌忽被金吾革，袖手游春真可惜。留得凤阳旧乞婆，漫锣紧鼓拦游客。"孔尚任的这段话也可作为明末清初凤阳花鼓已流行于我国南方和北方一些地区的佐证。

中华人民共和国建国后，花鼓灯这种民间的歌舞形式获得了很大的发展。花鼓灯的男角统称"鼓架子"，女角统称"兰花"、"拉花"，俗称"包头"。多在农村秋收完毕到来年春耕以前演出，特别是春节、庙会最为集中。演出时，兰花由鼓架子顶着进入会场，并在鼓架子的肩上做些技巧表演，以展示灯班的阵容和表演者的水平。

民间艺人的表演得到了充分的发挥，他们都有自己的特色，人民群众

[①] 罗雄岩：《中国民间舞蹈文化教程》，上海音乐出版社，2001年。

往往给艺人冠以形象的绰号（艺名），如凤台县的"一条线"（"兰花"陈敬芝）形容演员的表演流畅、轻盈；怀远县的"石猴子"，（"鼓架子"石经礼），表演时"跟头"、"架子"（舞蹈）非常漂亮并常有猴拳的痕迹；"老蛤蟆"（鼓手常春利），打鼓时表演和呼吸的动作比较大，姿势灵活多变，跳跳蹦蹦。群众给艺人的绰号说明观众对艺人的喜爱与推崇，也说明艺人高超的技艺。这些劳动人民出身的民间艺人和人民群众保持着密切的联系，因此，他们的表演能充分地表达人民群众的感情，极富生活气息。

花鼓灯的音乐伴奏主要是打击乐，有"满台锣鼓半台戏"的说法。常用乐器有背鼓（胯鼓）、大锣、大镲、小锣（又称脆锣或小狗锣）、小钹、小膛锣。传统的锣鼓乐队由7—9人组成，其中背鼓、大锣、大镲、小锣为四大件。后来又增加了唢呐、笙等吹管乐器。

背鼓：比腰鼓稍大，鼓面直径约7寸，鼓身长约1尺2寸，中间的鼓肚不象小堂鼓那么大，稍有一点突出，用绳子穿在鼓环上，背在肩上演奏。右撇演奏者把绳子斜挂在右肩上，使鼓身横靠在左胯之上，两手各执一鼓槌，左手在上，右手在下，左手鼓槌在左手下方，击奏时可灵活转动，拇指、无名指、食指、中指拿住鼓槌，无名指往外顶，小指自然悬空。右手横握，拇指在内方，食指、中指、无名指在外方，手心朝鼓面。

背鼓与堂鼓的演奏方法不完全一样，下鼓槌的方向也不一样。其基本打法有：

a. 单手打：如领奏时，"丁丁仓"的打法如下：

右右　右｜右右　右｜右右　右右左｜右左　右‖

×× ×｜×× ×｜×× ×××｜×× ×‖

b. 双手交替击奏：分正常击奏、点击（按击）、甩击、闷击、击鼓帮等方法。

c. 轮：两手快速交替击奏。

演奏各种不同的鼓点或同一个鼓点时，根据演员不同的情绪，力度的变化比较大。

大锣：是低音锣，比开道锣小一号，锣面直径约1尺6寸，音色浑厚，发"匡"音。由于锣较重，演奏时把锣挂在特制的精美的跷板上，演奏者把它挂在肩上，边走边跳边演奏。

击奏方法有捂音（音放出来后捂住锣面）、放音、蹭音（较短促）。花鼓灯大锣的演奏特点是捂锣较多，捂锣能使节奏语句清晰，更好地与表演的内容相配合。

大镲：比东北秧歌用的大镲稍大稍厚，用1—2付，演奏时基本不放音，在那里蹭，比大锣的点子密，但少于小锣的点。大镲处于小锣（高音）与大锣（低音）之间的中音，起音色调剂、"塞缝"或"过桥"的作用。

小锣：又称脆锣，因其音色浑厚，尾音有曲折，似狗叫，故又称小狗锣，是花鼓灯乐队中一种具有特色的打击乐器，直径约4寸余，较一般的小锣稍厚，与戏曲乐队中的小锣音色有明显的区别。拿小锣的方法很多，以不影响发音为原则。小锣的点比较密，效果很活跃。

小镲：新中国建立后，有些地方的花鼓灯乐队吸收了北方的秧歌使用的小镲，给乐队增加了清脆的音色，使音乐的色彩更丰富，气氛更活跃，小镲的打法和秧歌一样，每拍一下，起到了稳定节奏的作用。

花鼓灯这种艺术形式，除常在广场表演外，现已发展成在剧场演出，有的乐队在伴奏花鼓灯大场的表演时增加了大鼓，大鼓的节奏比背鼓稍简化一点，比较单纯，但它与背鼓相配合增强了场面上火炽热烈的气氛。

在怀远、蚌埠一带，背鼓是领奏乐器；而凤台、淮南一带则以大锣为领奏乐器。领奏乐器的演奏者，不但要能熟练地演奏和灵活地运用各种锣鼓点，而且必须熟悉演员的动作规律和感情变化，随时配合演员的即兴表演，起到乐队指挥的作用。

花鼓灯的伴奏主要是根据舞蹈动作的节奏和性质，配以各种合适的锣鼓点，在各种动作不断连续组合的同时，形成了相应的各种节奏的锣鼓点的连续组合。打击乐演奏者在演奏时情绪饱满，伴有适当的动作，气氛十分活跃，有时达到欢腾的程度，是花鼓灯表演的重要组成部分。音乐铿锵有力，热烈欢腾，启发和感染着舞者的情绪。

民间的广场演出，虽然四面都是观众，但也要划定舞台方向，使演员表演时便于掌握位置。

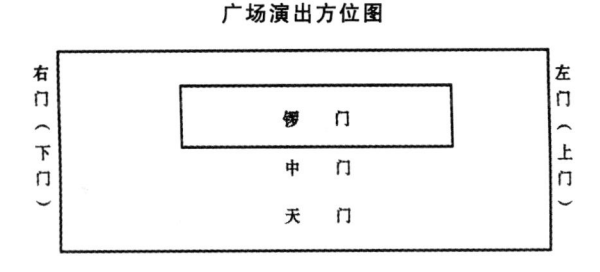

广场演出方位图

右门（下门）	锣　门	左门（上门）
	中　门	
	天　门	

乐队的位置叫"锣门",对面为"天门",场中央为"中门",两侧为"右门"和"左门",相当于剧场的上场门和下场门。

花鼓灯的表演由歌、舞、戏三部分组成,歌与舞之间既互相独立,又有一定的联系,常常是歌与舞交替进行。舞蹈部分分大场和小场。大场气势宏伟。小场具有表演性,是花鼓灯舞蹈的核心部分,主要表现青年男女相互爱慕、嬉戏玩耍的情景,动作丰富,感情描绘生动、细腻。小场中还有一些简单的情节,如"抢板凳"、"抢手巾"等。

唱的部分叫花鼓歌,其曲调多为山歌小调。常用曲调有《花鼓调》、《伞把调》、《慢赶牛》、《绣荷包》、《鹁鸪调》等10余种。以5个乐句的单乐段较多,也有四个乐句、6个乐句和7个乐句的乐段,一般在第三乐句之后加一个短的过门(常为一个鼓点),在整个乐段结束后加一个锣鼓尾声,常为几个鼓点的结合。使花鼓歌形成特有的风格。

20世纪60年代初期以来,一些用花鼓歌或安徽民歌改编的乐曲逐渐在安徽省艺术学校及其他舞蹈院校、表演艺术团体出现,如《李玉莲》、《飘扇》、《二月兰》等,丰富了花鼓灯音乐。

花鼓歌的旋律除平稳的级进外,常出现四度、五度、六度、七度的跳进,这种音程的跳进常与演唱时的滑音相结合,与淮河地区的语言特征有密切的关系。花鼓歌的调式多为徵调式或宫调式,有时也出现调式交替现象。节拍有2/4、4/4或3/4等形式。

中华人民共和国建国后,音乐工作者也创作了一些优秀的花鼓灯音乐,如杨碧海作曲的《游春》等。

《游春》(王连城编导),北京舞蹈学校首演于1956年,该舞用安徽花鼓灯的动作素材,表现了20世纪50年代青年男女的幽默、机智以及互相爱恋之情。伴奏音乐第一次脱离传统的打击乐伴奏,使用民族管弦乐队伴奏,拓展了音乐伴奏的表现能力,为花鼓灯从广场走向剧场作了有益的尝试。

近年来,一些用黄梅戏唱腔音乐改编的乐曲用于"兰花"的伴奏亦有一定的效果。

花鼓灯后场的小戏是独立的部分,它吸收了一些当地民间小调和戏曲的内容,反过来,它也为当地戏曲的发展提供了丰富的营养。流行在淮河流域的淮北花鼓戏、泗洲戏(又名"拉魂腔"或"柳琴戏")、淮剧(又名江淮剧)等剧种都是在花鼓灯的基础上发展起来的。较早的小戏剧目有《推小车》、《小货郎》等。

歌舞剧《玩灯人的婚礼》是安徽省蚌埠市文工团于 1979 年进京参加庆祝中华人民共和国建国 30 周年献礼演出的剧目，获创作二等奖和表演二等奖。由老艺人冯国佩任艺术指导，集体创作，李琳执笔，方家连、贺爱群作曲。是一部反映现代革命题材的作品，作品表现了在新中国成立前夕的一个中秋之夜，乡亲和灯友聚集在潘大爷家，为他的女儿巧凤和入赘的新郎玉龙举办婚礼。人们围着新人跳起了花鼓灯。正在一对新人拜堂之际，庄外突然传来枪声，被敌人追捕的中共地下工作者徐瑛闯入花堂。为了掩护他，潘大爷急中生智，将徐瑛扮成新郎继续奏乐拜堂。徐瑛终于在群众的帮助下，突破封锁线渡过江去。作者按照"剧在歌舞里进行，歌舞很好地体现剧情"的原则，把歌、舞、剧三者融为一体。它以群舞、领舞、三人舞等形式，巧妙地穿插着逗耍嬉戏的灯歌（花鼓歌），推动着剧情的有序发展，是花鼓灯艺术从广场走向剧场的一次成功尝试。

第三节　鼓点及其用法

花鼓灯在民间广场演出的开场前，为招徕观众，一般都要先演奏打击乐，如《蛤蟆跳井》、《小五番》、《小十番》、《闹元宵》等。这些独立的锣鼓演奏称为"开场锣鼓"（又称"场面锣"），它包含了所有用于伴奏花鼓灯舞蹈动作的基本锣鼓点，而比之更为丰富，因而也更能体现演奏者的水平。

《小十番》每番都有一个新主题，主题前是合头，主题后是后合头（合头＋撞四＋结束句），曲式为循环体。

用于舞蹈伴奏的花鼓灯常用鼓点约近 30 个，演奏者必须熟练地掌握这些锣鼓点的打法，记住每个鼓点的口诀及韵律。

鼓点的定名原则大致如下：

1. **借用舞蹈动作的名称。**如"摆扇子"、"碎步锣"、"登步锣"、"三点头"等。但有的舞蹈动作的名称并不很确切，如"碎步锣"，实际上动作并不"碎"，主要是"上山步"等几种动作。"登步锣"是多种动作的名称。民间艺人仍按习惯的舞蹈动作给鼓点也冠以上述名称。

2. **根据花鼓灯表演的程式定名。**如"鼓头"、"结束点"分别用于表演大场的锣鼓段的头、尾处。

3. **根据鼓点的用法定名。**如各种"喘气锣"是给演员提供一个喘气、静止的机会，给演员亮相用的，所以叫"喘气锣"。

4. **根据鼓点的特点定名。** 如 "撞四" 由 4 个最强的音组成；"长锣" 表示一拍一下长时间的连续演奏；"长流水" 也具有连续性，表示像流水那样川流不息。"衬锣"、"连槌锣" 和 "丁丁仓" 亦是根据鼓点的特点而定名的。

各种基本鼓点如下表：

花鼓灯锣鼓点口诀、"代字" 对照表

"代字" 符号	锣鼓点名称	口　　　诀
头	鼓　头	冬|尺冬 尺冬 尺冬 冬|冬古儿 龙冬 一冬 冬| 匡匡 令|匡令 令|匡令 匡令 匡令 匡| 匡匡 一丁 匡 0 ‖
一	一个衬锣	0丁|匡 0 0 ‖
二	二个衬锣	0丁|匡 0 0丁|匡 0 0 ‖
二、二	四个衬锣	0丁|匡 0 0丁|匡 0 0丁|匡 0 0丁|匡 0 0 ‖
三	三点头	0丁|匡 0 0丁|匡 0 0丁|匡 0 0 ‖
长	长　锣	匡令 匡令 匡令……匡 ‖
水	长流水	匡匡 令匡 令丁 匡|匡 令匡 令丁 匡 ‖
卒或石	长流水	匡匡 令丁 ‖
ㄨ	登步锣	匡令 匡令|令匡 一丁 ‖
反ㄨ	反登步锣	令匡 一丁|匡令 匡 ‖
连	连槌锣	令匡 一丁 匡 ‖
反连	反连槌锣	匡 令匡 一丁 ‖
罢	摆扇子	匡令 匡令 匡　丁|匡匡 一丁 匡　丁 ‖

"代字"符号	锣鼓点名称	口　　诀
丁	丁丁仓	令丁 匡 | 令丁 匡 | 令丁 匡丁 | 匡丁 匡 ‖
四	撞 四	匡 匡 匡 匡 ‖ (>>>>)
单	单喘气锣	匡匡 一丁 匡 0 ‖
双	双喘气锣	匡匡 一丁 匡匡 | 令匡 一丁 匡 0 ‖
兰	前喘气锣	匡令 匡 | 令匡 一丁 匡 0 ‖
厂	后喘气锣	匡匡 一丁 匡 令丁 | 匡 0 ‖
广	前后喘气锣	匡令 匡 | 令匡 一丁 匡 令丁 | 匡 0 ‖ 匡令 匡 | 令匡 一丁 匡匡 一丁 | 匡 0 ‖
宀	空喘气锣	匡 匡 令丁 | 匡 0 ‖
半	半喘气锣	令丁 | 匡 0 ‖
烾	双喘气锣 接半喘气锣	匡匡 一丁 匡匡 | 令匡 一丁 匡 令丁 | 匡 0 ‖
犀	后喘气锣 接半喘气锣	匡匡 一丁 匡 令丁 | 匡 令丁 | 匡 0 ‖
岸	前后喘气锣 接半喘气锣	匡令 匡 | 令匡 一丁 匡匡 一丁 | 匡 令丁 | 匡 0 ‖
仑	轮	嘟…… ‖
吉或尾	结束点	匡令 匡 | 尺　尺 | 匡令 匡 | 令匡 一丁 匡 0 ‖

"鼓头"是演员出场前的前奏，共 7 小节，前 3 小节用背鼓单独演奏，第 4 小节起加入其他乐器。通常用于大场表演。给乐队提示速度，并给演员做好起步前的准备。

四大件的演奏方法如下：

口诀中"尺"为敲击鼓帮，大锣的捂锣一定要捂住，还有大镲标有闷击"∧"的地方,实际演奏时,大镲用较轻的力度在"搓"和"蹭"。使节奏前弱后强,高低音调交错,活泼跳跃。

"衬锣"和"三点头"这两个鼓点中的"匡",力度较轻,应念成二声(kuáng),不能念成其他鼓点所念的一声(kuāng),按演奏的效果,应念成令丁｜匡ΟΟ‖但通常都习惯按舞蹈动作的韵律节奏,念成Ο丁｜匡ΟΟ‖"衬锣"通常用于演员做各种步法的准备动作,动作的幅度较小,如"兰花"的起步。但有时为配合"鼓架子"做较大的动作时,"衬锣"可打成强力度,锣为强的卡音。"衬锣"还具有转折性的作用,一般都在"丁"处起法儿,在"匡"处落动作。"衬锣"可根据动作的需要,打一个、二个或四个节奏,等演员的动作变化后再接别的鼓点。

演奏"衬锣"时,背鼓可按下列方法演奏:

a. "⊙"按击。b. "≡"轮。在演奏两个或四个"衬锣"时,只能用一种方法演奏,不能两种方法并用。为避免与"丁丁仓"的鼓点相混淆,××｜×ΟΟ‖的打法尽量不用,但小锣既可打成Ο×｜×ΟΟ‖,又可打成××｜×ΟΟ‖。

"三点头"和"衬锣"的节奏相同,但必须固定为三个节奏,专门伴奏"三点头"的动作,表现青年男女之间互相爱慕、脉脉含情的感情。演奏时力度要弱,要演奏得比"衬锣"更含蓄一些。

"长锣"具有连续性,起过渡连接的作用,碎步、跑步、自由步和某些没有节奏规律的戏剧性动作都可用"长锣"伴奏。"长锣"的拍数不固定,可根据动作的变化随时更换其他锣鼓点。大锣每拍击奏一下。小锣每拍二下,最后一拍为单数,打一下煞住。用"长锣"伴奏的各种步法和动作,在节奏上不一定和锣鼓点一致,但应在感情气氛上相吻合。如"鼓架子"跑步抢手绢;"兰花"与"鼓架子"之间悄悄地偷看;"兰花"用碎步后退等动作可与"长锣"的节奏不统一。"长锣"的力度应根据动作所表现的内容与情绪而有所变化。

"轮"与"长锣"很相似,但乐器的配备不一样,演奏"轮"的时候,小锣休息,而演奏"长锣"时,则四大件必须同时演奏,音响效果不完全一样。

"长流水"一般用在大场中的跑场,其性质和用法与"长锣"较为接近,这两个鼓点可以交替使用,使节奏富有变化。

"碎步锣"是伴奏比较平稳的步法用的,如兰花的"风柳步"、"双环步"、"上山步"等,多用于小花场中,表现轻巧的、含蓄的或幽默的动作。演奏时音响不能太强烈，而是要轻巧、俏皮。与前后相连的鼓点的力度、性格有较大的反差。背鼓演奏时，第二拍常用按击的方法，鼓槌击奏后按住鼓皮，发出闷音。

"登步锣"具有推动力，演奏时第一小节背鼓音符密集，二拍都由四个十六分音符组成，而第二小节有切分音的效果，重音在第二个音符，常渲染热烈而紧张的气氛。"登步锣"可用于大场中的"蛇脱壳"、"穿麻花"、"挎臂转"等动作，也可在大场中与"长锣"、"长流水"交替使用。演奏时应根据不同情况在力度上有所变化，产生对比。

舞蹈有时出现与"登步锣"相反的动作，与之相适应，亦有"反登步锣"的鼓点，它从"登步锣"变化而来，重音转移到后两个"匡"上去。

这种鼓点用得不多，但如果使用得当，有较好的效果。如先打若干个"登步锣"后，紧接"反登步锣"，速度适当加快，则气氛越来越好。

"连槌锣"是一个三拍子节奏，效果热烈、紧张，鼓架子翻各种跟斗以及"摆帘子"、"打退"、"扫腿"等动作都用"连槌锣"伴奏，跟斗不一定与锣鼓点的节奏一致，但其他动作必须合上节奏，这个鼓点的重拍常在第三拍，有时也可在第一拍的后半拍。最后一拍大锣多打捂锣，以保持鼓点的清晰。大锣在打第一个"连槌锣"时，往往把第一拍打成匡匡 一丁匡｜，然后按正常的方法击奏。从"连槌锣"变化而来，有"反连槌锣"，即把"连槌锣"鼓点的小节线往前挪一拍，使重音在每小节的第一拍出现。

"摆扇子"在锣鼓点的语句结束处（每小节的第四拍）要突出小锣和背鼓敲击鼓帮的音响（可用单槌或双槌敲击），表现一种调皮嬉戏的欢快情绪。"摆扇子"应打出问答式的上、下句效果。"摆扇子"可用于伴奏"伞头"（大场的领舞者，男角）的"绕伞"；兰花的"前后抱身"、"小二姐梳头"、"跳蹲"、"扇花"；鼓架子的"连三步"、"颠三步"等固定节奏的动作。根据不同的动作，可有两种不同的打法。

"丁丁仓"具有扎实有力的特点，它的重音在每小节的第二拍，大锣和大镲在第一、二、四小节的第二拍打捂锣、闷击。"丁丁仓"伴奏大场的"扫腿"等动作，每两拍做一个动作。

"撞四"音响强烈，由单纯的四个最强的音所组成而得名，用来伴奏某些特定的动作比4拍"长锣"更好。如兰花的"面前左右推翻扇"或鼓架子的"两手交替抓空"等。

"喘气锣"用在一个节奏语句的结束处，是伴奏各种亮相的动作的。

由于亮相的动作有繁有简，所需拍子多少不等，亮相的动作节奏也有一些差别，所以"喘气锣"也有多种不同的类型来配合。各种不同的"喘气锣"在民间并无各自的名称，统称"喘气锣"。为了便于教学和编创节目，20世纪50年代，北京舞蹈学校民乐教师王泽南等对它们分别加以定名，共为10种不同的"喘气锣"。在通常情况下，它们的最后一拍均为休止，喘口气后再接别的鼓点（"喘气锣"的名称由此而来），直接往下接的情况较少。

分析一下各种"喘气锣"，它们基本上都以"单喘气锣"为主体发展而成，其中只有"空喘气锣"脱离了这个主体而采用"前后喘气锣"的头、尾部分组成，去掉了中间部分，把中间掏空，而成为"空喘气锣"。"半喘气锣"是一个很小的单位，不能单独使用，常作"双喘气锣"、"前后喘气锣"的补充。

"结束点"是花鼓灯表演终场的锣鼓尾声，在课堂教学和编创的剧目中，大都构成亮架子动作或构成舞台造型的画面，使课堂组合或节目从整体结构上更完整。

随着花鼓灯艺术的不断发展，鼓点也在不断创新，也吸收和借鉴别的艺术形式的鼓点，但演奏时要打出当地的风味来。

在"开场锣鼓"如《小五番》、《小十番》中，还有很多至今仍未与花鼓灯舞蹈结合的鼓点，随着花鼓灯艺术的发展，亦可考虑将这些鼓点也吸收到舞蹈中来。

近年来，一些多种艺术形式中常出现的鼓点也被吸收到花鼓灯艺术中来，效果也不错。如对杖式的鼓点。

第四节　鼓点的分类和节奏特点

安徽花鼓灯常用的锣鼓点，按其性质和作用大体可以归纳为五类：

安徽花鼓灯锣鼓点分类表

类别	一	二	三	四	五
鼓点	衬锣 三点头	长锣　长流水 碎步锣 登步锣 反登步锣	连槌锣 摆扇子 丁丁仓　撞四 反连槌锣	喘气锣	鼓头 结束点

类别	一	二	三	四	五
性质	呈示性 转折性	连接性	对比性 效果性	结束性	程式性

第一类：衬锣、三点头。这两种鼓点的作用有两点：1. 用于一个节奏语句的开端起呈示作用；2. 有时出现在节奏语句的中间起转折作用，使前后鼓点的力度、速度、情绪形成对比。

第二类：此类鼓点具有承先启后连接过渡的作用。

第三类：属于对比性、效果性的节奏，使节奏语句更丰富；气氛更好；变化更大。

第四类：喘气锣是一种具有结束性的节奏，在每个节奏语句之中必不可少。

第五类：鼓头的功能为程式性，结束点的功能则为结束性，但这两种鼓点在花鼓灯锣鼓演奏的程式上是固定不变的。

花鼓灯的锣鼓演奏是在民间音乐的沃土中成长起来的，具有中国音乐的气质与特点。花鼓灯音乐的节拍和节奏特点明显地表现在下列两个方面：

1. **节拍多变**：花鼓灯锣鼓音乐节拍多变由以下 3 种情况综合而成：(1) 有时在同一个鼓点中包括两种或两种以上不同的节拍，如前喘气锣、后喘气锣、前后喘气锣、空喘气锣、半喘气锣、双喘气锣接半喘气锣以及鼓头、结束点等。(2) 不同的鼓点节拍不统一。(3) 同样的两个鼓点，前后连接时又有很多变化。因此，当它们组合成锣鼓乐段时，节拍、节奏变化万千。每个舞段不大可能从头至尾是一种节拍。与西方音乐理论"在同样时间片断内，强弱交替的规律"的节拍观大相径庭。

2. **节拍重音的位置多变**：有的鼓点的节拍重音在每小节的最后一拍，而有的鼓点的节拍重音在每小节的第一拍。充分体现了中国音乐体系中节拍、节奏方面的特点："均分律动的非功能性和大量运用非均分律动"[①] 在花鼓灯音乐中很少有非均分的律动，但均分律动的音乐中，大量出现强弱拍不受小节线限制的现象，体现了均分律动的非功能性。安徽花鼓灯每个鼓点的重音位置与舞蹈的韵律和舞蹈动作的特点是紧密结合的。如"连槌锣"这个鼓点，经常与技巧性的动作相结合，当它与打腿等技巧相结合时，打腿一般打在每小节的最后一拍（3/4 拍子的第三拍），而当它与某些

---

① 杜亚雄：《中国少数民族音乐》（一），中国文联出版公司，1986 年。

肩部动作相结合时，则重音在每小节第一拍的后半拍。

第五节　花鼓灯锣鼓谱的"代字"记谱法

一种好的记谱方法应具有准确、简便的特点，它既要能完整地、准确地记录乐谱，又要使用方便且便于掌握。

中国民族打击乐器的记谱一般都用口诀谱的形式，口诀大体上概括了各种声部及其韵律特点，也便于上口和记忆。缺点是乐谱过于冗长，大段的锣鼓谱一边演奏一边看谱容易串行，又存在换页翻谱的问题，特别是按快板或急板的速度演奏视谱更觉紧张。为便于演奏，20世纪50年代中期，北京舞蹈学校民乐教师王文汉、王泽南等在向安徽省怀远县著名鼓师常春利学习锣鼓演奏和口诀谱的基础上创制了"代字"记谱法。

"代字"记谱法就是用一个汉字或一个汉字简化后的符号来表示一个鼓点（见安徽花鼓灯锣鼓点口诀、"代字"对照表）。"代字"大概可分以下几种情况：

1. **用鼓点名称的一个字代表**：如"鼓头"用"头"，"长锣"用"长"，"三点头"用"三"，"长流水"用"流"或"水"，"丁丁仓"用"丁"，"连槌锣"用"连"。"双喘气锣"、"半喘气锣"分别用"双"、"半"来代表。

2. **用锣鼓点第一个字的一部分来代表**：如"摆扇子"用"罢"；"碎步锣"用"卒"或"石"；"空喘气锣"用"宀"；"结束点"用"吉"（"结束点"按程式都用在鼓段的末尾，故亦用"尾"）代表。

3. **用数字代表**：如一个"衬锣"用"一"；两个"衬锣"用"二"；四个"衬锣"用"二、二"；"撞四"用"四"代表。"三点头"也可解释为用数字代表。

4. **用鼓点的作用代表**：如"喘气锣"即停止一下或喘口气的意思，而"单喘气锣"是各种"喘气锣"的基础，所以"单喘气锣"曾用"止"代表。这个符号是创制"代字"记谱法中出现的第一个符号，具有纪念意义，但如果要更确切一些，还是用"单"代表为好。

5. **用汉字简化后的符号和两种符号的组合来代表**：如"前喘气锣"用"厂"；"后喘气锣"用"厂"；"前后喘气锣"用"广"；"前后喘气锣"接"半喘气锣"用"庠"；"双喘气锣"接"半喘气锣"用"翠"；"登步锣"用"癶"、"反登步锣"用"反癶"等。这样的记法便于同类鼓点的即兴变化。

鼓点的连接是千变万化的，根据花鼓灯鼓点的分类，可以组织成多种形式的节奏语句。

二类鼓点的组合有：第一类接第四类；第二类接第四类；第三类接第四类。"衬锣"或"三点头"接"喘气锣"时，在鼓点交接处休止符的后半拍加一个"丁"，使其连接自然。

三类鼓点的组合有：第一类接第二类接第四类；第一类接第三类接第四类；第三类接第一类接第四类；第三类接第二类接第四类；第二类接第三类接第四类。由于第二类不适于接第一类，所以不可能产生第二类接第一类接第四类的连接形式。

四类锣鼓点的组合有：第一类接第二类接第三类接第四类；第一类接第三类接第二类接第四类；第二类接第三类接第一类接第四类。

同类鼓点也可组合在一个节奏语句之中，但"衬锣"和"三点头"不能连接；"长流水"和"碎步锣"之间由于与鼓点相应的舞蹈动作不宜组合，故这些鼓点之间很少连接；各种喘气锣之间的连续使用应避免头重脚轻，应把拍数少的喘气锣放在前面，拍数多的喘气锣放在后面，保持一种发展的态势。如：单喘气锣接前后喘气锣接前后半喘气锣。

各类鼓点可按上述鼓点穿插连接，形成较大的锣鼓点乐段，在表演大场时以及在课堂教学中，在开头处可加"鼓头"，结束处加"结束点"。

在鼓点连接时，还应注意以下问题：

1. 锣鼓谱中经常出现同一鼓点的多次反复，可在"代字"符号的右下方用阿拉伯数字标上反复的次数。其中"轮"和"长锣"以一拍为一个计数单位，其余均按一个完整的鼓点为一个计数单位。如8拍"长锣"记成"长$_8$"，6个"连槌锣"记成"连$_6$"，如反复次数不固定，需要看动作变换鼓点，则可在这个鼓点代字符号的上方标以戏曲音乐中常用的反复记号┌°°┐，如某几个鼓点反复，可按一般的记谱法，反复的部分标以反复记号，反复超过3次以上，可在反复记号最后一个鼓点的上方标上反复的次数。

2. 某些鼓点连接时，中间可休止一拍，亦可直接相连，如"连槌锣"、"丁丁仓"无论接什么鼓点，都可有上述两种连接方法。"长流水"接"摆扇子"、"连槌锣"、"撞四"也会碰到上述情况。记谱时可按不空一拍作为正常连接，如空一拍，则两个"代字"符号之间加一个休止符号。在休止处，鼓可打鼓帮，小锣和大钹也可打一下。

有时一个鼓点的最后一拍与下一个鼓点的第一拍相重叠，则在两个鼓点的"代字"符号之间加连线。这种演奏方法称为"串联"。"串联"的打法使鼓点具有转折性。

a. 箭头下面的"匡"既是最后一个连槌锣的最后一拍，又是下一个鼓点撞四的第一拍。

b. 箭头下面的"匡"既是最后一个连槌锣的最后一拍，又是下一个鼓点长锣的第一拍。

这种"串联"的打法类似汉语语法中的兼语句：

你　教　我
主　谓　宾
　　　我　打　鼓
　　　主　谓　宾

合在一起变为：你教我打鼓。前一短句的宾语也是后一短句的主语。两句话的重叠处为衔接点。

3. 各种"喘气锣"的末尾本来都有一拍休止，应把休止一拍看作正常连接。"喘气锣"接"摆扇子"时，必须保留这个休止符，但在接其他鼓点时，可以保留休止符，也可取消休止符，取消休止符的打法叫"结联"，记谱时如遇不休止直接接下一个鼓点，则在"喘气锣"鼓点的上方加一连线。如"喘气锣"的休止符号前一拍"匡"与下一鼓点的第一拍相重叠，则在"喘气锣"与下一鼓点之间加连线。

"单喘气锣"经过"串联"处理后，它的功能不再具有结束性，而变为具有转折性。"单喘气锣"与"碎步锣"串联后，"单喘气锣"的力度要强，"碎步锣"的力度要弱，否则，它们是一样的节奏，连接在一起而并无"串联"的意义。

4. "喘气锣"接"衬锣"或"三点头"时，后两个鼓点的第一下"丁"应直接连接在"喘气锣"最后一拍休止符号的后半拍上，这样连接应视为正常连接，因为"衬锣"、"三点头"本来就从后半拍起拍。

5. "摆扇子"接"衬锣"或"三点头"时，应将"摆扇子"最后一拍"丁"去掉。"摆扇子"接"丁丁仓"时，最好把"摆扇子"最后一拍去掉。

6. 在演奏中，遇到速度有变化时，可在变速度的鼓点的"代字"符号上方加以标明，以便演奏。

经过50余年教学、创作的实践和后人的补充，这种记谱法已趋于完善。"代字"记谱法具有很好的实用价值，它类似语言文字的速记法，记谱、读谱都很方便，要掌握这种记谱方法的关键是必须先熟练掌握地各种鼓点的口诀和韵律。

思考题：
1. 安徽花鼓灯主要流行在什么地方？
2. 背诵全部鼓点并能默写。
3. 鼓点可分几类？各有什么作用？
4. 熟练地掌握口诀谱和"代字"谱，并能互译。

第四章 花灯音乐与采茶音乐

第一节 优美轻盈的云南花灯音乐

花灯流行于我国西南、中南的云南、贵州、四川、湖南等省，是一种具有江南特色的民间舞蹈，它是在民歌小调的基础上经民间艺人和劳动人民长期加工发展而成的。除汉族外，侗族、苗族、布依族、土家族等民族也有流行。花灯与花鼓、采茶具有较多的共同点。

流行于云南的花灯称为云南花灯，花灯在云南具有广泛的群众性，在长期发展演变的过程中，各地的花灯都与当地的民间音乐相结合，根据不同地区音乐的差别，形成了不同的花灯艺术派别，如昆明花灯、玉溪花灯、嵩明花灯、弥渡花灯、楚雄花灯、姚安花灯、建水花灯、罗平花灯等。为丰富和发展花灯音乐，各地的花灯逐步打破了地区的界限而互相吸收，如玉溪花灯吸收了《东川采茶》、《嵩明采茶》、《昭通调》、《破十字》等乐曲。有的花灯调还吸收了少数民族的音乐。弥渡与白族聚居的大理县隔山相对，汉族与白族经常来往，关系密切，音乐互相影响，弥渡的花灯吸收了一些白族的音乐。弥渡化灯调《一压三》，又称《民家戏》，"民家"是白族旧称，"民家戏"即"白族戏"的意思。《一压三》凝聚着白、汉两族人民共同的辛劳。弥渡南部的牛街一带，是彝汉两族杂居的地区。彝族的民歌、歌舞曲、器乐曲的旋律也被吸收到花灯音乐中去。但从总体说，各种派别的花灯艺术仍然有自己的特色。

云南花灯歌舞具有优美、轻盈、潇洒、活泼的特点。表演时，手持扇子、手帕，舞扇是它的基本功之一。云南花灯动律的特点是"崴"，舞蹈时表演者的身体不停地作S形的左右摆动，其中正崴、反崴和小崴最有特色。动律主要是上身的左右弧线悠摆，即是在流畅的悠动中舞蹈，要求胯部的松弛和解放，形成一种独特的动感形象。

云南花灯的艺术形式包括花灯歌舞和花灯剧，这两类形式的花灯曲调可以通用。但花灯歌舞的音乐由于与舞蹈相结合而比较舞蹈化，而花灯剧的音乐则还需要能够适应戏剧情节变化的曲调，往往以曲调联缀的形式形成"曲牌体"，如昆明花灯以《金纽丝》为基础的曲调，包括了《倒扳桨》、《挂枝儿》、《哭皇天》、《离亲调》、《寄生草》、《打枣竿》等。

花灯歌舞的表演形式又包括灯舞、集体歌舞和小型歌舞。

花灯表演中常包括灯节、出会中的各种表演，如龙灯、狮子灯、鱼灯、虾灯、蚌壳灯等，载歌载舞。

集体歌舞参加的人数很多，场面很大，情绪饱满，左手持灯，右手握扇，边歌边舞，表演时走出各种队形图案。

小型歌舞是一种带有情节的歌舞小戏，一般为2男2女或2男1女、2女1男，主要表现男女互相爱慕和日常生活故事等内容。

按照民间舞蹈的分类，花灯属于灯舞的范畴。灯舞是一种历史悠久且流传很广的民间舞蹈，据史籍记载，我国宋代就已形成，经过明清的发展，已有相当水平。至于云南花灯何时形成还有待考证，但其灯舞的形式、内容及某些音乐的选用，都与内地有密切的联系，元明以后，又有大批汉族劳动人民和士兵移居云南开荒屯戍。在这一过程中，他们将各自家乡的民歌、歌舞、戏曲带到云南。在各种说法中，云南花灯明代时从内地传入的可能性较大。

第二节 云南花灯音乐的来源

云南花灯音乐十分丰富，大多是从民歌小调变化而来的花灯调，其中主要是本省本地的民歌，也适当地吸收了一些外省的民歌。此外，还有一些明清以来流传下来的小曲及音乐工作者创作的乐曲。

把花灯调《送相公》与云南民歌《雨不洒花花不红》作一比较，它们的旋律十分近似，调式均为商调式，经过无数不知名的民间艺人的加工润饰，把一首抒情的云南民歌衍变为舞蹈化的云南花灯调。

创作的花灯歌舞《游春》选曲：老爹与孙女对唱的《采花调》的旋律与上述两首歌曲的旋律相似，但更为舞蹈化了。《采花调》的节奏富有弹性，有较强的律动感，乐曲结构方整，与舞蹈"崴"的动律结合得很紧密，是一首用作"小崴"训练很好的乐曲。

某些未经任何变化的云南民歌，如《绣荷包》等也可作为花灯歌舞的曲调。

一些外省的民歌小调也被吸收、融合为花灯调，如嵩明花灯调《双花鼓》与江苏民歌《茉莉花》；《卖樱桃》与安徽民歌《凤阳花鼓》同属一曲。弥渡花灯调《贪花闹五更》与上海的《春调》同属一曲。只是花灯调与当地的语言及民间音乐相结合，把外省民歌云南化了。

从上面两例可以看出，江苏的《茉莉花》与嵩明的《双花鼓》同属一曲。《双花鼓》把《茉莉花》某些乐句的旋律进行了压缩或扩张，同时因地方语言及润腔的变化，使《双花鼓》云南化和舞蹈化，更好地与云南花灯艺术相结合。

现有的花灯曲调中有一部分是明、清以来的小曲，如《挂枝儿》、《打枣杆》、《叠断桥》、《虞美人》、《银钮丝》等。

无论是外省传入的民歌或明、清以来流传下来的小曲，都可作为云南花灯是从内地传入与本地结合的证据。

新中国成立以来，音乐工作者编创了一些云南花灯歌舞音乐，如花灯歌舞《万盏红灯》、《游春》、《十大姐》、《大茶山》、《赞花扇》等，它们的出现大大丰富了花灯音乐。其中《大茶山》经艺术加工后，于1957年在第6届世界青年学生和平与友谊联欢节上获银质奖章，为祖国争得了荣誉。

云南花灯已成为舞蹈院校的必修课之一，为配合教学，音乐工作者也创作了一些花灯音乐，其中有的乐曲也是相当成功的，如王俊武创作的《春到茶山》，旋律优美、流畅，轻盈活泼，节奏鲜明，与"崴"的动律融为一体，是一首"反崴"训练的优秀乐曲。

舞蹈节目《花伞舞》以云南的音乐为主，大胆地吸收了一些外省的音乐，具有开拓创新的意味。音乐的曲式如下

$$A \qquad B \qquad A'$$
$$\|: a :\| \ b \ a \|: b :\| \ a \qquad \|: a :\| \|: a \ b :\|$$

《花伞舞》的音乐是一首带再现的三段体的乐曲。快、慢、快，其中 a 在云南音乐的基础上，吸收了一点河南民歌《游春》的曲调，b 是弥渡花灯调《梳妆调》，a 与 b 用循环体的形式组成第一段 A。舞蹈跳跃活泼。

B 段是优美抒情的对比乐段，用反崴的动作展示云南花灯舞蹈的美。

A′是再现乐段，音乐采用加花变奏的手法，使音乐更加活泼，更具跳跃性。

第三节　云南花灯音乐的特点

云南花灯歌舞的基本动律是"崴",动作的连续性较强,与此相协调,云南花灯音乐的节奏鲜明,音乐的流动性较强,乐句与乐句之间很少有较大的停顿,多从"板"上起句,在"眼"上落句。乐曲的结构短小,方整、对称,多为 4 个或 4 个以上乐句组成的单乐段。

一个节目通常为同一首曲调反复演唱,内容较为复杂的节目采用几首曲调联缀的形式,如云南花灯《大茶山》由《凤穿花》、《八街调》、《东川采茶》、《四平腔》、《嵩明采茶》等 5 首曲调组成。《五采倒板桨》由 5 支花灯调连结起来一气唱完。多数情况下,若干首花灯调的旋律都在同宫系统内进行,但有时可见到近关系转调的现象。

云南花灯音乐以五声调式为主,多为徵调式和羽调式,其次是宫调式和商调式。

音乐的速度一般为中速或小快板,情绪明快、活泼、潇洒。

旋律优美、秀丽,以级进为主,间以三度、四度、五度的跳进,有时出现六度、八度的跳进。

节拍多为 2/4 和 4/4,3/4 较少,《八街调》是云南花灯甚至整个汉族民间舞蹈音乐中很难见到的一首 3/4 拍子的乐曲。

在编舞蹈组合时,《八街调》后面常接《采花调》。两首乐曲的调式均为商调式,连接十分自然,它们之间的对比是由于前者是 3/4 节拍,后者是 2/4 节拍;前者速度中等,后者速度稍快,特别是最后一遍《采花调》是配合舞蹈下场的动作,速度更快,速度的递增为情绪的发展提供了条件。

云南花灯的伴奏乐器常用滇胡琴、笛子、月琴、三弦及鼓、锣、镲等打击乐器,后来又增加了扬琴、琵琶、阮、笙、高胡、二胡、大提琴等,乐队编制不固定,以各自的条件为准。[1]

笛子大都以竹子制成,又称竹笛。因横吹,亦称横笛。据《周礼》记载,周代雅乐中已用篴(篴与笛系同音同义),但当时的篴是竖吹,湖北随州出土的春秋战国篴为横吹。笛子种类繁多,技巧丰富。主要可分曲笛,梆笛两类。

曲笛以伴奏昆曲而得其名,音色柔和,音域为 $a^1 - b^3$。

---

[1] 有关乐器的介绍,参见胡登跳:《民族管弦乐法》,上海文艺出版社,1982 年。

梆笛以伴奏梆子类戏曲而得名，音色高亢明亮，音域为 d^2-e^4。

笙是历史悠久的中国吹管乐器，笙与竽为同一类乐器，笙为 13—19 簧，竽为 36 簧，宋代以后，竽逐渐消逝，而笙则一直流传至今并不断改良后有多种不同形制。笙的音色甜美，善奏和声。21—24 簧笙的音域为 $a-{}^\#f^3$。

二胡是民族拉弦乐器中流传最广，普及程度最高，最有代表性的一种，原用于戏曲、歌舞的伴奏及丝竹乐合奏，20 世纪 20 年代，民族器乐革新家、音乐教育家、作曲家刘天华先生在乐器制作、演奏技巧、音乐创作诸方面作了重大的改革，把二胡发展成为独奏乐器，扩大了音域，增强了表现力，新中国成立后，二胡艺术飞速发展。二胡定弦为 d^1a^1，音域为 d^1-d^3，独奏二胡的音域可扩展至 a^3。

高胡、中胡是二胡的变形乐器，高胡比二胡略小，定弦 g^1d^2，音域为 g^1-a^3，独奏高胡的音域可往上扩展到 d^4。中胡比二胡略大，定弦为 gd^1。音域为 $g-a^2$。独奏时可向上扩展至 d^3。

扬琴源于波斯古国，明代晚期传入中国，始称洋琴，又称打琴，音色清脆悠扬，与其他乐器容易融合，转调方便，表现力丰富，成为重要的独奏、重奏、合奏及伴奏乐器。传统的扬琴为二条码子，音域窄，通过不断的改良，乐器性能大为改善，音域扩展到 4 个八度，通常的音域为 $G-g^3$。

月琴在云南花灯剧和云南花灯歌舞的伴奏中具有重要的地位，它是由古代乐器阮咸琵琶演变而来的一种弹拨乐器，音箱多为扁平的圆形，也有八角形，一般用花梨木、红木或紫檀木做边框，用梧桐木做面板，背面嵌底板。月琴经过改良后，性能有了很大改善，品位已增至 24 个，按十二平均律排列，可方便地进行转调。分四根弦和三根弦两种，四根弦的大都定 g、d^1、g^1、d^2；三根弦的定 d^1、g^1、d^2。常用音域为 $g-a^3$。演奏时右手用拨子弹弦，演奏技术与柳琴相似，音质厚实，音量较大。

琵琶历史悠久，相传约在公元 350 年前后由印度传入中国的北方，后又传到南方，隋唐时代已成为广泛用于各种形式的中国民族乐队的重要弹拨乐器，演奏技艺复杂，曲目丰富，独奏、重奏、合奏、伴奏均可。琵琶的音色既清脆又柔和，半音齐全，转调方便，可演奏各种和音及和弦。定弦多为 A、d、e、a，目前，专业演奏员使用的琵琶多为六相二十四品，音域为 $A-d^3$。

阮源于中国汉代的琵琶，琵琶二字在中国古代是模拟演奏手法的形声字，右手向前弹出称"琵"，向后弹进称"琶"。凡是用这两种手法弹奏的乐器，统称琵琶。唐代武则天时改称阮咸，宋代又称其为阮，是今天中国民族乐队中理想的弹拨乐中、低音乐器。中阮的音色恬静、醇厚，大阮的音色圆润、厚实。中阮定弦为 A、d、a、d^1 或 G、d、g、d^1 或 G、d、a、e^1。大阮定弦为 D、A、d、a 或 D、G、d、g 或 C、G、d、a。中阮音域为 $G-e^3$，大阮音域为 $C-a^2$。

第四节　贵州花灯音乐与四川花灯音乐

流行于贵州的花灯称为贵州花灯，其中，独山、遵义、安顺、铜仁、印江、贵阳等地的花灯富有特色。除汉族外，苗、侗、布依等民族地区也有流行。

贵州花灯已有数百年的历史，它的形成与内地采茶歌舞的传入有关，采茶歌舞与当地的民间歌舞、民间音乐以及傩戏相融合，逐渐形成了富有贵州地方特色的花灯歌舞（地灯）；清代晚期，由于京剧和诸多地方戏的传入，又形成了具有戏剧内容的花灯戏（台灯）的形式。贵州花灯主要角色一般只有1男1女或1男2女。他们多是一手拿扇，一手持帕，双双对舞，或是以男角为中心的3人舞。贵州花灯音乐的特点与云南花灯音乐相似。

早期的贵州花灯，表演采茶的内容较多，今天贵州花灯中仍有许多"茶腔"曲调。下例《采茶调》流行于贵州北部的印江地区，与外省的一些采茶调颇为近似。

《踩新台》的舞蹈性较强，常被花灯艺人作为开台节目来表演，让演员把新搭的土台踩平，实际上有展示演员阵容、演技，取得演出开门红效果的作用。

《踩新台》音乐与舞蹈完美的结合给人以很深的印象，音乐活泼流畅，音符和唱词密集，但却朗朗上口，舞蹈轻快活跃，形象鲜明，成为贵州花灯的代表性节目。

贵州花灯的伴奏乐器有小鼓、锣、钹、铙等打击乐器，月琴、二胡、唢呐、笛子、扬琴等管弦乐器。

流行于四川各地的花灯称为四川花灯。代表性的四川花灯舞种有：秀山花灯、古蔺花灯、芦山花灯、白龙花灯等。主要表演形式为1旦1丑的2人小场歌舞表演，旦角称为"幺妹子"；丑角称为"花子"、"唐二"、"花鼻子"。表演形式有两大类：1. 以歌舞为主的小调表演，秀山称"耍灯"，以一个曲调贯串到底，如《十二月采花》、《四季花开》、《采茶》等，这类歌舞的舞蹈成分较多。2. 舞蹈中穿插简单的情节，秀山称为"单边打"，一个节目由数个曲调联缀而成，如《兄妹下四川》、《路遇》等。这类歌舞的表演成分较多，内容丰富，大部分反映劳动以及青年之间的爱情生活。

各地的花灯有各自的特点，如"秀山花灯"动作丰富，有较强的韵律感；"古蔺花灯"欢快跳跃，有托举动作；"芦山花灯"表演性强。

四川花灯所唱的曲调丰富，深受当地群众喜爱，有的还流传到了周边省、区。

伴奏乐器有：大筒（类似二胡）、锣、钹等。

中华人民共和国建国后，四川花灯有了较大的发展，四川的舞蹈工作者曾以花灯为素材创作过一批舞蹈节目。

第五节　采茶音乐

采茶流行于我国南方的产茶区，如福建、浙江、江西、广东、广西、江苏、安徽、湖南等省、区，是一种具有江南特色的民间歌舞形式，又称"茶歌"、"采茶歌"、"采茶灯"，"茶篮灯"等。清代李调元《粤东笔记》载："粤俗，岁之正月，饰儿童为彩女，每队十二人，人持花篮，篮中燃一宝灯，罩以绛纱，以绲为大圈，缘之踏歌，歌十二月采茶。"至今约有300余年的历史。

采茶多为集体舞蹈，舞蹈动作一般为模拟采茶劳动，如正采、倒采、蹲采以及盘茶、送茶等，有时也模仿生活中的动作，动作不多，但比较讲究队形的变化。音乐有单纯的茶歌；载歌载舞的茶灯；有简单情节的小戏。各地的采茶与当地的民歌、歌舞相结合，形成各自的风格。

根据福建采茶灯改编的《采茶扑蝶》表现了姑娘们采茶与扑蝶的嬉戏情景，分正采、倒采、扑蝶3段，表现了茶乡人民劳动的热情和丰收的喜悦。在1953年第4届世界青年学生和平与友谊联欢节上获集体2等奖。《采茶扑蝶》的旋律轻盈活泼，具有南国风味。

浙江的"采茶"还包括花采茶、顺采茶、倒采茶、揉茶、盘茶、贩茶等内容。

浙江省歌舞团于20世纪50年代创作表演的《采茶舞》，也是广大观众喜爱的一个节目，其旋律以发源于浙江省嵊州市（原嵊县）的地方戏越剧的曲调为素材，优美抒情、轻快活泼。

桂南采茶主要流行于广西的玉林、钦州等地，又称"唱采茶"、"唱竹马"、"采茶戏"。常与狮舞、龙舞等其他民间舞蹈同演。桂南采茶的音乐清新活泼。

采茶与花灯、花鼓关系密切，一些花灯、花鼓的节目都有"唱采茶"、"十二月采茶"、"大茶山"等节目，不少花灯、花鼓音乐的曲名与采茶有关。

采茶舞的舞蹈与音乐的特点都与采茶劳动有关，音乐旋律流畅、轻快活泼、格调清新，旋律进行较为平稳，几乎没有什么大跳的音程出现，这也可能与茶山一般都在绵延起伏的丘陵地带有关。采茶音乐的节奏鲜明，与采茶劳动的有规律的节奏感比较协调。

采茶舞的伴奏乐器有二胡、笛子、唢呐、扬琴、琵琶和堂鼓、大锣、大钹等打击乐器。各地的采茶戏多由采茶歌舞发展而成。

思考题：
1. 花灯流行于哪几个省？
2. 云南花灯音乐的主要来源有哪些？
3. 云南花灯音乐有哪些特点？
4. 哪些地方的贵州花灯和四川花灯最有特色？
5. 采茶流行于哪几个省区？采茶音乐有什么特点？

第五章　西南、中南地区部分民族的民间舞蹈音乐

第一节　历史悠久的藏族歌舞音乐

藏族人民生活在辽阔的青藏高原，其中主要聚居在西藏自治区，其余的居住在青海、四川、甘肃和云南等省的藏族自治州、县，具有悠久的历史和灿烂的民族文化。人口为5416021人（2000年统计），信奉喇嘛教（"喇嘛"意为"上师"或"上人"）。藏语属汉藏语系藏缅语族藏语支，分卫藏、康、安多3个方言区。卫藏方言区包括前藏、后藏地区，即除昌都地区以外的西藏全境；康方言区包括四川甘孜藏族自治州，西藏昌都地区，云南迪庆藏族自治州，青海玉树藏族自治州；安多方言区包括青海省海南、黄南、海北、果洛等藏族自治州，海西蒙古族藏族自治州，四川阿坝藏族自治州，甘肃甘南藏族自治州。卫藏地区以农业为主；康地区以游牧为主，也有一些较大的农区；安多地区为牧区。

藏族发源于西藏自治区境内雅鲁藏布江中游地区。藏族为汉语的称谓，藏族自称"蕃"（古音读bod），不同地区的藏族有不同的称谓：居住在西藏阿里地区的藏族人自称为"兑巴"，后藏地区的人自称为"藏巴"，前藏地区的人自称为"卫巴"，西藏北部及四川西北部、甘肃南部和居住在青海的藏族人自称为"安多娃"，统称"蕃巴"。汉籍中称"吐蕃"。据藏文史籍记载，吐蕃王室的始祖为西藏山南地区雅隆河谷"六牦牛"部的首领，隋末唐初，松赞干布兼并诸部族，统一了西藏地区，定都逻娑（今拉萨）。[①] 松赞干布采取了不少措施来发展藏汉两个民族之间的亲密关系，如选派大批藏族青年到内地学习；聘请汉族工匠到西藏传授技艺；聘请汉医到西藏传授医术等。贞观十五年（公元641年）他与唐朝宗室女文成公主结了婚，当时伴随文成公主到西藏的不仅有唐朝的一些亲侍官员，而且

---

① 引自包尔汉主编：《中国大百科全书·民族卷》，中国大百科全书出版社，1986年。

有不少文人和歌舞能手。文成公主入藏对密切两个民族的文化关系起了不小的作用。现在存放于拉萨大昭寺中的许多古代文物和乐器，据说其中不少是文成公主带去的，如今流行于康藏各地的竹笛、胡琴和寺庙中所用的唢呐、鼓、钹都是从汉族地区传去的。至今，西藏民间还广泛流传着歌颂文成公主发展藏族经济、文化的民歌。

当然，在漫长的历史长河中，藏族的文化，也同样给汉族文化以影响。两个民族的文化，在相互影响中获得了发展。藏族地区是歌舞的海洋，藏族人民一向能歌善舞，喜庆的节日，如藏历年节、林卡节、雪顿节、望果节以及婚礼、庆祝丰收以至日常生活、生产劳动都以歌舞相伴，民间舞蹈多为载歌载舞的形式。由于地理位置和自然环境的不同，农区、牧区流行的舞蹈形式是有一定的区别的：牧区，半农半牧区的藏胞喜欢跳锅庄；农区的藏胞喜欢跳弦子舞；藏族民间歌舞还有适于农村广场表演的果谐；有源于西藏西部地区后在城市广泛流行的堆谐；有适于室内表演的囊玛以及热巴、噶尔等表演形式。

藏族的民间音乐具有丰厚的历史积淀，早在12、13世纪前后，出现了论述藏族民间音乐的专著，如萨加班达智·贡格坚赞的《论西藏音乐》。民间音乐可分为民歌、歌舞音乐、说唱音乐、戏曲音乐、器乐5类。卫藏、康、安多3大方言区的民间音乐在风格上有明显的区别。但一般都具有活跃、热烈、朴实或优美抒情等特点。

藏族与汉族的音乐文化有许多共同之处：都采用中国音乐体系，都以五声音阶为基础，五声性的歌曲随处可见。如《爱木错》、《古来亚木》、《尤子巴母》、《却非突西》、《所那这雄》、《在北京的金山上》、《格桑花开》等。也有一些六声或七声调式的歌曲。堆谐音乐多为宫调式，也有羽调式和商调式的乐曲，有的乐曲出现宫、羽交替调式，如《库玛拉》的歌曲部分，从A羽调式交替到C宫调式。

弦子的调式多为羽调式，也有徵调式、宫调式、商调式。果谐的音乐常用宫、羽、徵调式。

藏族歌舞音乐多为同一首歌曲用分节歌的形式反复演唱，很少变换调性。器乐往往是随腔伴奏，即兴发挥。乐曲的结构多为慢—中—快或慢—快，慢速时音符密集，快速时音符简化，随着速度的加快，逐步把情绪推向高潮。

藏族民族乐器种类繁多，有札木聂、牛角胡、根卡、大号、扬琴、二胡、唢呐、笛子、大鼓、热巴鼓、锣、钹、串铃等。以札木聂、牛角胡、大号、竖笛最有特色。①

札木聂是藏族民间的弹拨乐器，又名六弦琴，流行于西藏自治区以及四川、云南、青海、甘肃藏族居住区。琴头弯曲、左右各设3个弦轴，指板不设音品，以核桃木、红木或檀香木制作的琴为优质，共鸣箱蒙山羊皮或蟒皮。两弦定一音，常用的札木聂定弦为a、a、d^1、d^1、g^1、g^1，音域为$g-g^1$。

根卡是藏族拉弦乐器，流行于西藏自治区的拉萨、日喀则等地。现在的根卡是20世纪60年代改良的，琴头设3个弦轴，琴筒蒙以蟒皮，下端有一木质底座，用小提琴弓子演奏，音色柔和、优美，定弦为d^1、a^1、e^2，音域为d^1-e^3。

大号，藏语为"筒钦"，蒙古族称"毕利"，流行于西藏、内蒙古、云南、四川、青海、甘肃等地的喇嘛寺庙中，低音乐器。大号由3节铜管构成，一般能吹2个或3个乐音。音色浑厚、低沉，气氛庄重、肃穆。

串铃，藏族打击乐器，藏语为"厄尕"。串铃由许多小铃系在一条布带或皮带上而组成。演奏时演奏者拿住串铃的两端，根据音乐的节奏绷拉发声，气氛热烈。

第二节 堆 谐 音 乐

堆谐是西藏西部地区的一种民间歌舞。"堆"是地名，藏族人把雅鲁藏布江上游的昂仁、定日、拉孜、萨迦及阿里一带叫做"堆"。"谐"是歌曲的意思。舞蹈往往与歌曲结合在一起，因此上述地区的农村歌舞就叫做堆谐。据传，这种歌舞于13世纪初起源于"堆"地区，20世纪二三十年代开始，通过民间艺人和藏戏队带到拉萨等城市表演，很快在整个西藏流传，舞蹈逐渐演变为脚下打点的踢踏舞的形式，以拉萨地区最为盛行，人们称它为"踢踏舞"或"拉萨踢踏舞"。现在的堆谐实际上是指流传在西藏各地的踢踏舞。舞者多为男子，边弹六弦琴自唱自跳。有3种不同风格：南派以定日地区为代表，朴实、深沉、热烈、奔放。北派以拉孜为代表，优美、平稳、欢快。拉萨、日喀则、江孜等地的堆谐，活泼、潇洒。舞蹈时多以前半拍起步，后半拍落地，重拍向下，一拍一下，有的还表演"头顶一碗水，滴水不洒头"的高难技艺。

---

① 有关藏族乐器的介绍，参见袁炳昌、毛继增主编：《中国少数民族乐器志》，新世界出版社，1986年。

传统的堆谐音乐中，大部分都带有宗教色彩，歌词中歌颂活佛、喇嘛与寺庙非常普遍，因为这些是人们心目中神圣的化身。如西藏民歌《额西谷巴》，歌词大意是：[1]

> 桑耶[2]山岩上的神殿，
> 就是那热穹林。
> 百灵鸟不要叫个不停，
> 我正念着热穹林哩。
>
> 想去朝拜桑耶青普，
> 国卡山[3]口被雪封住了。
> 雪封住了过不去，
> 就从唉马垅[4]走好了。
>
> 我不是为桑耶而来，
> 我是求神来的。
> 至高无上的神啊！
> 请指示我未来的命运。

歌词还有歌颂爱情的，反映了藏族人民的爱情生活，如《唢呀拉》等，也有歌颂和怀念家乡的。西藏和平解放后，堆谐里歌颂毛主席、共产党和人民解放军的内容十分普遍，表达了西藏人民的真挚感情。

堆谐的表演分引子、主要表演、结尾3个部分，音乐具有固定的程式，即引子、歌曲、尾声。舞蹈气氛热烈，动作灵活。音乐节奏鲜明，开朗、活泼。表演时，表演者先喊一声"拉索"，音乐起，表演完慢板后，又叫一声"拉索"，立即转入快板。每种步法多在后半拍处抬脚。

表演堆谐时，舞蹈者必须踏点准确，既不拖，又不往前催，以保持集体舞蹈的整齐、统一。

堆谐音乐可分为降谐、觉谐两类，"降"是慢的意思，"觉"是快的意思。降谐以歌唱为主，舞蹈动作较简单，曲调悠扬抒情、感情内在，有一

---

[1] 《藏族民间舞蹈音乐》，北京舞蹈学院资料室油印资料（1959年）。
[2] 桑耶，在西藏山南地区，宗教圣地。
[3] 国卡山，在桑耶附近，通往山南的交通要道。
[4] 唉马垅，在桑耶附近，通往山南的交通要道。

个固定不变的引子。

觉谐为快板歌舞，现在作为舞蹈形式或在舞台上表演的堆谐都是觉谐。觉谐的音乐常用紧拉慢唱的方法，音乐欢快、活泼。也有一个固定的引子。

根据演唱者句末拖的长音，伴奏乐器常配以固定的音符密集的间奏。

歌曲与引子可同一调性，如《却非突西》、《甲仓郭仓》等，亦可转入近关系调，如《松则亚拉》、《库马拉》等。

有少数觉谐的引子与一般的引子不同，如《额西谷巴》、《唢呀拉》等歌曲的引子。

觉谐的歌曲后面一般都有一段固定的尾声配合舞蹈的大结束步。

一些独立完整的堆谐由降谐和觉谐两个部分组成，结构如下：

降谐（引子—歌曲）　觉谐（引子—歌曲—尾声）

在包含有降谐和觉谐两个部分的堆谐音乐中，觉谐的音乐往往是降谐音乐的简化、压缩，加快速度，使情绪高涨，气氛热烈。如《松则亚拉》等。

《松则亚拉》的歌词大意：枣红马彭错尽情地飞奔吧，要骑驯服的枣红马，搭一块四方坐垫就行了，不要漂亮的辔，只需要驾驭它的心。

堆谐歌舞表演的人数及表演者的性别、年龄都没有限制，但民间艺人多半都是由女的来演唱堆谐的。

堆谐的伴奏乐器有札木聂以及竖笛、胡琴等，有条件的地方可适当增加乐器，如扬琴、根卡、横笛、串铃等。

堆谐的音乐非常丰富，除传统的堆谐音乐以外，很多藏族民歌或创作歌曲都可与堆谐结合载歌载舞，音乐工作者也创作了很多优秀的堆谐音乐，如王延亭作曲的《愉快的踢踏》（《颤膝动律综合训练组合》），王俊武作曲的《青稞丰收》、《藏族舞曲》，刘行作曲的《百万农奴站起来》以及《拾青稞》（佚名曲）等。

《拾青稞》是一首非常优秀的儿童舞曲，音乐欢快、活泼，富有儿童情趣。

第三节　果谐音乐

果谐，藏文原为圆圈歌舞的意思，流传在前后藏地区广大农村，如阿里、日喀则、山南、江孜以及拉萨附近，以山南地区的果谐最有代表性。

这种舞蹈以 2/4 节拍为主，步法扎实稳健，节奏鲜明，富有劳动气息，情绪欢快热烈。

果谐属于农区古老的歌舞形式，不用乐器伴奏（有的地区用串铃伴奏），边唱边跳。表演开始时，男女各站一边，领舞者先唱一句，使大家知道是哪首歌曲，然后一起按顺时针方向沿圆圈跳舞，领舞者常以"去去去"、"休休休"的呼喊声统一节奏。

果谐的音乐淳朴、刚健、豪迈、有力。一般由慢歌段和快歌段两部分组成，后者是前者旋律的简化和紧缩。以脚顿地为节，作为乐曲的前奏、间奏及结尾。

果谐还常用一些藏语来代替前奏、间奏和尾声。如《阿节总巴》、《秋惹木亚拉》等歌曲。

《阿节总巴》的歌词大意：日喀则有个叫总巴的女人，到拉萨做买卖不骗人，并且教育日喀则人团结拉萨人民。阿节是女人的意思。藏语"吉、尼、松"即一、二、三的意思。

第四节　弦子（谐）音乐

弦子，藏语称其为"页"、"依"或"康谐"，"嘎姆谐"、"别央"、"别谐"，流传于康、卫藏地区。表演时由一名操牛角胡或二胡的领头人边拉边舞，俗称弦子舞，它是典型的农业区的歌舞，以巴塘的弦子最为出名，故又名巴塘弦子。巴塘在历史上是一个交通要道，在西藏与四川交界处，归四川省阿坝藏族自治州管辖，这里物产丰富、商业发达，藏族各地的民间文化在这里有着比较频繁的交流，当地人吸收了各地民间歌舞的长处，形成了新颖、优美的巴塘弦子。这种舞蹈的动律主要是连绵不断的"屈伸"，顺手顺脚，重拍向上，一拍内完成屈伸。

弦子的舞姿婀娜，动作舒展、柔美。音乐速度较慢或中速，旋律优美抒情，延绵连贯，婉转而深情，极富歌唱性……

裘柳钦编曲的《巴塘民风》由六首地道的昌都民歌联缀而成，它们是：

　　a. 斯玲玲桑琅琅　　　　　E 羽调式转 A 羽调式
　　b. 公公　　　　　　　　　A 商调式
　　c. 孔雀吃水　　　　　　　A 商调式
　　d. 爱木错　　　　　　　　G 宫调式转 C 宫调式

e. 古来亚木　　　　　　　D 徵调式转 A 徵调式
　　f. 尤子巴母　　　　　　　D 徵调式

　　上述 6 首乐曲的情绪、速度变化不大，为了获得某些对比，乐曲连接时在调性布局上作了由暗淡到明亮的安排。弦子音乐由于比较抒情的原因，普遍的运用羽调式，但也有徵调式、宫调式和商调式，《巴塘民风》6 首乐曲连接时，从柔和而稍为暗淡的羽调式开始，经商调式的过渡到明亮的宫调式、徵调式结束，中间还运用移调的手法，使同一首乐曲在调性的色彩上也有所变化。在配器时对乐器的音色和浓淡作了处理。最少时仅用两件乐器，而最后一遍《尤子巴母》时所有乐器全奏，音响形成较大的对比和反差，气氛还是比较好的。

　　在牧区，有一些热巴艺人表演的弦子，称热巴弦子。如中央民族歌舞团 1957 年首演的群舞《草原上的热巴》，编导：欧米加参、张苛。作曲：刘行、赵行达。该舞反映了藏族人民在中国共产党领导下的新生活及新的思想感情。"热巴"队的男女队员们随着歌声跳起了豪迈健壮的"铃鼓舞"，"热巴"队的表演激起了群众的热情，随之一群妇女跳起了优美动人的"弦子舞"。最后舞蹈在"热巴"队与群众一起热烈欢腾的气氛中结束。这个舞蹈以"热巴"中的舞蹈为基础，广泛吸收了一些民间舞蹈和喇嘛跳神的"鹿舞"、"踢踏舞"和藏戏中的一些舞蹈技巧。

　　青海玉树藏族自治州，称这种舞蹈形式为"依"，音乐的风格与巴塘弦子不同，但其抒情的性质并不比巴塘弦子逊色。

　　演奏弦子音乐，凡遇长音时，弦乐器牛角胡（与二胡形制相似，琴筒用牛角制成，截去尖端，粗的一端蒙以羊皮或蛇皮，张两根马尾弦）。由于弓子较短，弧度较大，习惯上都演奏成每拍两个带连线的八分音符同音反复，这两个八分音符之间加一个低大二度或小三度的装饰音，使曲调显得有起伏并取得连绵不断的效果，成为弦子音乐的基本特色。用二胡、小提琴、大提琴等拉弦乐器演奏弦子音乐都应保持这种特色。其他乐器演奏时也应模仿这种风格。

　　弦子所唱的歌词内容广泛，多以蓝天、日月、雪山、雄师等比喻手法，表达爱情，歌颂自然景物、歌颂家乡，另有一部分选用了六世达赖喇嘛仓央嘉措的情歌，更增添了它的风韵与魅力。弦子的多数曲调可以自由地填入新词，如才旦卓玛演唱的《翻身农奴把歌唱》、《共产党来了苦变甜》等。

　　近年来，音乐工作者创作的优秀歌曲也可以与弦子舞相结合，如《青藏高原》、《走进西藏》、《珠穆朗玛》、《在那东山顶上》等。

第五节 锅庄（卓）音乐

"卓"是藏语对舞蹈的泛称，现在一般指锅庄。藏语卓的繁称为果卓，锅庄是它的译音。也有人解释为从前人们因在篝火旁围着锅起舞，跳舞之处叫锅庄；因舞蹈时不用乐器伴奏而必须唱歌，所以又叫歌庄。不同的地方有不同的叫法，一般来说，西藏、四川、云南的藏胞称它为锅庄，青海的藏胞称它为卓。是一种圆圈歌舞。通常可分3类：1."大果卓"，每逢大的宗教活动，男女老幼焚香拜佛，祈祷幸福而酣饮起舞，情绪深沉、庄重。2."中果卓"，多见于民间的传统节日中，气氛热烈。3."小果卓"，常于亲朋好友欢聚之际采用，规模较小，多即兴编词演唱起舞，充满谐美嬉戏情趣。[①]

卓舞是较为古老的舞种之一。藏文典籍《智者喜宴》载："公元八世纪，赤松德赞时期为藏区第一座喇嘛寺院——桑耶寺落成，人们'跳起欢乐舞，唱起欢乐歌'便是一次盛大的'卓次'活动。"[②]

锅庄是一种古代传下来的舞蹈，人们白天外出狩猎，晚上聚集在一起分享猎物，围锅取食并跳起舞蹈以示庆贺，表现人们狩猎丰收后的喜悦。

锅庄流传于牧区、半农半牧区，如西藏的昌都、工布、藏北草原，四川甘孜、阿坝，云南中甸以及青海、甘肃的藏族居住区。

表演锅庄时，男女各站半圆拉手成圆圈，由1人领头，分男女一问一答，反复对唱，接着歌舞。舞蹈粗犷豪放，无拘无束。锅庄的音乐曲式短小，常为2—4乐句组成的一段体分节歌，如需变化，则速度为"慢—中—快"或"慢—快"，中板和快板是慢板的压缩变奏。音乐顿挫有力，比果谐音乐更为粗犷、高亢、豪放。

锅庄表现的内容十分广泛，但主要是表达人们的希望和理想，人们的生活，也有与宗教有关的内容和反映爱情的内容，也可以触景生情即兴编唱。

锅庄流传的地区很广，东从四川、西至西藏的前后藏广大地区，还有青海、云南等藏族居住区都广为流传。各地的锅庄，由于音乐的差异，舞

---

① 中国艺术研究院舞蹈研究所：《中国舞蹈词典》，文化艺术出版社，1994年。
② 纪兰蔚：《玉树草原藏族文化》，载《中国藏学》1992年第1期。

蹈的形式和风格有较大的差异。①

以甘孜为中心的锅庄的特点是舞蹈动作较小，速度变化也不大，情绪豪放、高亢，表达出高原广阔而美丽的自然景观及藏族人民开朗、豪爽的性格。

锅庄也有速度较慢，情绪较为宁静的。如藏族民歌《白玉锅庄》

歌词大意：

1. 上走，上走，往西藏地方走，去看西藏人民解放了没有？西藏人民已得到和平解放，我们更应该拥护和支援解放军。

2. 下走，下走，往北京走，去看毛主席的身体健康否？毛泽东主席身体很健康，我们各族人民唱一支欢快的歌，歌颂我们敬爱的领袖。

以昌都为中心的锅庄的音乐变化较多，速度有变化，为慢—中—快，而且有乐器伴奏。采用同一音乐材料，速度越快，音乐越简化。

歌词大意：

啊，姑娘，
东方莲花生在山头上，
鸟儿所具有的那种声音，
响彻了三界……（下略）

下例是西藏的锅庄。
歌词大意：
打好宫殿地基，用绿色的石头把宫殿盖起来，道路修得很平坦，人们走起来像宫殿后高山的鹰飞得那么快。
云南中甸的锅庄又是另一种风味。
歌词大意：
大家见着了，见着了，我们从最高的顶点唱起。

第六节　囊玛音乐

囊玛是一种在室内表演的歌舞形式，西藏和平解放后不久，西藏工委在整理藏族古典文学时，将囊玛称为藏族古典歌舞。囊玛是藏语的译音，

---

① 彦克：《丰富多彩的藏族歌舞》，长江文艺出版社，1956年。

意为"屋里"、"里面"的意思。18世纪中期，开始有民间歌女演唱，到19世纪经民间艺人加工，形成了完整的囊玛形式。最初囊玛经常在达赖喇嘛的官邸演出，据说，达赖喇嘛居住的内室藏语叫囊玛康，囊玛即因为常在囊玛康演出而得名。流传于拉萨、日喀则、江孜等地，多由专业艺人表演。

关于囊玛的来源，曾有两种说法。

第一种说法是第五世达赖阿旺·罗布藏·嘉木错（公元1630—1681）时，有一大官名叫桑吉嘉错，此人精通文学与历史，生性活泼，酷爱音乐与骑射，每天上午到布达拉宫处理政务，午后则到布达拉宫后面的广场上作各种游艺活动，这时，他编出了囊玛歌曲。因为曲调好听，词又美，大家很喜欢。以后，藏族官员们在休息娱乐时或饮酒欢宴时都唱这些歌曲。当时都是清唱。后来群众也学会了这些歌，并且加上了动作。

第二种说法是在清朝时，尼泊尔军队入侵西藏，当时统帅藏军抗战的是噶伦登增班觉，由于尼泊尔军队得到帝国主义势力的支持，藏军抗战失败，割地赔款。清政府调登增班觉至北京。在京期间，他看了内地不少歌舞，其中主要是宫廷歌舞及昆曲等，在他返回西藏后，模仿内地的歌舞编了囊玛，让大家唱。[①]

这两种说法可供我们对囊玛的形成作进一步的考证。其中一些内容值得参考借鉴：1.上面提到的人物及事件有史可查；2.西藏地方官员古代在骑射或饮宴时常举行歌舞表演。可以推测，上面提到的囊玛是这种歌舞形成的初级阶段，只歌不舞。到后来形成完整的囊玛后便是载歌载舞的了。

囊玛的音乐是从民间音乐中吸收提炼而成的，也可看到受内地汉族传统音乐及昆曲的影响。完整的囊玛由引子、歌曲、舞蹈3部分组成。引子是一段固定不变的音乐。

引子部分一般不舞，若跳的话，可原地踏步甩手，做4拍踏步动作。

歌曲部分速度较慢，旋律优美，抒情、雅致、细腻，多为七声商调式，是囊玛中最精彩的部分，其雅致的风格与弦子音乐的风格不同，带有一些古典的味道，类似汉族古典宫廷音乐，旋律中有一些七度的跳进（如角→商），但不会感到不舒服。清角音的运用好像清角为宫的向下属方向的离调，也增加了音乐发展的动力，但这仅仅是离调，很快又会回到本调

[①] 彦克：《丰富多彩的藏族歌舞》，长江文艺出版社，1956年。

继续衍展。这种旋律发展手法在其他形式的藏舞音乐中很少见到。囊玛音乐的抒情雅致与堆谐、果谐、锅庄音乐的热烈、活跃的气氛形成了极为鲜明的对比。

囊玛的歌词题材广泛，多为歌颂家乡、歌颂大自然，实际上也是歌颂伟大的祖国，歌颂人民的崇高理想，也有歌颂英雄豪杰，歌颂爱情的内容。也有表现对统治阶级的不满，讽刺宗教神权统治。还有表演一些喜庆吉祥的内容。

舞蹈部分接在歌曲之后，舞蹈动作与堆谐较为近似，如起左脚摆左手，起右脚摆右手。踏步也与堆谐基本一样，主要动作有连踏步、连跺步、撩步、三撩两跺、三撩三跺、四撩三跺及连踏三十五步踢等。与堆谐的不同之处是囊玛的上身部分动作较多，而堆谐主要是脚下打点的踢踏步。

囊玛的伴奏乐器与堆谐也是大同小异，但除了旋律乐器以外还加了大鼓等打击乐器。

最有代表性的囊玛音乐《阿玛勒火》的歌词大意：

> 熟透了的果实，吃到嘴里比什么都香；
> 盛开的莲花，蜜蜂也想飞来；
> 海里的珊瑚，它的果实是珍珠，它的果实是玉石，
> 啊，请不要改变而永远长存吧！

囊玛音乐非常完整而富有变化：声乐与器乐的对比；由慢到快的速度对比；引子和歌曲的抒情性、歌唱性与舞曲的舞蹈性的对比，使囊玛音乐充满了发展的动力和极强的生命力。

新中国成立后，文艺工作者创作了一些藏族歌舞音乐，反映藏族军民血肉相连，鱼水深情的歌舞曲《洗衣歌》，是汉族作曲家罗念一的代表作之一，它是在学习、消化、吸收西藏各地民歌和巴塘弦子的基础上创作出来的，具有浓郁的"酥油糌粑"味，在全国广为流传。

《洗衣歌》是西藏军区文工团于1964年首演的一个节目，载歌载舞，风趣活泼，深受群众喜爱。编导：李俊琛，作曲：罗念一。

舞蹈表现一群藏族姑娘到河边去背水，看见解放军的炊事班长正在洗衣服。小卓嘎假装脚崴将班长骗走，姑娘们高兴地把军装洗完。班长回来后才知受骗，便将姑娘们的水桶装满水送回村去。姑娘们发现水桶不见

了，欢笑着追赶班长，只剩下小卓嘎抱着为踩洗衣服而脱下的靴子，跟在最后呼叫着。舞蹈以弦子舞为基调，加上从生活中提炼而成的动作，把姑娘们用脚踩洗衣服的动作与藏族踢踏舞步巧妙地结合起来。洗衣歌与弦子是影与形的关系。

《洗衣歌》获1964年全军第三届文艺会演优秀编导奖、表演奖、作曲奖和舞美奖等。

除洗衣歌外，优秀藏族歌舞还有《友谊舞》、《藏民骑兵队》、《草原上的热巴》、《牧业丰收》、《奴隶之歌》和近年来创作的《珠穆朗玛》、《牛背摇篮》、《母亲》等。

藏族群舞《友谊舞》，编导：李承祥，编曲：樊步义，北京舞蹈学校首演于1954年。舞蹈由4个拉萨（前藏）青年，4个江孜（后藏）青年和一位弹札木聂（六弦琴）的老汉表演。通过拉萨、江孜两地青年的舞蹈竞赛和联欢活动，以及他们的团结与友谊，表现了20世纪50年代的藏族人民获得翻身解放后的新的精神风貌。音乐是由两首藏族民歌（《谢雄孟久》、《却非突西》）加工发展而成的。

《友谊舞》是著名舞蹈编导李承祥的处女作，1951年，他参加了国家民委西藏工作队，在西藏深入生活、学习藏族民间舞的基础上创作的，该舞在1955年第5届世界青年与学生和平友谊联欢节上获民间舞比赛二等奖。

藏族三人舞《牛背摇篮》，中央民族大学舞蹈系于1997年12月首演，编导：苏自红、色尕，作曲：王勇、孟卫东。舞蹈采用藏族的民间舞蹈"卓"、"锅庄"等语汇为素材，透过藏民的普通生活来展现他们内在的精神世界。

《牛背摇篮》的曲式为：引子　A　B　A'

引子是在悠扬的笛声中开始的。晨曦中，广阔无垠的草原上，轻烟弥漫着、升腾着。烟雾散尽，一位藏族小姑娘正在"凉棚"中向外远眺。

第一段A，音乐舒缓而凝重。舞蹈展现了小姑娘依托着牛的摇篮逐步成长。一阵低沉庄重的大号声划破了宁静的草原，小姑娘双手牵着雄健的"牦牛"迎着霞光，缓缓走向水草丰美的地方。音乐旋律时而悠扬，时而高亢，小姑娘在两名男舞伴的陪伴下轻盈起舞。

第二段B，音乐活泼开朗，舞蹈表现了小姑娘与两只"牦牛"之间的亲密之情。他们时而负重蹒跚而行，时而欢快奔腾跳跃，音乐逐渐激昂，情绪高涨，揭示出人与牛相依偎的浓烈情感。

第三段 A′，音乐再现第一段的旋律，小姑娘重新趴在牛背上，遐想眺望，人与自然和谐相处，意味无穷，令人沉醉。

《牛背摇篮》荣获第3届"孔雀杯"少数民族舞蹈会演创作三等奖、表演二等奖；在首届舞蹈"荷花奖"比赛中，荣获创作银奖。

藏族民间歌舞还从藏戏中汲取营养，专业文艺工作者创作了《文成公主》、《卓瓦桑姆》、《热巴情》、《智美更登》等民族舞剧。

第七节　苗族民间舞蹈音乐

苗族是我国历史悠久的民族之一，曾自称"牡"、"蒙"、"摸"、"毛"，有的地区自称"嘎脑"、"果雄"、"带叟"、"答几"等。中华人民共和国成立后，依照苗族人民的意愿，统称为苗族。

苗族主要分布在贵州、湖南、云南、四川、广西、湖北等省、区，其中半数以上居住在贵州省的黔东南苗族侗族自治州和黔南布依族苗族自治州，人口为8940116人（2000年统计）。苗语属汉藏语系苗瑶语族苗语支，分湘西、黔东、川黔滇3大方言，川黔滇方言内部又分7个次方言。苗族居住的环境各地差别较大，多为山坡地或平坦的山脚，也有高寒地区。流传在各地的民间音乐，由于受语言的影响而具有不同的个性。

苗族人民的宗教信仰主要是自然崇拜、鬼神崇拜与祖先崇拜。主要的传统节日有芦笙节、敬桥节、姐妹节、花山节、爬山节、四月八、赶歌节、吃新节、赶秋节、苗年等。

苗族民间音乐共分4类：民歌、说唱、舞蹈音乐、器乐，采用中国音乐体系。

舞蹈音乐分芦笙乐舞与鼓舞两类。

流行于贵州的鼓舞主要有铜鼓舞、木鼓舞、踩鼓舞。木鼓和铜鼓的音响浑厚古朴，演奏时鼓面朝左右两侧立着安放，演奏者从侧面击鼓心，发出"咚"的音响；击鼓边发出"嘎"的音响；两根鼓棒自敲发出"的"（dī）的音响，"嘎、的、咚"3种不同的音色和音响，通过各种组合与变化，组成十分丰富的鼓点，富有特色，很好地配合了舞蹈的舞姿和造型。"嘎、的、咚"分别用符号"g、d、x"表示。

一般来说，铜鼓舞的节奏比较稳健、有力，踩鼓舞的节奏比较轻快、活泼；木鼓舞的节奏比较热烈、奔放。

木鼓舞苗语为"略高斗"，流传于贵州雷山、台江、剑河、榕江、三都等地，木鼓舞最早是在"吃牯脏"祭祖活动中的一种祭祀性舞蹈。后经发展变化，现在一般节日、喜庆场合均跳木鼓舞。舞时，2个鼓手立于木鼓两端击鼓伴奏，人们围鼓成圈，绕鼓而舞。木鼓舞的鼓手多由村寨中有威望的老年男子担任，由男子随着鼓声舞蹈，舞姿雄健，双臂自然下垂，肩部摆动有力。

踩鼓舞　苗语称"扬略"，多为女子自娱性的集体舞蹈，流传于贵州台江、麻江、凯里、黄平、施秉、雷山、剑河等地。舞时，于江边或大树脚下设一鼓场，场中央立一米左右高的四脚木架，上置一个牛皮鼓。先由一名女子边唱边走进鼓场击鼓，随后众舞者从四面八方涌入鼓场，面对鼓围成圆圈，踩着鼓点而舞。舞蹈时，腰部微摆，小臂自然上下摆动，佩戴的银饰沙沙作响。在沿圆圈跳的同时，变换各种队形。音乐的节奏明快，热情奔放。

铜鼓舞　舞时，将铜鼓吊于木柱上敲击，男女老少均可参加，成圆圈、半圆、四方、交叉对跳等队形，领舞者以呼喊声指挥大家变换队形或变换动作，多表现狩猎和农耕生活。动作刚健、洒脱。

在湖南省西部地区还流行花鼓舞、团圆鼓舞、猴儿鼓舞等，各有特色。

芦笙乐舞是苗族人民最喜爱的乐舞形式，可分4类：群众性芦笙舞、表演性芦笙舞、风俗性芦笙舞、儿童芦笙舞。舞蹈者也是芦笙的演奏者，边吹边跳，称为跳乐。各地流行的芦笙舞曲都有各自的内容与风格，曲牌丰富，并常以多首乐曲联缀成套，旋律常在一个五度或八度以内作三和弦分解式的进行，有些地区旋律以级进为主，比较平稳。

苗族音乐的调式多采用四音音列及五声音阶，主要可分两类：A.以宫、角、徵三个音为骨干；B.以羽、宫、角三个音为骨干。第一种调式框架以四音音列的形式出现，即在宫、角、徵的基础上，加商音或羽音。第二种调式的框架多以五声音阶的形式出现，以羽调式居多。

节拍、节奏方面，采用散板及有板两种节拍形式，以后者为主。在一拍之中的节奏划分，以均分的节奏为主：XXXX。

苗族音乐中，除单声部音乐外，有不少多声部的音乐，包括复调音乐与主调音乐（和声式）。复调音乐多出现在民歌中，和声音乐多出现在器乐曲中。多声部作品以四度、五度或三度为主。具有鲜明的中国风格。

在表演"芦笙排舞"和"芦笙队舞"时，由多种不同型号（大、中、小）的芦笙组成的芦笙乐队边吹边舞。除芦笙外，亦可加上数支芒筒吹奏低音，则音响效果更为丰满。

表演"踩芦笙"时，芦笙队不参加舞蹈，只在一旁伴奏，由一群姑娘踏着节奏舞蹈。

"斗鸡"是广泛流行的芦笙双人舞，边吹边舞，演奏姿势多变，与舞蹈密切配合，舞曲活泼、有趣。

苗族的民间乐器种类繁多，有九孔笛、三眼笛、直箫、姐妹箫；芦笙、芒筒；口弦（分单簧、双簧两种）；苗族二胡；苗族三弦、四弦琴；铜鼓、木鼓、皮鼓、猴鼓、低音大筛锣、大锣、马锣、包包锣、大钹、小钹等。[1]

芦笙是苗、侗、水、瑶、仡佬等族的吹管乐器，苗族称"嘎斗"、"嘎杰"、"嘎东"、"嘎宰"、"嘎正"，流行于贵州、广西、湖南、云南、四川等省区。芦笙的历史悠久，宋代古籍中就有所记载。芦笙由笙斗、笙管、簧片和共鸣器等几个部分组成。笙管多为六管（也有二管、四管或八管），有多种不同的形制。[2] 芦笙的调高有很多种。

木鼓，苗语称"略斗"。"略"为木，"斗"为鼓，流行于黔东南苗族侗族自治州。木鼓的大小不一，目前常见的木鼓长120厘米，有的木鼓长度超过2米，鼓框用整段楠木挖空其中心，两端蒙牛皮。木鼓的鼓架高达140厘米，击奏时将鼓横置于鼓架上，由一人或两人击奏。

铜鼓，彝、苗、侗、壮、布依、水、黎、瑶、白、佤、土家、仡佬等民族的打击乐器，流行于云南、贵州、四川、湖南、广东、广西等省、区。苗族称铜鼓为"涅"、"妞"。铜鼓历史悠久，至今已有两千多年的历史。鼓身铜制，为倒立的圆桶形。铜鼓音量较大，穿透力强，鼓声能传至数里之外。

苗族舞蹈的优秀剧目有《拧》、《苗山火》、《苗家女》等，苗族文艺工作者还根据贵州清水江畔的苗族民间传说创作了大型舞剧《蔓萝花》（贵州省歌舞团1960年首演），同年，由上海海燕电影制片厂摄制成彩色舞剧艺术影片。

苗族舞蹈《苗家女》（编导：靳苗苗）1998年首演于北京。用木鼓伴奏，舞蹈采用了踩鼓舞的鼓点。

舞蹈随着鼓点的变化展开。动律从整个身体重量的下沉开始，脚腕、膝盖松弛有力地上下颤动，是一种垂直动律。节奏有缓有急，力度有弱有

---

[1] 吕骥、贺绿汀、吴晓邦主编：《中国大百科全书·音乐舞蹈卷》，中国大百科全书出版社，1989年。

[2] 吕骥、贺绿汀、吴晓邦主编：《中国大百科全书·音乐舞蹈卷》，中国大百科全书出版社，1989年。

强，使舞蹈形成多节奏多曲线的土风味的动律和舞姿。

轻盈的舞蹈至中段情绪变为奔放，手摆动的幅度加大，鼓声"咚、咚、咚、咚"把舞蹈带入高潮，姑娘们发出"喔吼"的呼声，胯和双臂大幅度地摆动，快速转身180°，身上的银饰飞扬起来，好似一片片白云随着起舞，此时，鼓声犹如骤雨不断加急。腿部有力的屈伸，颤动，身体的颠动、起伏、盘旋加剧，舞蹈如飞起来一般，产生迷人的魅力。

第八节　彝族民间舞蹈音乐

彝族是一个古老的民族，有诺苏、纳苏、罗武、米撒泼、撒尼、阿细等不同自称。分布在云南、四川、贵州、广西等4个省、区的140多个县内，人口有7762272人（2000年统计），语言属汉藏语系藏缅语族彝语支，大体分6个方言区、3个次方言区和25种土语。自1951年5月以来，先后建立了四川凉山、云南楚雄两个彝族自治州、云南红河哈尼族彝族自治州、云南峨山、南涧、宁蒗、路南彝族自治县及巍山彝族回族自治县、江城哈尼族彝族自治县、新平彝族傣族自治县、元江哈呢族彝族傣族自治县、寻甸回族彝族自治县、四川峨边彝族自治县、马边彝族自治县、贵州威宁彝族回族苗族自治县等，大部分居住在山区或半山区。主要信仰佛教、道教。传统节日有火把节、彝族年。

彝族的民间音乐有民歌、歌舞音乐、器乐3类，采用中国音乐体系。由于彝族分布面广，支系繁多，不同支系的民间音乐和民间舞蹈的风格差异较大，丰富多彩。彝族民间歌舞的主要表演形式有：

1. 打歌

打歌流传于四川、云南、贵州彝族地区，有些地区称之为"打跳"、"跳脚"、"跳乐"等。打歌的历史悠久，与汉族的踏歌有联系。舞蹈时人们围成圆圈，手挽手随音乐起舞。也有载歌载舞的形式。音乐朴实，欢快活泼，结构短小，节奏鲜明，音程跳动较大。歌舞曲数量众多，各地都有自己的风格。节拍多为2/4或4/4，也有3/4拍子。

云南省牟定以及姚安、禄丰、大姚等地区，打跳时先出左脚，故称为"左脚调"，"左脚调"的旋律很有特点：每一句的句尾常带下滑音或装饰音，女声与男声对唱，女声在旋律中间或结尾时，常翻高八度，用假嗓演唱。伴奏乐器有葫芦笙、三弦、月琴、二胡、笛子等。

2. 跳弦

跳弦流传于云南省个旧市及石屏、建水、蒙自、开远、元江、通海等县。因舞者双手弹击木质烟盒，亦称"烟盒舞"，也称"跳罗"、"跳三步弦"等。彝族人常说："是人不跳弦，白活几十年"，"听见四弦响，脚杆就发痒"。可见彝族人对这种舞蹈的喜爱。跳弦分正弦、杂弦两类。一般是先跳正弦，再跳杂弦。正弦多为双人舞，舞姿优美轻盈，情绪欢快，以乐伴舞，音乐多为徵调式。杂弦是若干歌舞小品的统称，以羽调式居多，常出现三连音节奏，旋律优美、轻快，采用载歌载舞的形式。伴奏的乐器有四弦（月琴）、巴乌、笛子、二胡等。

根据彝族民歌《海菜腔》和《烟盒舞曲》创作的琵琶独奏曲《彝族舞曲》（王惠然编曲）是一首影响较大的乐曲，作品表现了云南彝族山寨恬静的夜景和青年男女的欢乐歌舞。全曲共九段，其中第二段的主题源自《烟盒舞曲》，优美的旋律和舞蹈性的节奏音型的结合，描绘了姑娘们活泼轻盈的舞姿和愉快欢乐的情绪。

3. 罗作舞

罗作舞彝语叫"罗作比"，流传于红河南岸的红河、元阳、金平等县，以红河县的垤施、大新寨最普及。罗作舞是歌、舞、乐相结合的形式，节奏鲜明，舞步优美、轻快，围着圆圈舞蹈。罗作舞开始时先唱歌，然后乐队队员在一旁边演奏边跳简单的舞步，舞者边唱边跳，有时加上拍手。音乐多为上下句结构的乐段，以徵调式居多，常见的节拍是 2/4 或 4/4。伴奏乐器有四弦、三弦、二胡、笛子、巴乌、树叶、草杆等。

4. 跳三弦

流传在云南省圭山地区和弥勒县西山地区的"跳乐"，是彝族的两个支系（阿细人和撒尼人）共同喜爱的舞蹈。阿细语称"交斯比"（即欢乐的跳）、撒尼语称"三弦比"（即三弦舞）。跳舞时男的弹三弦、吹笛子，女的拍掌起舞。多在月亮升起的时候开始跳，通宵达旦。伴奏乐器为三弦、笛子、月琴、树叶等。

此类舞蹈以五声宫调式的音乐较为多见，强调宫、角、徵 3 个音，旋律跳动较大，常出现 5/4 节拍，重拍在每小节的第一、四、五拍。

彝族的民间乐器很丰富，有竹笛、箫、筒、木叶、巴乌、草杆、葫芦笙、彝族二胡、彝族四胡、三弦、月琴、霸王鞭、八角鼓、烟盒、花鼓、铜鼓、铓、锣、钹等。

葫芦笙是彝、拉祜、哈尼、佤、纳西、傈僳、怒、普米、苗等民族的吹管乐器，彝族称其为"吉尔布惹"、"昂"。葫芦笙历史悠久，从出土乐器测定，至今已有两千多年。葫芦笙以葫芦为笙斗，插4—7根长短不一的竹管（笙苗），每根笙苗的下端都嵌有铜质或竹质的簧片。演奏时，口吹葫芦细端，指按管孔。葫芦笙音色柔和，音量不大，是打歌和葫芦笙舞的主要伴奏乐器。各地的葫芦笙有多种形制。

巴乌是彝、哈尼、傣、佤、布朗、苗等族吹管乐器。彝语称其为"吉非里"。竹管铜簧，吹口处装一尖舌形铜质簧片，为单簧吹管乐器。流行于云南、广西、贵州等省、区的彝族地区。巴乌的音色柔美，但音量不大，音域不宽，改良后出现几种不同形制，有的用塑料管代替竹管，加键，使音域扩大至二个八度加一个纯四度，从 $c-f^2$。

彝族优秀的舞蹈作品有：《快乐的罗嗦》、《阿哥追》、《红披毡》、《赶圩归来阿哩哩》、《喜背新娘》、《阿惹妞》等，1994年舞剧《阿诗玛》获"中华民族20世纪舞蹈经典作品金像奖"。

彝族群舞《快乐的罗嗦》，编导：冷茂弘，编曲：杨玉生，四川省凉山彝族自治州文工团首演于1959年，该舞于1959年国庆十周年前夕进京演出，轰动京城。"罗嗦"，更准确的话是"诺苏"，是彝语的译音，意为"彝族"，与汉语的解说：说话繁复、罗罗唆唆不是一回事。《快乐的罗嗦》是第一个反映彝族人民经过民主改革后，打破了千年的奴隶枷锁，翻身作主人后的自由、幸福、欢乐、兴奋的舞蹈作品。

1956年，四川凉山地区实行了民主改革，结束了千年的奴隶制度，过去的奴隶（当地称"瓦子"）成了社会的主人，一下子从奴隶社会跨越式地进入了社会主义社会，生产力获得了极大的解放，呈现一片繁荣兴旺的景象。一改过去低沉，痛苦的呻吟，到处是欢歌笑语、载歌载舞。

艺术来源于生活，该舞编导冷茂弘亲身参与了凉山的社会变革，亲身感受到凉山彝族人民精神面貌的重大变化，使他产生了表现这一题材的强烈愿望，把现实生活中的动作加以提炼、升华。《快乐的罗嗦》的动作来源于生活：1."瓦子"在唾烂了枷锁后，从山上跑下来时的甩手动作和祭祀舞蹈"瓦子嘿"（彝族老人死了以后，彝族人把这看成是喜事"喜丧"，要唱歌跳舞）的甩手动律；2.彝族生活在凉山高寒地带，气温较低，人们要不停地跺脚，形成了脚部划圆圈的动作；3.妇女在高兴时，右手举起（与头部差不多高）快速的摆手动作等为素材而创作的。

《快乐的罗嗦》通过对一群彝族男女青年互换定情礼物的自由幸福的爱情生活的描绘，表达了彝族人民翻身做主人的愉快心情。具有浓郁的生活气息、鲜明的民俗特色和强烈的时代气息。

《快乐的罗嗦》的音乐是作曲家杨玉生根据彝族人民唱的歌颂毛主席、歌颂共产党的民歌的某些音调创作的，以第一小节三个音"嗦嗦咪"为"动机"加以发展、移调变化而成。

音乐简洁明了，活泼、轻快、热情，富有青春活力。当地群众把"嗦嗦咪"当成文体活动的代名词，互相招呼去参加文体活动时说成是去"嗦嗦咪"，有点类似维吾尔族的"麦西热甫"。

《快乐的罗嗦》1994年获"中华民族20世纪舞蹈经典作品"金像奖。

彝族双人舞《阿惹妞》，首演于1998年重庆"孔雀杯"少数民族舞蹈大赛，编导：马琳，作曲：林幼平，宋小春，获"孔雀杯"编导、表演两项一等奖，并获1998年首届"荷花杯"舞蹈比赛金奖。

《阿惹妞》取材于彝族婚嫁习俗中的一项仪式：新娘出嫁要由自己的表哥背着到夫家成亲，而现实生活中的表兄妹因在同一家族长大，青梅竹马，这种亲情加恋情的情感瓜葛使分离成为莫大的痛苦。

音乐的曲式为带再现的三段体：

$$\underbrace{A}_{a\ b}\quad B\quad A'$$

A段在迎亲的唢呐声中，素裹的阿哥背着红装的阿妹，相依相随的一对情侣即将分离，舞蹈动作中流露出他们心中的痛苦，只见阿哥紧拢着双手缩着背，妹子早已泪流满面，两人相对无语，树叶琴声勾起了往昔美好的回忆。

A的音乐分a、b两小段，a由5个乐句组成，五声G商调：

b由一突如其来的长音开始，紧接几句男女主人公的对话，女主人翁的笑声，牵动人心。而后，出现了一段类似固定音型的伴奏：（略）

不久，又有一串轻快、流动的旋律在高声部出现

高声部旋律若隐若现，仿佛是男女主人翁内心的挣扎。

B段是具有四川凉山彝族风味的爱情双人舞，是对过去的回忆，音乐用男女对唱、二重唱的形式，表现出男女主人公恋爱过程中的打逗、嬉戏和甜蜜的情感。

A′段是主题音乐的再现，鼓声和唢呐声重新由远而近的传来，鼓声越来越强，将男女主人公沉醉的梦境打破，回到现实之中，然后出现一串彝族风格的旋律，急促而悲凉，表现了两人内心的痛苦，男主人公呼唤出心上人的名字，全曲在男主人公的呼喊中结束。

《阿惹妞》的舞蹈动作新颖别致，深得观众喜爱。

第九节　傣族民间舞蹈音乐

傣族主要聚居在云南省西双版纳傣族自治州、德宏傣族景颇族自治州和耿马傣族佤族自治县、孟连傣族拉祜族佤族自治县。其余散居在云南省的新平、元江、金平等30余县，与缅甸、老挝、越南毗邻。居住在怒江、澜沧江、金沙江、红河与高黎贡山、怒山、云岭等山间的平原地区。人口为1158989人（2000年统计）。傣语为汉藏语系壮侗语族壮傣语支。信仰小乘佛教，同时还保留原始多神崇拜的习俗。

傣族历史悠久，其先民在2000多年前就定居于中国西南部，有"傣泐"、"傣那"、"傣雅"、"傣绷"等自称。汉文史籍中，汉晋时期称"滇越"、"掸"、"擅"、"僚"或"鸠僚"；唐宋时期称"金齿"、"黑齿"、"茫蛮"、"白衣"等；元明时又称"百夷"、"白夷"、"伯夷"等；清以后称"摆夷"。中华人民共和国成立后，根据傣族人民的意愿，正名为傣族。傣族的传统节日有：泼水节、堆沙节、开门节、关门节、晃露节和春节。

据《后汉书·西南夷传》记载，永宁元年，傣族先民"掸"人的首领，曾向东汉皇帝进献过大规模的乐舞、杂技，具有较高技艺，后又受到中原文化及南亚文化的影响，而逐渐形成具有独特风韵的傣族音乐和舞蹈。[①]

傣族音乐包括民歌、歌舞音乐、说唱音乐、戏曲音乐4类。采用中国音乐体系。

傣族舞蹈优美恬静、感情内在含蓄，手的动作丰富，其舞姿有雕塑感，具有南亚舞蹈的特征。舞蹈有模拟性舞蹈、生活性舞蹈、自娱性舞蹈、仪式性舞蹈等多种，如孔雀舞、戛光舞、象脚鼓舞、鱼舞、刀舞、蜡条舞和长甲舞等，其中最有代表性的舞蹈是孔雀舞和戛光舞。

孔雀舞傣语称"戛洛拥"、"戛朗洛"、"烦婻诺"，傣族人民非常喜爱孔雀，把孔雀看作最善良、最美丽的鸟类，同时也是吉祥、幸福的象征。傣族人民以跳孔雀舞来表达他们的美好理想，在盛大的节日或集会时总要跳孔雀舞。在傣族的歌曲或器乐曲中也常有跟孔雀有关的内容。

民间的孔雀舞大多是模拟孔雀的生活动态而创作的。金明创作的《孔

---

① 曹成章、张元庆：《民族知识丛书·傣族》，民族出版社，1984年。

雀舞》着重于内在感情的抒发，而使它脱离单纯的外形模拟，并从笨重的假面和道具中解放出来。通过孔雀开屏、下山、饮水、洗澡、飞翔、登枝等舞蹈画面的变化，展现了女子群舞的艺术魅力。《孔雀舞》的音乐是作曲家罗忠镕在学习傣族民歌的基础上创作的。这个节目在1957年第6届世界青年与学生和平友谊联欢节上获金质奖章。

上述两个片断的音乐分别根据傣族民歌《吃饭不忘共产党》和《孔雀歌》为素材创作而成。曲一优美抒情，富有歌唱性。曲二活泼欢快，节奏鲜明。

民间的孔雀舞音乐以五声徵调式居多，旋律进行比较平稳，有较强的律动感，较好地配合舞蹈动作重拍向下的均匀颤动。音乐中常带有小的装饰音，演奏这些装饰音时往往加上滑音，使音乐更加甜美抒情。

民间的孔雀舞伴奏主要是象脚鼓、铓锣、镲。铓锣的节奏比较简单，常为一拍击奏一下，象脚鼓则需要随着舞蹈的表演而即兴变化。

戛光舞是集中在鼓的周围跳的自娱性舞蹈，用象脚鼓、铓锣、大镲等打击乐器伴奏。舞者随鼓声屈膝半蹲并均匀颤动，手臂为"三道弯"的后轮翻腕、内屈或由后向前掏转。男女老幼均可参加，不断发出欢呼声，雀跃不已。

傣族是一个能歌善舞的民族，姑娘和小伙子常通过吹葫芦丝、丢包、唱歌跳舞起到表达爱慕之情的媒介作用。一些傣族人民喜爱的歌曲常可载歌载舞，如《月光下的凤尾竹》（施光南曲）、《有一个美丽的地方》（杨菲曲）、《婚誓》（雷振邦曲）等。

新中国成立后，文艺工作者创作了一些优秀的傣族舞蹈，除《孔雀舞》外，还有《共饮一江水》、《送粮路上》、《赶摆》、《追鱼》、《版纳三色》、《金色的孔雀》、《水》、《雀之灵》《小卜少》、《月光》、《两棵树》以及傣族舞剧《召树屯与楠木婼娜》。1994年《雀之灵》获"中华民族20世纪舞蹈经典作品金像奖"。

傣族双人舞《两棵树》是杨丽萍1992年创作的舞蹈作品，作曲：田丰、王西麟。《两棵树》用河边、森林中的树与藤互相摆动，互相缠绕来表现青年男女间的爱情。

《两棵树》的曲式为两段体：引子、A、B、尾声，音乐既富有浓郁的民族特色，又具有时代气息，给人以全新的感受。

引子是一阵自由的鼓、镲、木琴声由远而近，显示出幽静的环境气氛。此时，舞者用手臂的紧紧相绕、旋转来表现一对情人形影不离。

A部分：一阵悠扬深情富有现代傣族风格的巴乌独奏旋律从密林深处飘来，把观众带进那风光旖旎的密林之间，让人感觉到一对恋人如同树上相互摆动、相互缠绕的枝条，时而双双坐地，向旁伸展，似树枝摇摆；时而双手相握，像树藤紧紧相绕，音乐时断时续，用片刻的停顿给人以呼吸换气的感觉，几个顺波音使音乐具有了缠绕的弧线。旋律从低音区渐入高音区，力度渐弱，仿佛树影渐远，虚无缥缈。

B部分：包括a、b、c、d、e 5个小部分组成。开始时，模拟自然的水声出现，让人感到生命的存在。尔后，音乐出现模拟鸟鸣的声音，男女演员以双人舞和诗化的动作来表现恋人如林中小鸟呢喃倾诉。接着用架子鼓和电子合成器的低音区来表现对大地的依恋之情，并引出一段跳跃的音乐。

配器中乐器数量逐渐增加，使乐曲的力量增强，仿佛沉睡的森林逐渐醒来，万物之灵开始显现。伴随着鸟鸣声、水滴声的不断扩大、加强，音乐逐渐进入高潮，演员在高低左右、一张一驰的动作变化中，渲染了舞蹈中的爱情主题，音乐用重复、变奏的手法来加强情绪感染力。

紧接着用架子鼓有节奏的鼓点伴随着水滴声和鸟鸣声过渡到尾声，几次重复之后，以一个干脆利索的鼓点结束全曲。演员在鼓点及音乐当中时而展翅，时而绕腕，如一对恋人般缠绕的两棵树永不分离，深化了主题。

舞蹈院校傣族舞的教学已有所进展，教材已逐步系统化，伴奏舞蹈的鼓点也有了较为合理的整理，北京舞蹈学院中国民族民俗舞蹈教师张志萍整理的鼓点达27个。[1]

傣族的民间乐器众多，象脚鼓、铓锣、镲的合奏是傣族器乐合奏的主要形式，也是民间节日歌舞不可缺少的。民间乐器还有筚、葫芦箫、竖笛、木叶、玎琴、口弦、西玎、牛角玎等。[2]

象脚鼓是傣、布朗、景颇、德昂等族打击乐器。傣语称"光克腊"、"光酣咬"。"光"是鼓，"酣"是尾巴，"咬"是长，"光酣咬"即长尾巴鼓，简称长鼓。其形似象腿，汉称象脚鼓，流行于西双版纳、德宏、普洱、临沧地区。象脚鼓历史悠久，各地鼓的大小不一，德宏、孟连的象脚鼓长约两米，鼓面直径约30厘米。演奏时，鼓带挎右肩，鼓框置于左胯，可边击鼓边舞蹈。

短鼓是象脚鼓的一种，为傣、佤、景颇、德昂、阿昌、拉祜、哈尼等

---

[1] 张志萍：《傣族舞蹈教程》，中央民族大学出版社，2000年。
[2] 参见袁炳昌、毛继增：《中国少数民族乐器志》，新世界出版社，1986年。

族打击乐器。常见的短鼓长约 60—70 厘米，鼓面直径 23—28 厘米，多用于边击边舞（象脚鼓舞）。

铓是傣、佤、德昂、布朗、拉祜、景颇、阿昌、怒、哈尼、彝、纳西、土家、壮等族的打击乐器，中间敲击部位凸起如馒头状，流行于云南、广西、湖北等省、区。铜制，形如锣，锣边较宽，发音较柔和。

葫芦丝是流行于傣、彝、阿昌等民族的乐器，用半截小葫芦作为音箱，以三根长短不一的竹管并排插入葫芦内，竹管下端嵌有铜质簧片，中间较长的一根竹管开七孔（前六后一）。吹奏时，口吹葫芦细端，手指按中间竹管的音孔奏旋律，与此同时，左右两根竹管同时发出固定的单音，与旋律构成和音。葫芦丝音色柔和，常用于独奏、合奏、歌唱及舞蹈的伴奏。[①]

傣族与朝鲜族同是以种植水稻为主的农业民族，都属于农耕文化的类型，因此，他们的民间音乐和民间舞蹈有许多相似之处，舞蹈优美、含蓄、典雅、音乐含蓄内在、委婉抒情。但由于他们居住地区的地理位置、地理环境、气候，生活习俗及语言系属的不同，他们的音乐和舞蹈也有不少相异之处。现列表加以简要的比较：

傣族、朝鲜族民间音乐、舞蹈对照表

	傣族	朝鲜族
崇拜及模拟的形象	孔雀	鹤
舞蹈特征	①优美、恬静　②平稳、安详　③少旋转	①潇洒、典雅　②跳动大　③多旋转
节拍、节奏	①以 2/4 节拍为主　②固定鼓点较少，多随旋律即兴演奏	①以三拍子系统的节拍为主，节拍多样化　②鼓点丰富
主要打击乐器	象脚鼓	杖鼓
主要调式	徵调式	第四、第五五音调式，相当于徵调式、羽调式
旋律及音腔	①以级进为主　②常出现前倚音，低大二度、小三度向上滑至本音。	以二度、四度进行较典型　②常出现由弱到强的后颤音

---

① 中国艺术研究院音乐研究所：《中国乐器介绍》，人民音乐出版社，1985 年。

第十节 羌族民间舞蹈音乐

羌族主要聚居在四川省阿坝藏族羌族自治州茂汶羌族自治县境内，其余居住在汶川、理县、黑水、松潘等地，人口306072人（2000年统计）。羌族历史悠久，可溯源于3000多年前的古羌人，羌人中有一支约在春秋战国时从甘肃、青海地区迁居于岷江上游一带，与当地居民相融合，逐渐形成为今天的羌族。靠近藏族地区的羌族居民信仰喇嘛教，其余的为万物有灵的多神崇拜。羌语属汉藏语系藏缅语族羌语支，无本民族文字，通用汉文。传统节日有祭山会、年节。

羌族的民间音乐主要是民间歌曲、器乐及歌舞音乐，使用中国音乐体系。民间舞蹈可分自娱性、祭祀性、礼俗性3类。主要形式有：萨朗、席步蹴、羊皮鼓舞、跳盔甲、忍木那·耸瓦等。萨朗与藏族锅庄近似，所以人们把欢快的萨朗称作喜事锅庄；把在丧事中跳的席步蹴称作忧事锅庄。舞蹈时，男女不拘，人数多少均可，由1男子领头，众人随后，围着火塘或场院成圈，边歌边舞。开始先唱一遍舞曲，然后沿逆时针方向跳舞。速度先慢而后快，随领舞者变换动作。高潮时，男子在每个乐句的最后一拍发出"嗷嗷"的叫声，最后，男子齐喊"呀喂"，女子应以"学喂"结束，然后换一首乐曲，男子动作有力，舞姿稳健；女子动作灵活、优美。歌词内容有歌颂劳动，男女爱情等，无乐器伴奏。

羌族的生活环境是在高原地带，长期的生活习惯和劳动方式使"一顺边"成为羌族民间舞蹈的形式美。

萨朗 羌语，即唱起来，摇起来的意思。

在羌族的传统节日祭山会中，羌民的精神领袖"释比"，头戴猴头帽，身穿羊皮褂，手执羊皮鼓，领头跳羊皮鼓舞。羌寨的男女老幼穿羊皮坎肩，头戴白色云云帽，脚穿绣花云云鞋，左手举单面羊皮鼓，右手持系红樱的小木棒，敲击出各种鼓点，跟着跳羊皮鼓舞。

锅庄舞的音乐结构短小，多为一段体。调式以五声徵调式、宫调式居多。调性转换较为常见，多以清角为宫，向下属宫系统转换。旋律以级进的三声腔为基础，音域较窄，自然古朴。节奏较为鲜明。音乐的曲式短小，多为上下句构成的单乐段。

羌族的民间乐器有羌笛、唢呐、口弦、盘铃和羊皮鼓等。

中华人民共和国成立后，文艺工作者创作了《铃鼓舞》、《丰收歌庄》、

《羊角花开》、《铠甲舞》等优秀舞蹈节目。

思考题：

1. 藏族人民居住在哪几个省、区？
2. 最有特色的藏族乐器有哪些？
3. 堆谐原是什么地区的歌舞？完整的堆谐音乐有几个部分组成？默写常见的觉谐引子、尾声的音乐。
4. 果谐，藏文的原意是什么？什么地区的果谐最有代表性。
5. 什么地方的弦子最为出名？弦子音乐的特点有哪些？器乐演奏的基本特色是什么？
6. 锅庄和果谐哪一种是农区歌舞，哪一种是牧区歌舞？
7. 囊玛音乐有几个部分组成？音乐有何特点？
8. 苗族人民主要分布在哪几个省、区？舞蹈音乐可分几类？主要特色乐器是什么乐器？
9. 彝族人民生活在哪几个省、区？民间歌舞主要表演形式有哪些？说出1－2件特色乐器。
10. 傣族人民主要生活在什么地方？代表性的舞蹈是什么？最主要的打击乐器是什么鼓？傣族音乐有什么特点？
11. 羌族人民主要聚居在什么地方？说出1－2种民间舞蹈的表演形式。

第六章　东北、华北地区部分民族的民间舞蹈音乐

第一节　草原特色的蒙古族歌舞音乐

蒙古族人民世代生息在我国北方草原，是一个具有悠久历史、勤劳勇敢的民族，人口有5813947人（2000年统计），主要聚居在内蒙古自治区：东起广袤的呼伦贝尔草原，西至富饶的河套平原，南与河北、山西、陕西、宁夏为邻，北与蒙古人民共和国和俄罗斯交界。其余的居住在新疆、青海、甘肃、辽宁、吉林、黑龙江等省、区，此外，在河北、河南、宁夏、四川、云南、湖北和北京等地，也有一定数量的蒙古族人。古代的蒙古族信奉萨满教，从13世纪元代开始，蒙古族上层改信喇嘛教萨迦派，但民间普遍信仰的仍是萨满教。16世纪以后，喇嘛教格鲁派传入蒙古，并得到广泛的传播。到清代，清廷对喇嘛教采取全面保护和鼓励的政策，成为支配蒙古族人民精神世界和世俗的唯一的宗教。蒙古语属阿尔泰语系蒙古语族，分内蒙古（中部）、卫拉特（西部）、巴尔虎—布里亚特（东北部）3种方言，其中使用中部方言的人占我国蒙古族总数的90%以上。

蒙古族源于古代望建河（今内蒙古东部呼伦贝尔盟的额尔古纳河）东岸一带，"蒙古"最早的汉文译名见《旧唐书》的"蒙兀室韦"中的"蒙兀"，"蒙古"一词始见于元代文献。公元7世纪，蒙古人逐渐向西迁移，游牧于斡难河（今鄂嫩河）、客鲁连河（今克鲁伦河）和土兀剌河（今土拉河）的发源地不儿罕山（大肯特山）及我国现今的内蒙古自治区，和原先生活在那里的突厥、回纥等部落杂处。公元10世纪后，蒙古出现了许多大小部落，他们互不统属，主要可分为草原游牧部落和森林狩猎部落两群。草原游牧部落除蒙古部外，比较大的还有塔塔尔部、克烈部、乃蛮部、翁吉剌部、汪古部和蔑儿乞等部。1206年，铁木真统一了蒙古，被推举为全民族的大汗，尊称"成吉思汗"，建立了大蒙古国，从此蒙古从原

先只是一个部落的名称而成为各部落通用的全民族的通称。①

蒙古族人民生活的地理环境是辽阔无垠的草原，《乐府诗选·杂歌谣辞》（宋·郭茂倩编）中的北朝民歌《敕勒歌》生动地描述了鲜卑族人民的游牧生活（当时敕勒族、鲜卑族生活在今内蒙古自治区境内）；描述了草原奇境和水草丰满、牛肥羊壮的繁荣景象：

> 敕勒川，阴山下。
> 天似穹庐，笼盖四野。
> 天苍苍，野茫茫，
> 风吹草低见牛羊。

在漫长的岁月里，蒙古族人民在创造自己的光辉历史的同时，也创造了绚丽的草原文化，音乐、舞蹈具有浓厚的草原生活气息，是草原文化的重要组成部分。

古代的游牧生活是一种集体活动，到了封建社会后，变为以家庭为生存的单位，逐水草而居，在蒙古族的民间歌舞中常有所反映。表演歌舞的主要节日有：那达慕和春节。

蒙古族的舞蹈具有浑厚、舒展、豪迈、粗犷的特点。

蒙古族的民间音乐采用中国音乐体系，无论是民歌、说唱音乐、歌舞音乐和民族器乐都具有鲜明的民族风格：旋律优美、热情豪放、淳朴粗犷、草原气息浓厚。

内蒙古地区由于地域辽阔以及劳动方式的差异等原因形成了不同的音乐风格，大致可分5个地域性风格色彩区：呼伦贝尔风格区、科尔沁风格区、锡林郭勒风格区、鄂尔多斯风格区和阿拉善风格区。

蒙古族的音乐在不同的历史时期，音乐的风格和特点也是不同的，可以分几个不同的历史时期进行对比，它们是古代额尔古纳河时期；草原牧歌时期（长调民歌）；近一百多年来的短调民歌及长篇叙事歌时期。

古代蒙古人生活在呼伦贝尔盟北部的额尔古纳河一带过着狩猎生活时，音乐的形式主要是狩猎歌曲、萨满教歌舞以及英雄史诗。狩猎歌曲往往与舞蹈相结合，故又称狩猎歌舞。歌曲的曲调简短，节奏鲜明。如《狩猎斗智歌》等。

---

① 白歌乐、王路、吴金：《民族知识丛书·蒙古族》，民族出版社，1991年。

自蒙古人的先民走出额尔古纳河，向蒙古高原迁移后，由主要从事狩猎业改为主要从事畜牧业。由于劳动方式的改变，草原牧歌这种新的民歌形式便发展起来，草原牧歌的特点是音调高亢辽阔、节奏自由。歌唱时，常用颤音及腔化音，真假声相结合，风味极佳。

《牧歌》是流行于内蒙古自治区东部昭乌达盟的一首"长调"民歌。歌曲表现了草原牧区美丽壮丽的景象，抒发了草原牧民对家乡的赞美之情。

近一百多年来，在内蒙古东部和南部地区的农业区和半农半牧区，又出现了短歌的形式，这类歌曲曲调短小、节奏鲜明、旋律流畅。短歌中爱情歌曲所占的比重较大，如《森吉德玛》、《草原情歌》、《鸿雁》等。短歌这一民歌形式简单灵活，易学易唱，具有广泛的群众性。

长篇叙事歌是篇幅巨大，情节复杂的大型民歌体裁，如《嘎达梅林》有几十段歌词，歌颂了民族英雄嘎达梅林领导人民起义，向封建王爷和反动军阀斗争的事迹。叙事歌根据音乐的性质属于短调民歌。作曲家辛沪光根据嘎达梅林的故事创作了交响诗《嘎达梅林》，于1956年首演于北京，在交响乐民族化方向做出了重大的贡献。

在各类民歌中，短歌和叙事歌以及具有草原风格的创作歌曲，常与舞蹈相结合而载歌载舞，长调牧歌由于结构不大规整，节奏自由，比较缺乏舞蹈性，但由于其具有抒情的特点，故一些表演性较强的舞蹈也可使用长调牧歌。

在蒙古族民间舞蹈教材中，除选用大量的民歌为舞蹈伴奏外，选用某些民族器乐曲的片段作为伴奏曲也取得了较好的效果，如综合性的肩部技巧训练组合选用了笛子独奏曲《牧民新歌》的片段。

肩部训练和手部、臂部训练以及各种步法训练一样是蒙古族舞蹈基本训练的主要内容之一，其目的是使肩部松弛，增强韧性和灵活性，从而提高舞蹈的表现能力。《牧民新歌》能与肩部训练的动律融为一体，对舞蹈训练起到了很好的配合作用。

舞蹈组合《牧民新歌》的曲式是对比式的二段体：

A	慢板	优美地	♯F羽调式
B {b、c	快板	欢快地	♯F羽调式
d	快板	高潮、激情地	A宫调式

A段表现在一望无际的大草原上，人们望着绵羊群，心情极为喜悦和欢畅。A段为方整型的"起、承、转、合"4个乐句（8+8+8+8）。第一

个 8 拍右手从头上半握拳落至体右侧，同时左手半握拳提至头上，体对 1 方向，向左倾身，目视 8 方向斜下右。第二个 8 拍目视 8 方向往上弧线落至 2 方向，最后一拍吸左腿。后面是 4 次柔肩、大弓步，动作与呼吸紧密结合。柔肩要柔韧、连绵不断，表现出人与自然的和谐相处。

B 段（b、c）是快板，主要是训练肩部，有硬肩、耸肩、笑肩，还有双肩训练，在欢快的音乐中，肩部动作要灵活、有弹性、小而脆、松弛、自然，耸肩重拍在上，笑肩重拍在下。

B 段（d）音乐要反复成二遍，第一遍是板腰做柔臂、屈臂抖手动作。第二遍做碎步碎抖肩，音乐渐趋激动，进入高潮。

蒙古族的曲艺音乐《好来宝》是从赞歌和叙事歌发展起来的，别具一格，草原风格浓厚，把它作为舞蹈音乐，有时也会产生意想不到的效果。

蒙古族民间音乐的调式　古代蒙古族的民歌古朴、粗犷，以徵调式最为多见，宫调式、商调式次之，羽调式是比较少见的。9 世纪中叶，进入了草原文化时期，草原牧歌及其风格范畴的各种民歌体裁形成，特别是 15 世纪以后，进入了它的黄金时代，音乐风格发生了变化，由粗犷而变为含蓄内在、优美抒情，羽调式逐渐成为最普遍的调式，除羽调式外，还有徵调式、宫调式以及商调。各种调式都以五声音阶为基础，五声以外的音很少出现。

蒙古族民间音乐的旋律　蒙古族民歌的旋律，不同的色彩区有不同特点，但就总的来说，其特点为音域广阔，常用同一方向的连续大跳，与其他民族和地区的民间音乐大跳之后一般都作反向解决形成鲜明的对比，成为一种特殊的风格，与阜原辽阔的坏境相一致。在各种跳进的音程中，上行纯四度的跳进最为常见，五度跳进和超过八度的跳进也很普遍。如胡松华作曲的《赞歌》、俞礼纯和杨一丹作曲的《苍原靓女》等。

技艺高超的民歌手（当地称为"呼麦"）能同时演唱出音域很宽的两个音。演唱的方法是利用口腔内的空气振动，使声带产生共鸣，并巧妙地调节舌尖的空隙，从基音中选择它所包含的不同的泛音形成持续低音，同时在高音区形成曲调。使用这种方法演唱，可以清晰地听到一个人同时发出两种声音，即高音区的曲调和低音区的持续音，非常有特色。

蒙古族民间音乐的旋律还有以下一些具体的特点：[1]

1. 蒙古族民歌的旋律常出现反向转位，开始可能是因为音域不够而把

---

[1] 乌兰杰：《蒙古族古代音乐舞蹈初探》，内蒙古人民出版社，1985 年。

某些音翻高或翻低八度形成的，久而久之，成为一种特有的风格。旋律反向转位时可在不同的位置进行。

2. 在蒙古族民歌的歌腔之中，常用一种向上方的类似后倚音的音符来进行装饰，这种音符一般用上方二度、三度或四度的音，在节拍的弱位，这种音被称为"甩音"。演唱的效果是使旋律富有生气和活力。

3. 民歌中还经常出现由弱到强的同音进行，这种节奏类似切分音的效果，但又不同于切分音，音乐具有轻盈活泼的特点。

4. 在鄂尔多斯市及其周围地区的民歌中，常用倚音的方式装饰旋律，由于倚音占据的时值较长，形成了一种切分节奏的效果。

5. 蒙古族还存在着把前乐句移低五度的民歌、使上下句既有变化，又有统一，实际效果是向下属方向的模进转调。

蒙古族民间音乐的节奏　蒙古族民间音乐中大量的存在着非均分律动的散板节奏，草原牧歌的节奏就较为松散自由；而古代的英雄史诗、狩猎歌曲以及近代的短歌、叙事歌的节奏明快；不少歌曲、乐曲的句尾带有三音节，如《安代舞曲》的快板部分，现代一些较为欢快的民间舞曲也常出现这种节奏型：

…… | $\underline{××× 0}$ ‖

第二节　蒙古族民间歌舞的表演形式

本节介绍的内容主要是生活在内蒙古地区的蒙古族民间歌舞，不包括居住在新疆、青海或东北等地蒙古族的民间歌舞。

一、安代舞

蒙古族是一个能歌善舞的民族，流传于哲里木盟（以库伦地区最为盛行），辽宁阜新蒙古族聚居区也有流传，原为治病消灾的带有宗教色彩的舞蹈，现已成为群众喜爱的自娱性的集体歌舞。"安代"这种歌舞形式，过去以唱为主，故称"唱安代"，后衍变为歌舞并举。常有一人领唱，众人应和。安代舞的基本动作有："单甩巾踏步"、"双甩巾踏步"、"甩巾踏步跳"等，领唱的歌手及其他若干名歌手在广场中心，跳安代舞的群众围成圆圈，观众在外圈边唱边舞。

跳安代舞时，无乐器伴奏，但有固定的曲调和唱词，也可即兴编唱，内容多为赞颂家乡、爱情、婚姻等。舞蹈热烈奔放、刚劲朴实。音乐淳朴、粗犷、豪放，多为2/4节拍，结构短小精悍，常用多首舞蹈歌曲联缀而成，歌曲之间速度、调式、旋律、节奏不同，形成对比。

安代舞继承与发展了古代蒙古族集体歌舞踏地、顿足的特点，古代蒙古人的一些重大活动，如推举新可汗、缔结部落联盟、庆祝胜利、喜庆丰收，都要尽情地跳集体舞蹈。《蒙古秘史》（写于13世纪中叶，明初改称《元朝秘史》，是蒙古族第一部用蒙古文写成的历史文献和文学巨著，与《蒙古黄金史》、《蒙古源流》合称蒙古族三大历史著作。）对此作过生动的描述："蒙古之庆典，则舞蹈筵宴以庆也。既举忽图剌为可汗，于豁儿豁纳黑川，绕蓬松树而舞蹈，直踏出没肋之蹊，没膝之尘矣。"场面十分壮观。

二、筷子舞与盅碗舞

在内蒙古西部的鄂尔多斯市，每逢喜庆时或节日里，青年男女常以酒盅或碗筷为道具即兴而舞，人们称这两种舞蹈为"筷子舞"和"盅碗舞"，据说是元代蒙古族"倒喇舞"和"酒杯舞"的延续。

古代蒙古人的舞蹈形式主要是集体歌舞，自13世纪以后，蒙古族的社会生活发生了重大的变化，游牧的封建制日趋成熟，以家庭为单位的生产形式取代了集体游牧的生产方式。随着生产劳动方式的改变，各种艺术性较高的单人表演的舞蹈形式迅速发展，"倒喇舞"和"酒杯舞"是其中有代表性的两种舞蹈形式。

倒喇即蒙古语歌唱的意思。明·刘侗、于奕正《帝京景物略》载："倒喇者，掐拨数唱，谐杂以浑焉，鸣哀如诉也。"《燕都杂咏》载："倒喇传新曲，瓯灯舞更轻，筝琶齐入破，金铁作边声。"钱塘陆次云《满庭芳》对这种舞作了细致的描述："左持琵琶，右持琥珀，胡琴中倚秦筝。冰弦忽奏，玉指一时鸣。唱到繁音，入破龟兹曲，尽作边声。倾耳际，忽悲忽喜，忽又恨难平。舞人骛舞态，双瓯分顶。顶上燃灯，更口噙湘竹，击节堪听。旋复回风滚雪，摇绛蜡，故使人惊。哀艳极，色艺心戒，四坐不胜情。"

元代宫廷舞蹈中有酒杯舞，元初著名诗人杨允孚《滦京杂记》中有如下诗句："东凉亭下水濛濛，敕赐游船两两红。回纥舞时杯在手，玉奴归去马嘶风。"（《口北三厅志》卷十四，艺文三。）宫廷舞蹈本起源于民间，这是一个表演者手里拿着酒杯的独舞。

近代的筷子舞是由男性艺人单人表演的一种民间歌舞形式，舞者右手握一把筷子，边唱民歌边用筷子敲击手掌、肩部、腰部、腿等处，有时旋转敲击地面，同时还配以耸肩、跪地、下腰等动作，情绪热烈欢快，节奏鲜明。伴唱的歌曲多为鄂尔多斯市流传的民歌，以 2/4 节拍居多，亦有 4/4 节拍，速度往往由慢转快，在高潮中结束。表演时有乐队伴奏及人声伴唱。

盅碗舞又称打盅子，原先多由男性艺人表演，是一种独舞形式，开始时艺人席地而坐，左右手各执两个盅子，随着音乐的节奏，每一拍碰击一下盅子，发出清脆悦耳的音响，然后舞者慢慢起立，前后进退或绕圈行走。双臂和后背动作细腻。曲调多采用鄂尔多斯市的民歌，如《金盅》、《熬门达来》等。中华人民共和国成立后，盅碗舞多由女子表演，典雅、优美，音乐多为 2/4 节拍或 4/4 节拍，表演时有乐队伴奏。

蒙古族民间歌舞的伴奏乐器有马头琴、四胡、笛子、三弦、扬琴等，以齐奏为主，各种乐器常在演奏中自由装饰、即兴变奏。

四胡，蒙古语称其为"候勒禾胡兀儿"，源于宋代乐器奚琴。琴筒木制，一端蒙蟒皮或薄木板，琴杆为红木或乌木，张四根弦，其中第一、第三弦同音，第二、第四弦同音，琴弓的马尾分两股置于第一、第二弦和第三、第四弦之间。

高音四胡是在 20 世纪 60 年代以后基本定形的，音色粗犷、清脆。音域为 d^1-d^4，定弦 d^1、d^1、a^1、a^1。中音四胡音色宽厚、明亮。音域为 d^1-d^3，定弦为 d^1、d^1、a^1、a^1。20 世纪 50 年代以来改良后的低音四胡音域为 $A-c^1$，定弦为 A、A、d、d。

马头琴是蒙古族最具特色的民间拉弦乐器，因它的琴杆顶端有一颗精雕细刻、形象逼真的马头来装饰而得其名。又称"莫林胡兀儿"、"胡兀儿"，历史悠久，成吉思汗时期已在民间流传。马头琴的琴身和弓杆用硬木制作，音箱有梯形、长方形等多种，两面均蒙以马皮或羊皮，张两根弦，用马尾制成。琴弓不夹在两条弦中间。马头琴音色柔和，善于抒情，很适宜表现深沉的感情。20 世纪 50 年代以来，音乐工作者对马头琴进行了改良，现已基本定型，音域为 $a-a^3$，定弦与一般的拉弦乐器相反，外弦音低、内弦音高，多为反四度定弦 d^1、a。

三弦，又名弦子，广泛用于中国民族乐队及曲艺、戏曲、歌舞音乐，现在流行的三弦分大三弦及小三弦，大三弦多用于中国民族乐队及北方各种大鼓的伴奏，小三弦则多用于南方的评弹及丝竹乐队，小三弦也用于戏曲乐队。三弦是无品的弹拨乐器，可方便地演奏各种滑音，便于转调。大三弦的定弦多为 G、d、g，常用音域为 $G-d^2$。

第三节　蒙古族民间歌舞的新发展

新中国建立后，内蒙古人民安居乐业，形成了"东林西铁南粮北牧"的局面。工业、牧业、农业生产迅速发展，人民的生活水平有了很大的提高，人民对文化生活的要求也越来越高，先后在内蒙古建立了艺术院校、歌舞团以及各地的文化轻骑兵——乌兰牧骑。创作和表演艺术都获得了空前的发展。文艺工作者创作出许多优秀的音乐、舞蹈作品，这些作品反映了内蒙古人民群众新的生活，表现了人民群众新的思想感情，其中有的作品在国际国内重大的比赛中获奖，达到了相当高的水平，1953 年创作的《鄂尔多斯舞》（贾作光编舞、明太作曲）便是典型的一例。舞蹈描述了新中国成立以后鄂尔多斯高原人民愉快、幸福的生活，表现了他们剽悍的形象和坚强勇敢的性格。《鄂尔多斯舞》由 5 男 5 女表演，舞蹈开始时，动作节奏缓慢、稳健有力，音乐旋律具有浓厚的内蒙古民歌风格，羽调式。舞蹈与音乐紧密结合，融为一体。

曲一由合头换尾的上下句组成，共奏 6 遍，音乐辽阔、开朗，扎实有力，情绪乐观向上。男子 5 人以大甩手迈步的基本舞步出场，用双手撑腰移动肩部的动作来突出蒙古族舞蹈的基本特征。

曲二速度稍快，情绪欢快活泼，对称型的 4 个乐句：8＋8＋4＋4，共 9 遍，自 6 遍后渐快渐强，轻松、乐观、热情，表现牧民们愉快地劳动和崇高的精神。5 个女子表演了从生活中提炼的挤奶、骑马、梳发辫等舞蹈动作，后与男子合舞形成高潮。

《鄂尔多斯舞》富有浓厚的民族风格、强烈的生活气息，舞蹈的技巧性和表现力有了重大突破，因而深受当地人民群众的热烈欢迎，而且在全国广为流传。在 1955 年第 5 届世界青年与学生和平友谊联欢节舞蹈比赛中获金质奖章。1994 年获"中华民族 20 世纪舞蹈经典"金像奖。

蒙古族舞蹈的内容总是同生活密切结合的，题材大多表现美丽的草原、骏马、鹰、雁、挤奶、摔跤等。随着舞蹈事业的发展，表现的手段在不断扩大，优秀作品陆续问世，自 20 世纪 50 年代以来，除《鄂尔多斯舞》外，还有《马刀舞》、《牧人舞》、《雁舞》、《盅碗舞》、《筷子舞》、《挤奶员》、《摔跤舞》、《草原女民兵》、《奔腾》、《喜悦》、《海浪》、《蒙古人》、《牧歌》等，这些作品从不同的角度反映了蒙古族人民新的生活风貌。《盅碗舞》于 1962 年第 8 届世界青年与学生和平友谊联欢节获金质奖章。《奔腾》于 1994 年获"中华民族 20 世纪舞蹈经典"金像奖。

蒙古族舞蹈《喜悦》是贾作光 20 世纪 70 年代末的作品，表现了蒙古族姑娘在辽阔的大草原中尽情地欢舞，歌颂美好的生活，抒发喜悦的心情。

《喜悦》的曲式结构为带再现的三段体：

$$A\begin{cases}a & E羽调式\\ a^1 & E羽调式 \quad 小快板 \quad 轻快活泼地\\ a^2 & B羽调式\end{cases}$$

$$B \qquad\qquad B羽调式 \quad 慢速 \quad 优美抒情地$$

$$A'\begin{cases}a & E羽调式\\ b & E羽调式\\ a^3 & A羽调式 \quad 小快板 \quad 轻快活泼地\\ a & E羽调式\end{cases}$$

A 段是轻快、活泼的小快板，一位美丽的姑娘用跑圆场、大柔臂等舞姿表现蒙古族人民的生活风貌和草原上欣欣向荣的繁荣景象。音乐旋律具有典型的蒙古族民间音乐的风格，主题 a 由上下两个乐句组成，上下句的落音都是主音 E，但下句比上句降低了八度，音乐更有稳定感。旋律以级进为主，偶尔穿插四度、五度、六度、八度的跳进，旋律的进行为上行、下行，又上行、又下行，连续起伏成波浪形，表现了人们的乐观情绪，然后是流畅的变奏并将变奏移低四度，向属方向转调，从 E 羽调式转到 B 羽调式。

B 段是优美的内蒙古民歌风的旋律，舞蹈随着歌声，尽情地揭示了蒙古族人民喜悦的内心世界，这段舞蹈肩和臂的动作得到了充分的发挥，使人们陶醉于美好的生活之中。

A^1 段音乐热情、轻快、明亮，舞蹈的动作灵活多变，用硬肩、甩肩、碎抖肩等动作，使喜悦的心情继续高涨，在高潮中结束全曲。

女子群舞《草原女民兵》是中国人民解放军北京军区战友歌舞团 1971 年首演的一个节目，编导：黄伯寿、梁文馆、李文英。作曲：王竹林、吕韧敏。舞蹈表现了内蒙古边境上草原儿女加强民兵建设，誓把祖国边防建成铜墙铁壁的战斗意志，显示了中华儿女提高警惕，保卫祖国的英雄气概。

舞蹈出场是一队英姿飒爽的草原女民兵,横枪跨马,高举红旗,迎着朝霞,巡逻在祖国边防线上。以手拉缰绳吸腿起走作为主题舞步,时而放辔徐行,环顾四方;时而极目远望。雨暴风狂,天色陡变。女民兵们与暴风雨顽强地搏斗。演员以高超的舞蹈技巧表现了草原练兵;暴风雨中扬鞭疾驰;小战士在惊雷中脱缰落马;女连长急速赶到,挥动套马杆,锁住烈马,和小战士并辔疾驰而去。雨过天晴,草原焕然一新,女民兵们完成了一天的巡逻任务,披着夕阳归去,战歌伴着凯歌,回荡在千里草原上……

《草原女民兵》由14段音乐联缀而成,舞蹈与音乐融为一体,民族风格浓郁,时代气息强烈,配器采用中西乐器混合,以管弦乐为主加特色民族乐器的手法,第一、第七、第十二、第十四段有合唱伴唱,形成歌、舞、乐的高度统一。

蒙古族女子独舞《蒙古人》由内蒙古自治区直属乌兰牧骑敖登格日勒于1993年7月首演,编导:巴图、敖登格日勒,作曲:腾格尔。舞蹈豪迈奔放,表现了草原人民的爽朗和热情好客的精神风貌。

《蒙古人》的曲式为带再现的三段体:A B A′

舞蹈在人声的呐喊中开始,A段是节奏感很强的小快板,音乐热情奔放,有冲劲。蓝天白云下,一位英姿飒爽的蒙古族少女,像一匹火红的骏马,闪电般地在辽阔无垠的草原上疾驰而来。在激昂的音乐声中,舞蹈演员双手提着又宽又长的裙边,随着音乐的波澜起伏,时而置于胸前上下耸肩,时而左右横移挥甩,似骏马驰骋在辽阔的大草原上,表现了蒙古族人民豪迈、爽直的性格。

音乐转入慢板B,在优美抒情的《蒙古人》的歌声中,演员以优美的动作语言表现蒙古族人对大自然,对家乡,对草原的无限眷恋。姑娘的双手合拢于身前,宁静而安详地注视着远方,一步步向前慢行,体现出天人合一回归自然的状态。

第三段,音乐又回到了A的旋律,快速、热情而奔放,舞者借助音乐所带来的力量双手紧握舞裙上下抖动,高低开合俯仰,拧倾的动态形成强烈的动力,将蒙古族人民开阔的胸襟、剽悍的个性作了充分的表现。音乐在最高潮时戛然而止,舞者的姿态定格在一个向前冲似挥鞭的造型上,强化了主题。

第四节　潇洒典雅的朝鲜族歌舞音乐

　　朝鲜族主要居住在与朝鲜民主主义人民共和国毗邻的吉林省延边朝鲜族自治州，其余部分散居在吉林省、黑龙江省、辽宁省、内蒙古自治区境内及关内的一些大中城市，他们是从明末清初陆续从朝鲜半岛迁来的，19世纪60年代以后（特别是1869年至1870年，朝鲜北部遭受重大自然灾害；1910年朝鲜被日本帝国主义吞并这两个历史阶段）越过鸭绿江、图们江迁入中国境内定居的就更多了，成为我国民族大家庭中新的一员。人口1923842人（2000年统计）。朝鲜语系属尚无定论，但中国学术界多倾向属阿尔泰语系。

　　我国的朝鲜族人民与朝鲜半岛的朝鲜人民是不同国家的同一民族，其民间音乐同出一源、一脉相承，只是前者与其居住地区的汉族和其他民族的民间音乐结合得更为紧密罢了。

　　中国朝鲜族的民间音乐、民间舞蹈寻根探源是在古朝鲜、扶余、高句丽以及朝鲜传统文化的基础上形成的，具有悠久的历史。同时，朝鲜文化长期以来又受到中国传统文化的影响，从殷周时代起，朝鲜半岛的居民就与中国开始友好往来。中国文化也吸收朝鲜文化而不断地丰富自己。[①] 因此，要研究中国朝鲜族的民间舞蹈音乐，首先了解一下朝鲜的音乐文化历史和音乐的基本特征是十分必要的。

　　在朝鲜的三国时期（公元4—7世纪，三国为高句丽、百济和新罗）和随后的新罗统一时期（公元676－936年），音乐文化有了显著的发展，人民大众创作了许多歌谣，反映了当时人民的美好愿望和善良性格。歌谣文化的发展促进了器乐文化的发展，富有特色的乐器如伽倻琴（其形似筝，音箱呈长方形，面板用桐木、底板用栗子木制作，传统的伽倻琴共12根弦，音域为$g-d^2$）、玄琴（筌篌）、大筝（横笛）等乐器开始形成，随之出现演奏的乐曲和演奏能手，如高句丽的王山岳创作了玄琴的乐曲170多首；新罗南方的伽倻国音乐家于勒制作了伽倻琴，创作了12首伽倻琴曲，并将这一乐器传到新罗。这一时期的舞蹈也得到了发展，到新罗统一时期，器乐伴奏的人数已从原来的一个增加到3－4人。由于与中国的交往频繁，又吸收了中亚、西亚的乐器和音乐，使得高句丽、百济和新罗的音乐

---

① 〔朝〕文河渊、文钟祥：《朝鲜音乐》，音乐出版社，1962年。

都得到了发展。在新罗统一时期，还设置了专门管理音乐的机构"音声署"；整理了传统音乐（称为"乡乐"）；从中国传入的佛教及佛教音乐也在这时盛行起来。

高丽时期（936—1392年）继承了新罗统一时期的音乐文化并加以发展、推进。这一时期音乐界的一件大事是中国"雅乐"的传入，并从中国传入大量的乐器，外来文化与本地文化的不断融合，丰富了朝鲜的音乐文化，出现了进一步繁荣的局面。当时将音乐按其来源分为雅乐（中国的宫廷音乐）、唐乐（中国、印度、中亚、西亚等国家和地区的民间音乐）、乡乐（朝鲜固有的音乐）3种，合称"三部乐"。

李朝时期（1392—1910年），李成桂彻底消灭了高丽王朝势力登上王位后，把国号改为朝鲜。这一时期在乐器改革与制造、音乐创作、理论研究以及新的音乐形式的创造与研究、采用等方面，都取得了显著的成就。卓越的音乐家朴软作出了杰出的贡献：明确了以"黄钟"为基音的十二个音的音高；改造了乐器；培养了乐师；为大型民族器乐演奏乐团的出现奠定了基础。朴软还设计出一种"井间谱法"，创作了舞蹈音乐、管弦乐合奏曲等。1493年出版了成倪等人编纂的有关朝鲜古代音乐的重要典籍《乐学轨范》。

20世纪以来，特别是30年代，为抵御外敌入侵，朝鲜音乐家创作了一批抗日歌曲，如《赤旗歌》、《抗日战歌》等，表达了朝鲜人民热爱祖国，向往自由的愿望。1945年8月15日解放后，出现了一批歌颂领袖，歌颂新的时代的音乐作品，如《金日成将军之歌》、《春耕谣》等。在朝鲜的社会主义建设时期，音乐文化得到了重大发展。

一个多世纪以来，中国朝鲜族的音乐文化也逐步得到了发展，特别是中华人民共和国成立以后，中国朝鲜族与其他民族平等相处，在中国共产党的领导下音乐文化获得快速发展，建立了艺术院校和歌舞团，在音乐、舞蹈的创作、表演及人才培养方面均取得了卓越的成就，形成了丰富多彩的独具特色的朝鲜族音乐与舞蹈。

第五节　朝鲜族歌舞音乐的特点

朝鲜民族自古以来能歌善舞，在《后汉书》中有如下记载："扶余以腊月祭天大会，连日饮酒歌舞，名曰迎鼓。"《三国志·魏志·东夷传》扶余条中谈到："……行道昼夜无老幼皆歌，通日声不绝。"从这些记载中可看出当时朝鲜的歌舞盛况。这种歌舞的传统一直延续到现在，而且得到了进一步的发扬。无论是欢度佳节（望月节、春节），或是喜庆丰收，朝鲜族的男女老幼总随着鼓声的节奏和《阿里郎》、《插秧》、《诺多尔江边》、《道拉吉》等民谣而翩翩起舞。朝鲜族人民对这些民谣怀有特殊的感情。

朝鲜的民间音乐、民间舞蹈是在朝鲜传统文化的基础上，在漫长的发展过程中，吸收融合了中国（特别是汉族和新疆地区的少数民族）、印度、阿拉伯等国家和地区的乐舞精华，逐步形成为具有鲜明的民族风格的。其特点是曲调流畅、委婉抒情，含蓄内在。

朝鲜民族的音乐、舞蹈的风格特点往往与农耕文化及鹤的形象有关。

朝鲜民族以农业经济为主，以水稻种植为主要内容。朝鲜族著名舞蹈家赵得贤说："朝鲜族舞蹈的屈伸动作，是指头一脚迈开的时候身体下垂，第二步身体上升，然后又复下垂，迈出像头一脚一样的步子。这种屈伸动作，好像人在水田里干活时，在稻田中行走一样。这正是朝鲜族舞蹈起源于水田劳动的痕迹。"又说："这种上腹部与下胸部之间、上下流通的力量相配合，决定着身躯的上升与下垂。这种律动既变化又不失统一，内在感情横溢全身各部位，表现为朝鲜族舞蹈特有的内在律动美。"

朝鲜族人民十分喜爱鹤，把鹤看成吉祥、纯洁的象征。在朝鲜族的民间舞蹈中，有直接模拟鹤的形象的各种"鹤步"，更具有鹤的形象升华后那种潇洒、典雅、含蓄、飘逸的特点。朝鲜族舞蹈的韵味美、内在律动美、动静结合美与鹤的形象有很大的关系。

朝鲜族民间舞蹈的主要形式有：农乐舞、假面舞、剑舞、杖鼓舞、扁鼓舞、扇舞、拍打舞等。

与农耕生活紧密结合的农乐舞便是农耕文化的一种体现。农乐舞是在民间节日中广泛流行的一种娱乐形式，是朝鲜族最有代表性的舞蹈，伴奏农乐舞的音乐称为农乐，由12段不同"长短"的曲调组成，情绪欢快、火热，具有浓厚的乡土气息。农乐由小金（似小锣）、钲、杖鼓、小鼓、锣、唢呐、笛子等乐器组成。农乐队前由写着"农者天下之大本"的农旗为先导，舞者扮成贵族、官吏和假面人等，表演时要变换各种阵法，如"乙字阵"、"五方阵"等，还要表演小锣舞、杖鼓舞、假面舞、象帽舞等节目，其中象帽长缨舞最具特色，表演者头戴特制的头盔，上面系着几尺甚至几十尺长的纸带，舞时摆动头部使纸带在头顶、身侧旋转舞动，非常精彩，表演时手中击打小锣或小鼓，高潮迭起，激动人心，表现了朝鲜族人民乐观的情绪。

假面舞是戴假面表演的男性舞蹈，具有戏剧性，多表现带讽刺性的内容，活泼、幽默，动作粗犷有力，音乐为"他令"节奏或"古格里"节奏。

剑舞是手持短剑表演的女性舞蹈，短剑的剑柄与剑体相连处有活动装置，表演者舞动时剑体旋转并发出有规律的音响，与优美的舞姿相结合形成战斗的气氛。舞蹈节奏为刚劲有力的"他令"。

杖鼓舞多为单人或多人表演的女性舞蹈，男性也可表演。舞者身挂杖鼓，边舞边击鼓，高潮时常做旋转，可多达几十圈，表现喜悦的心情，音乐用12/8、18/8、4/4等不同节拍。以"古格里"节奏为主。

扁鼓舞是持扁鼓而舞的舞蹈，男女均可表演。表演时舞者击打挂在胸前扁鼓。女性扁鼓舞多为独舞，男性扁鼓舞多为群舞，动作有力，具有战斗性。舞蹈节奏随内容而变化。

扇舞是持花扇表演的道具舞蹈，由女性表演。分单扇舞、双扇舞两种形式。节奏有"古格里"、"他令"等。

拍打舞是表演渔民喜获丰收的舞蹈，用手掌拍打胳膊、肩、胸、两肘、腿部等部位，表达喜悦的情绪，动作激烈，多用"安旦"节奏。

朝鲜族的民间音乐可分为民谣、歌乐、舞乐、器乐、说唱音乐、唱剧6类。

朝鲜族的民间音乐采用中国音乐体系，其歌舞音乐具有如下特点：

一、调式[①]

中国朝鲜族的民间音乐与朝鲜音乐有许多共同特点。1493年出版的朝鲜音乐的重要典籍《乐学轨范》对调式理论作了透彻的阐明。

"乡乐"的调式主要是"五音调式"（类似中国民族音乐的五声调式），分"平调"与"界面调"。

"乡乐"虽然也包括了民间音乐的成分，但它是一种宫廷音乐。后来大家说的民间音乐，主要是指李朝时期以来的民间音乐，根据民间音乐中出现的五音调式的特点，可以区分为下列几种：

第一，五音调式用于少数民谣，近代的《诺多尔江边》等歌曲也属于这种调式。

第二，五音调式也常用于民谣。如《船歌》等。

---

① 〔朝〕文河渊、文钟祥：《朝鲜音乐》，音乐出版社，1962年。

第三，五音调式多用于南道民谣，西道地方也有极少数这种调式的民谣。如《挥莫里节奏曲》等。

第四，五音调式同乡乐中的平调的音列相同，这一调式的乐曲主要集中在中部地区，以汉城为中心，以平壤为中心的西道地方也普遍地运用这种调式。如《青春歌》等。

第五，五音调式的音列与乡乐的界面调相同。第四、第五五音调式是朝鲜民间音乐中最基本的调式。第五五音调式广泛地用于南道地方的民谣。近代的一些创作歌曲也广泛地运用这种调式。如郑镇玉的《闺女之歌》等。

现当代的朝鲜音乐，受到欧洲音乐体系的影响，无论是调式、和声和旋律都能感到这种影响的存在。

二、旋律

朝鲜民间音乐的旋律具有十分流畅的特点，旋律与当地的语言有密切的关系。这种有特点的旋律与舞蹈性的有特点的节奏相结合，使朝鲜的民间歌曲常与舞蹈相结合，为舞蹈伴唱或载歌载舞。朝鲜的音乐多为三拍子系统，从而形成了独特的旋律的风格和旋律发展方法。音乐多为轻松、乐观的情绪，音乐的材料简练，讲究呼吸，有时以长音唱出旋律中个别的音，内在、含蓄。

在旋律的音程构造上，朝鲜的民间音乐以四度和二度为基础，避免三度音的连续出现。

《月亮啊月亮》是朝鲜族人民在农历八月十五日中秋节（秋夕节）的夜晚，月亮升起后所唱的古老的民谣，为三声音阶所组成，音程以四度、二度为主，具有典型的朝鲜族音乐思维的特征。

同度音的连续出现也是较有特点的，长短结合的时值与语言紧密相关。

在演奏朝鲜族音乐的时候，凡遇长音，一般都在长音的后半部分演奏成幅度较大的颤音，特别是筒箫、笛子演奏者还晃动头部，形成特有的风格。

三、节拍、节奏

朝鲜族民间舞蹈的特有动律与朝鲜族民间音乐常用的节拍和节奏有很大的关系。人们常用"长短"一词来表示节拍和节奏的特点，如"古格里长短"为12/8拍子,"安旦长短"为4/4拍子(节奏型见下一节:各种鼓点介绍)。但同样是12/8,"古格里长短"和"查金古格里长短"的节奏型是不一样的,可见"长短"一词既具有节拍的内涵,又具有节奏的意义。由于每一种鼓点都有一个基本的速度,因此,"长短"也就包括有速度的意义,如"古格里长短"的速度为稍慢或中速,而"查金古格里长短"的速度则为稍快。此外,"长短"还有情绪、风格等因素。

在朝鲜族的民间音乐中,三拍子系统占有绝对的优势,这与朝鲜族的语言有密切的联系,朝鲜语的重音安排往往形成前长后短或前短后长的节奏形式。也有人认为三拍子系统占绝对优势与劳动的方式有关,朝鲜人主要从事水稻种植,与这种劳动方式相对应的三拍子较为柔和。

朝鲜音乐以三拍子为主的原因,还可追溯到古代朝鲜与外来音乐的频繁交往中去寻找。在中国隋、唐时期的宫廷音乐中,"高丽乐"一直是"七部乐"、"九部乐"或"十部乐"中的一部,它曾对中国的音乐产生过很大的影响,而中国音乐也曾给予朝鲜的音乐以深远的影响。从公元11世纪开始,朝鲜吸取了中国的唐乐,并用于宫廷宴会之中,唐乐中有一批三拍子系统的乐曲。从12世纪开始,朝鲜引进了中国的雅乐,用于宗庙、祭祀等活动之中。音乐史学家何昌林在《唐代酒令歌舞曲的奇拍型机制及其历史价值》(从《敦煌舞谱》看唐代音乐的节拍机制)[①] 的论文中指出:"唐代音乐中曾经产生过一批数量很大的三拍子乐曲(唐代燕乐曲约600首左右,除去大曲、中曲,余者为燕乐杂曲,并基本上被用为酒令舞曲,可见三拍子乐曲的数量不会少于百首)"。又指出:"唐代酒令歌舞这个古老'乐种'以三拍子作为其基本节拍形态;日本雅乐、邦乐与韩国乡乐中的诸多音乐术语系唐代乐工所创造的专用语,是不折不扣的中国式音乐术语。"这种三拍子为主的节拍体制在朝鲜民族的音乐中一直加以保留,而中国歌舞音乐(主要是汉族)却在宋代出现明显的转轨,变为以二拍子为主的节拍体制。

朝鲜族民间音乐为什么以三拍子系统为绝对优势的第4种说法是中国传统的哲学思想与朝鲜的本土文化结合后形成的产物。北京舞蹈学院青年学生胡骁在一篇未发表的论文《试论三拍子系统在朝鲜族民间舞蹈音乐中的绝对优势形成方式之一》中说:"朝鲜族对三的理解类似于音乐节拍的感觉:'重一、接二、连三',这些象征着世界万物的'阴、阳、和'是中

---

① 何昌林:《唐代酒令歌舞曲的奇拍型机制及其历史价值》,载《交响》(西安音乐学院学报)1992年第4期,1993年第1期。

国传统的儒道精神在朝鲜文化中的最佳体现与发展。这种把'阳刚'与'阴柔'结合在一起的中庸之道必然在音乐的节奏和舞蹈的动作中有所体现，出现了三拍子系统的'古格里长短'、'查金古格里长短'、'赛尔波里长短'、'他令长短'、'阳山道长短'等。在朝鲜族舞蹈中的各种动作，如'平步'即体现出'圆的意识'和'生生不息'的起伏绵延。这种动作与三拍子的音乐相结合，才会使人感到流畅与舒坦。蕴藏着随气而动，意念先行，神行兼备，体现出祖先遗留下来的特殊'信息'与'意念'"。

上述 4 种说法中，究竟哪种说法最有说服力，还有待音乐家与舞蹈家作进一步的研究。但本人以为，与语言的特点相结合是其主要的原因。

朝鲜族音乐最普遍的拍子是 12/8、6/8、9/8 或 4/4 等复拍子，也有 3/4、3/8、2/4 等单拍子，还有数量很少的 5/8、7/8、5/4 等混合拍子。

朝鲜民间音乐中，有时也出现切分节奏，最有特点的也是典型的例子是以 6/8＝3/4 的方法来打拍子。

朝鲜族民间舞蹈音乐一般都是从正拍起句，从后半拍起句的情况极少。

朝鲜族民间舞蹈音乐的速度一般多为中速或小快板，慢速或快速的音乐都较少见。

第六节　各种鼓点介绍

朝鲜族民间舞蹈的伴奏乐器有：杖鼓、扁鼓、锣、笙篥、笛子（大笒）、短箫、洞箫、唢呐、奚琴、伽倻琴以及二胡、琵琶、扬琴、阮等民族乐器。

杖鼓是朝鲜族打击乐器，又称长鼓。杖鼓历史悠久。宋代沈括《梦溪笔谈》载："唐之杖鼓，本谓之'两杖鼓'，两头皆用杖。今之杖鼓，一头以手拊之，则唐之'汉震第二鼓'也。明帝、宋开府皆善此鼓。其曲多独奏，如鼓笛曲是也。今时杖鼓，常时只是打拍，鲜有专门独奏之妙。"

在朝鲜族民间舞蹈表演时，杖鼓既可以与乐队一起参加伴奏，由杖鼓演奏者掌握速度和领奏各种鼓点；又可以由杖鼓单独伴奏，不用其他乐器；还可以由舞蹈者挂在身上，一边舞蹈，一边演奏，既是伴奏乐器，又是演出用的道具。朝鲜族人对杖鼓十分喜爱，在人民中流行着这样的话："第一是鼓手，第二才是歌手。"可见对杖鼓的重视。

杖鼓由杖鼓筒、松紧带、键面、鼓面、鼓键等部分组成。杖鼓筒呈圆筒形，两端粗而空，中段细而实。两端各有八个控绳铁钩，系上可调节松紧的绳子绷住用羊皮、马皮或牛皮制成的键面和鼓面，键面的皮比较薄，用右手持鼓键敲击，鼓面的皮比较厚，用左手手指敲击，键面的音一般比鼓面高五度。左右手节奏交错，富有变化。

鼓的演奏由单一逐渐发展到复杂，派生出多种节奏。

小金是朝鲜族打击乐器，铜制，锣类，正面直径 19.8 厘米，背面直径 18.3 厘米，边宽 3.5 厘米。声音明亮、清脆。

大金，朝鲜族打击乐器，铜制、锣类，正面直径 35.3 厘米，背面直径 30 厘米，边宽 8.5 厘米。声音洪亮、浑厚。

筚篥是蒙古、纳西、彝、白、朝鲜、达斡尔、汉等民族的吹管乐器。筚篥历史悠久，源于龟兹，古称篥，自唐至清为宫廷燕乐的重要乐器，同时广泛流传于民间。朝鲜族筚篥又称管子，竹制，双簧，分高音、中音两种。舞蹈伴奏多用高音筚篥，一支筚篥只吹一个调，以 A 调、$^\flat$B 调最为常见。

朝鲜族民间舞蹈音乐的"长短"非常丰富，已形成系列。主要鼓点如下：[1]

"古格里"节奏为中等速度的行板，旋律优美悦耳、抒情流畅，舞者的呼吸起伏与节奏融为一体。一般按 12/8 记谱，也可按 6/8 记谱，前者 1 小节为一个鼓点，后者 2 小节为一个鼓点。

"查金古格里"节奏轻快、活泼，速度稍快。通常用鼓点 a 及其加花变奏，乐段结束时用鼓点 b。

"他令"节奏刚劲有力，有劳动气息。

"今赛"节奏俏皮、轻快、幽默，用在"他令"之后的乐段结束处。

"安旦"节奏轻快、活泼、幽默。

"赛尔泼里"节奏连贯优美、天真活泼，是"古格里"的变形节奏。

"雍布儿"节奏沉稳、耐心，速度较慢，常用于控制能力较强的鹤步。"托托里"是"雍布儿"的变化节奏，速度中等，平稳、严肃。

"中莫里"节奏优美，行板速度。

"曼长短"节奏轻巧、愉快，速度中庸，"曼长短"也是"古格里"的变形节奏。

"阳山道"节奏明朗，原是为歌曲伴奏的节奏，后亦用于舞蹈，中等

---

[1] 裘柳钦：《中国民族民间舞曲选》，上海音乐出版社，2004 年。

速度。

"登得宫"节奏有冲劲，a 为中速，b 为快速。

"挥莫里"节奏激情，速度较快。

"欧莫里"节奏悠闲潇洒，中速。

朝鲜族的"长短"多数属三拍子系统，但其节拍的重音与欧洲音乐体系的强弱在概念上有明显的区别，其强弱的关系不是"强、弱、弱"的功能，而是各种"长短"有它自己的重音位置，如"古格里长短"的重音在每小节的第三拍和第九拍，而"曼长短"的强拍在每小节的第十一拍，"阳山道长短"的重音在每小节的第八拍。在有的民谣中连续出现不同节拍的小节，如平安道地区的歌谣《顺安媳妇》按顺序每小节的节拍是 12/8、9/8、12/8、15/8、9/8、12/8、6/8、12/8、6/8 拍子，不可能找出有规律的强弱反复。正是这些保持了朝鲜民族音乐的特色。

综合性组合《插秧》包括了安旦、查金古格里、古格里 3 种节奏，表现了朝鲜族妇女在田间劳动的生动场面和喜悦的心情。《插秧》的曲式结构为对比式的两段体：

$$\text{前奏} \underbrace{\mathbf{A}}_{a\ b} \text{ 间奏 } \mathbf{B} \text{ 尾声}$$

《插秧》从鼓点一响起，就让人感受到春天的活力和朝鲜族人民奔向田间的喜悦心情。紧接着 7 拍长音（la），舞蹈演员们双手交替着做扛推手，脚下小踮步来到了舞台中间，在一个拧身转回之后，只见右手顶上大划手，双脚踮起，仿佛看着远处无边的稻田，心中思量着该从何处下手。她们迈着欢快、自信的步伐，挽起两袖，朝鲜族妇女热爱生活、热爱劳动的形象便活灵活现地展现在大家的面前。在快板 A 的音乐中，出现了多处切分节奏，结合舞蹈动作，更好地表达了她们对田间劳动的迫切期待和渴望。A 的后半部，人们在田间插秧，看到自己的劳动成果，满怀喜悦。查金古格里的节奏很好地体现了紧张的劳动场面和快乐欣喜的心情。最后一个长音的延长起到了放慢的作用，一个古格里节奏的间奏使音乐的速度转慢，情绪转折。

B 段表现大家在休息的时候，擦擦额头的汗水，伸伸累酸的腰，伴着流畅抒情的《插秧》音乐，她们浮想联翩，憧憬着丰收的美景。朝鲜族对鹤的推崇在此段中体现得淋漓尽致：从脚下的波浪步到平步、踮步再到波浪步，呼吸同音乐紧密结合，让人感觉到妇女们对土地的眷恋与热爱，对未来的幸福充满希望。

尾声的安旦节奏，使舞蹈在欢快、激情的飞速旋转中结束。给人们留下美好的回忆。

中华人民共和国建国后，朝鲜族舞蹈有了很大的发展，舞蹈工作者创作了一批深受人民群众欢迎的舞蹈作品，如《扇子舞》、《长鼓舞》、《三千里江山》、《顶水抗旱》、《养猪姑娘》、《伐木工》、《农乐舞》、《分配的喜悦》、《拥军菜》、《敲起长鼓庆丰收》、《看水员》、《青山恋》、《故乡情》、《残春》、《娜琳达》等，以及根据朝鲜民间故事创作的大型舞剧《春香传》、大型民族舞蹈诗《长白情》等。

朝鲜族女子群舞《扇子舞》，原作：吉林省龙井县朝阳川朝鲜族俱乐部，改编：金明，编曲：吴豪业、秦鹏章。该舞1955年在第5届世界青年与学生和平友谊联欢节上获银质奖章。

男子独舞《残春》，1988年北京舞蹈学院首演，编导：孙龙奎，音乐选自韩国歌曲《李朝五百年》及若干鼓点组合而成。舞蹈表现了对青春的美好回忆和对美好年华流逝的感叹。作品以朝鲜族舞蹈素材为基础大胆创新，于1988年获第二届"桃李杯"舞蹈比赛编导一等奖和表演一等奖。1994年获"中华民族20世纪舞蹈经典作品奖"。

第七节　朝鲜族与维吾尔族民间舞蹈音乐的简要比较

朝鲜族与维吾尔族是生活在我国北方的两个兄弟民族，他们分别居住在我国的东北和西北边陲。其民间音乐和民间舞蹈都在各自的传统文化的基础上，善于吸收外来因素，经过长期的融合发展而成。在其漫长的发展过程中，朝鲜族曾广泛地吸收过汉族及新疆地区的一些少数民族以及印度、阿拉伯等国家和地区的乐舞；维吾尔族则继承了古代西域音乐和古代回纥音乐的传统，又吸收了新疆地区、中原地区和东西方许多国家和民族的乐舞，形成了各自鲜明的民族风格。特别是在隋、唐时期，"高丽乐"、"龟兹乐"、"疏勒乐"等均为宫廷的七部乐、九部乐之一（后又增加"高昌乐"为十部乐），这些来自朝鲜和新疆地区的古代乐舞与汉族的乐舞互相影响、互相吸收。因此，这两个民族的舞蹈和民间歌舞音乐存在着很多相似或相异之处。

朝鲜族与维吾尔族居住区的纬度相近，语言同属阿尔泰语系，又都受到外来文化的影响，舞蹈动作、舞蹈节奏都有相似之处，舞蹈中都有旋转的技巧，跳跃的动作也比较多。

现将朝鲜族与维吾尔族民间舞蹈音乐作一简要的比较，其不同点可参见下表：

朝鲜族与维吾尔族民间舞蹈音乐比较表

	朝 鲜 族	维吾尔族
旋律	旋律流畅，委婉抒情，含蓄内在，轻松乐观。旋律进行以四度和二度为基础，避免三度音连续出现。	活泼、愉快、开朗、幽默，富有歌唱性。旋律进行：①以级进为主；②有较大幅度的跳进。
调式	类似汉族的民族调式，以"平调"（以sol为主音）和"界面调"（以la为主音）较多。	调式多样化：①波斯—阿拉伯音乐体系的多种调式；②中国音乐体系的五声、六声、七声调式；③欧洲音乐体系的大小调式。
音阶	以五声为主	以七声为主
节拍	多属三拍子系统，以 12/8、6/8、9/8 及 4/4 最多，也有 3/4、3/8、5/8 等拍子。	类型多样，有散板、2/4、4/4、3/4、3/8、6/8 及 5/8、7/8 等拍子。
节奏	①主要切分形式为： 6/8 × x̲ ̲x̲ × = 3/4 × × × ②一般从正拍起句 ③基本鼓点：古格里、查金古格里、安旦、他令等。	①主要切分形式为： $2/4 \times \overset{\frown}{1\,1\,1} \times 1 = \times 1\,1 \times 1$ ②多从后半拍或后小半拍起句； ③基本鼓点：奇克提麦、赛乃姆、赛乃凯斯、赛勒玛等。
伴奏乐器	杖鼓、扁鼓、锣、筝篥、笛子、箫、唢呐、奚琴、伽倻琴等。	达卜（手鼓）、铁鼓、萨巴耶、它石、热瓦甫、弹布尔、都它尔、扬琴、卡龙、艾捷克、萨它尔、唢呐、笛子等。

朝鲜族与维吾尔族民间舞蹈音乐的相似点有：

1. 固定节奏型：某一段音乐固定用一种鼓点，这种固定的节奏型指导着音乐的发展。

2. 鼓是各自主要的伴奏乐器。

3. 某些主要的节奏型相类似，如：

a. 朝鲜族古格里与维吾尔族奇克提麦

朝鲜族的古格里节奏通常为 12/8，一小节为一个鼓点；也可以记成 6/8，两小节为一个鼓点，与维吾尔族多朗舞奇克提麦节奏相似；

b. 朝鲜族安旦与维吾尔族赛乃姆

朝鲜族的安旦节奏速度稍快，演奏一个鼓点正好与一个赛乃姆节奏相似，安旦节奏也与京剧锣鼓点"抽头"相似，只是演奏的乐器不同，即兴加花的手法有差异，风格是迥然不同的。

京剧锣鼓抽头：

4/4　仓　另台　七台　一台｜仓　另台　七台　一台‖

从上述鼓点的相似性亦可看出，在历史发展的长河中，汉族与兄弟民族之间，兄弟民族与兄弟民族之间在音乐文化方面互相吸收，取长补短，共同发展的生动景象。

第八节　鄂温克族民间舞蹈音乐

鄂温克族主要居住在内蒙古自治区呼伦贝尔盟的鄂温克族自治旗（呼伦贝尔草原的中南部）、陈巴尔虎旗、布特哈旗、阿荣旗、额尔古纳左旗、莫力达瓦达斡尔族自治旗、鄂伦春族自治旗及黑龙江省讷河县等地。鄂温克族多数信仰萨满教，牧区的鄂温克人同时也信仰喇嘛教，有少部分人信仰东正教。人口 30505 人（2000 年统计）。多与蒙古、达斡尔、汉、鄂伦春等族杂居。鄂温克语属阿尔泰语系满—通古斯语族通古斯语支，分海拉尔、陈巴尔虎、敖鲁古雅 3 个方言。

"鄂温克"是本民族的自称，意为"住在大山林中的人们"。鄂温克族的祖先原住贝加尔湖以东和黑龙江上游石勒喀河一带的山林中，从事渔猎生产和饲养驯鹿。17 世纪，由于沙俄向远东扩张，鄂温克人被迫陆续迁往内蒙古东部地区：额尔古纳河以南茂密的山林、草原及河谷地区。

鄂温克族的民间音乐主要是民歌，包括"扎恩达勒格"、"努该里"和"萨满调"（宗教歌曲）3 个部分。

"扎恩达勒格"是民歌小调的总称，可分长调和短调两类。

"努该里"指民间歌舞，这是以从事农牧生活的鄂温克人为主跳的舞蹈，人数不限，成双即可。当地有"努该里"、"鲁日格勒"、"阿罕伯"3 种称谓。"努该里"多由妇女表演，舞时有一人带头，其余的人边歌边舞，没有乐器伴奏。也可统一在几种节奏的呼号中，如"阿罕拜"、"扎海！扎海！"、"哲呼！哲呼！"，边呼号边舞蹈。

"爱达哈喜楞"（即野猪搏斗舞）是反映狩猎生活的舞蹈，由两人身体略向前倾斜，两手放在背后，用肩互相撞击，嘴里发出"吼！吼！"的声音，模仿与野猪搏斗的动作。

"哲辉冷"舞，由两人面对面、手拉手，边唱边跳，舞姿活泼，矫健，曲调短小。

鄂温克歌舞中演唱的歌词的内容大多是风俗、礼仪、表现狩猎生活和妇女生活题材等，如下面这首歌是在河边歌舞时唱的，生动地描述了鄂温克人狩猎生活的情景：

> 兄弟姐妹们相见是多么不易呀！
> 来，让我们歌舞吧！
> 不久，我们又要分开，
> 为了祝福狩猎的丰收，
> 为了幸福的重逢，
> 我们欢乐的唱歌吧！
> 我们欢乐的跳舞吧！

"萨满调"的内容多与宗教，驱鬼治病有关，其音调与"扎恩达勒格"和"努该里"有联系，多为萨满领唱，助手和众人伴唱。

鄂温克族舞蹈《彩虹》是著名舞蹈家贾作光以鄂温克族视作幸福和吉祥象征的彩虹立意，吸收鄂温克"努该里"的舞蹈语汇创作的一个节目（图力古儿·达尔玛作曲），1977年首演，作品表现了鄂温克人民对生活的热爱和对未来美好生活的憧憬。该舞参加中华人民共和国成立30周年献礼演出，荣获一等奖。

《彩虹》的曲式结构为：前奏、A、B、A^1，是一首带再现的三段体乐曲。

前奏为散板，给人们展示了鄂温克人民辽阔的生活环境。其旋律是由A段和B段音乐的核心部分组合而成的。

A段速度较慢，旋律优美，节奏舒展，草原气息浓厚，D羽调式，柔和而抒情。节拍很有特点，用非方整的3/4、4/4、5/4节拍相穿插，使音乐非常流畅，表达了人们内心的喜悦。舞蹈采用了软肩、硬肩等技巧和鄂温克"努该里"的步伐，动作柔韧，优美，灵活多变，连绵不断，有延伸感，使人们感到草原的美。

B段，快板，旋律明朗、活跃，热情奔放，充满朝气。C宫—A羽交替调式，音乐反复后移高大二度演奏，变为D宫—B羽交替调式，使音乐更为明亮，然后，音乐在D宫调式上继续衍展。这段音乐由于运用调式交替、转调等技法，使音乐的色彩富有变化，犹如一条艳丽的彩虹。舞蹈刚劲有力，动作灵活多样、回旋对称、淳朴开朗、热烈奔放，有棱有角，具有一种内在的力度感，淋漓尽致地表现了鄂温克人民对美好生活的赞美。

音乐经过 B 段的对比后，突然放慢，回到了 A 段的旋律，同时转回到 D 羽调式上，实现了同主音的调式转换，在色彩上具有很大的对比性。舞蹈也回到 A 段的语汇，最后，音乐渐弱，逐渐消失，给人以无穷的回味。

《彩虹》既是一个优秀的舞蹈节目，同时也是一首优秀的舞蹈音乐作品，篇幅虽短，但十分精炼，音乐富有个性，与舞蹈结合得非常完美。

鄂温克族的主要民族乐器有抓鼓和口弦等。

鄂温克族民间音乐采用中国音乐体系，以五声调式为主，鄂温克旗民歌以宫调式最为常见，其次是徵调式，强调宫、商、角 3 个音，这是一种比较古老的三音音列。额尔古纳左旗的民歌以羽调式较多见。鄂温克族民歌的结构短小，多为上下句组成或单乐句重复（变化重复）构成的乐段。

中华人民共和国成立后，鄂温克族的音乐得到了发掘和发展，鄂温克族作曲家、指挥家明太、图力古儿·达尔玛作曲的很多作品（包括舞蹈音乐作品）受到国内外的关注和好评。

第九节　鄂伦春族民间舞蹈音乐

鄂伦春族聚居在今内蒙古自治区和黑龙江省接壤的大小兴安岭中，即内蒙古自治区的鄂伦春自治旗、布特哈旗、阿荣旗、莫力达瓦达斡尔族自治旗，以及黑龙江省呼玛、逊克、爱辉、嘉荫等县。人口 8196 人（2000 年统计）。

"鄂伦春"是本民族的自称，有两种含意，一为使用驯鹿的人，一为山岭上的人。鄂伦春人信奉萨满教，崇拜自然物，盛行对祖先的崇拜。鄂伦春族有语言无文字，鄂伦春族使用的鄂伦春语属阿尔泰语系满－通古斯语族通古斯语支（也有称鄂温克语支），现一般通用汉文。

关于鄂伦春的族源众说纷纭，但一致认为鄂伦春和鄂温克早期是一个民族。《东北民族源流》一书认为："鄂温克语支各族最初居住在黑龙江流域，汉代时包括在挹娄这一统称之中。丁零西迁，鄂温克诸族的先人亦迤西据丁零故地。唐代鄂温克诸族包括于北黑水靺鞨之中，辽代称斡朗改。至辽、金、元称斡朗改，或林木中兀良哈。室韦西南迁至内蒙古草原，鄂温克语支各族西迁到石勒喀河及赤塔河一带。明代称北山野人，居住在大兴安岭以北。清代开始有部分南迁至黑龙江以南。"①

鄂伦春族的民间音乐主要是民歌"扎恩达勒"，一般用一些固定的曲调即兴唱词。舞蹈形式是载歌载舞的，有黑熊搏斗舞、树鸡舞、依哈嫩舞、采红果舞等。民间歌舞统称"吕日格仁"。

黑熊搏斗舞 此类舞蹈源于鄂伦春人远古时对熊的图腾崇拜以及狩猎生活。由3人表演，3人站成品字形，舞时舞者口中呼喊"哈莫，哈莫"之声（学熊的呼叫声）。当其中两人斗得难分难解之时，另一人在旁参加进去，劝解两个正在用下巴袭击对方肩部的舞者，直到一方认输为止。

树鸡舞 鄂伦春语称"群球嫩"。舞者模仿山上树鸡的蹲、跳、蹦等动作姿态。舞蹈幽默风趣。

依哈嫩舞 是庆祝狩猎丰收时跳的舞蹈。由于众人围着篝火而跳，故又称"篝火舞"。

采红果舞 鄂伦春语称"红普嫩"。模拟鄂伦春妇女采集红果时的姿态。舞姿优美轻盈、活泼明快、富有生活气息。

哲为哲舞 因舞时不断呼喊"哲为哲"而得名。多由妇女表演。表现狩猎民族妇女强悍的特点。多为2/4拍，舞时用脚跺出节奏踏地之声。舞姿矫健、洒脱。

鄂伦春族采用中国音乐体系，民间音乐多为五声调式，五声以外的音很少，其中羽调式和宫调式最为常见，徵调式、商调式次之。节拍多为2/4、4/4、3/4、3/8、6/8等。曲式以上下句结构或方整性的4句结构的一段体较多。

鄂伦春族的民间乐器主要有抓鼓、口弦等。

用《鄂伦春族小唱》编成的《鄂伦春舞》是贾作光1947年创作的作品，是新中国建国前后，最早反映少数民族生活的舞蹈作品之一。编导运用鄂伦春族舞蹈的素材，表现了鄂伦春人的狩猎生活，体现出鄂伦春人质朴、粗犷、浑厚的性格，欢乐的劳动情绪和对新生活的热爱。此舞曾参加第3届世界青年与学生和平友谊联欢节。

第十节 达斡尔族民间舞蹈音乐

达斡尔族主要居住在内蒙古自治区呼伦贝尔盟莫力达瓦达斡尔族自治

---

① 孙进已：《东北民族源流》，黑龙江人民出版社，1987年。

旗、布特哈旗、阿荣旗、鄂温克族自治旗及黑龙江省齐齐哈尔市郊、龙江县、富裕县、爱辉县、新疆塔城县，人口为132394人（2000年统计）。达斡尔语属阿尔泰语系蒙古语族，分布特哈、齐齐哈尔和新疆3种土语。

关于达斡尔族的族源，学术界尚无定论，主要意见分土著说与契丹后裔说两种。17世纪中叶以前，达斡尔人居住在黑龙江中游的北岸。17世纪中叶，达斡尔人内迁至嫩江流域，后来，一部分达斡尔人迁移至呼伦贝尔草原及新疆塔城。

历史上对达斡尔族有多种不同的称呼："达呼尔"、"打虎儿"、"达胡里"、"达古儿"、"达古尔蒙古"等，中华人民共和国成立后，根据本民族的意愿，统一称呼为达斡尔。达斡尔族信奉萨满教，并有多神崇拜。主要的传统节日是春节。

达斡尔族的民歌可分为4类："扎恩达勒"、"哈库麦"歌曲（"哈库麦"呼苏姑）、"乌春"、"萨满"歌曲（"雅德根"依若）。

达斡尔族民间歌舞的主要表演形式有：哈库麦、萨满舞、毕力杜尔等。

《哈库麦》（又称"鲁日格勒"），是达斡尔族的一种民间歌舞形式，跳舞时唱的歌曲称为《哈库麦》"呼苏姑"（即《哈库麦》歌曲）。每逢佳节，尤其是春节期间，几乎每晚都有跳《哈库麦》的活动。这种歌舞形式的主要参加者和表演者都是妇女，男子很少参加。其表演程序可分为3段：1. 赛歌；2. 比舞；3. 拳斗。

第一部分以歌为主，以舞为辅，开始时歌曲的速度比较缓慢，婉转悠扬。如《五样热情的歌》、《四色歌》、《美露咧》等[1]。

第二部分以舞蹈为主，以歌为辅。歌曲大多都是欢快、活泼、短小精悍。舞蹈根据歌曲的内容常有各种模拟日常生活和劳动的动作，如挑水、洗脸、梳头、打柴等。《农夫打兔》、《姐妹俩》、《夸山羊》、《沙滩上》等歌曲都是属于这一部分的。

第三部分达斡尔语叫"郎图大奇"，意为"拳斗"。舞者一手叉腰，一手伸开挥向对方后脑门，左右手交替，双方形成"对打"或"对档"之势，互不相让，舞蹈部分形成高潮。

《扎恩达勒》、《哈库麦》表演时不用乐器伴奏，而是边歌边舞。

萨满舞 达斡尔族的宗教舞蹈。是萨满进行跳神活动时手执抓鼓边敲边跳的舞蹈。有"碎鼓"、"扬鼓"、"转鼓"、"扇鼓"、"扔鼓"和"滚鼓

---

[1] 杨士清编：《达斡尔族民歌》，内蒙古人民出版社，1980年。

"等鼓点和相应的动作。

毕力杜尔　达斡尔语意为"云雀"，流传于新疆塔城达斡尔聚居区。舞者多模拟云雀飞翔的动作。高潮时，舞者自唱载歌载舞，观众也可以协助同唱。多为 2/4 节拍，节奏明快、跳跃。舞姿优美。

达斡尔族的民间乐器有：木库连、四胡、笛子等。

达斡尔民间歌舞音乐的特点：

1. 调式、音阶：

达斡尔族民间音乐采用中国音乐体系，基本上是五声调式，偶尔出现略高于 fa（4）的音，主要调式有宫调式、徵调式，其次是商调式和羽调式。

2. 旋律：

达斡尔民歌的旋律以级进为主，比较平稳、流畅。在平稳的旋律中间以六度、七度或八度的大跳，特别是上下行的六度较为多见。

3. 节拍：

达斡尔民间音乐的基本节拍形式为 2/4、3/4、4/4、3/8、6/8 等节拍，偶然出现 5/8、7/8 混合节拍，有时在一首民歌中出现变换节拍，如 6/8 变 5/8、3/8 变 2/8、2/4 变 3/4 等。

4. 音腔（带腔的音）在达斡尔民歌中的运用：

①长音装饰：达斡尔族民歌中的长音多用慢的颤音演唱。

②滑音：在句尾或乐曲结束处的长音往往用上滑音或下滑音加以装饰。

5. 曲式：达斡尔族的民间音乐多为两个乐句构成的单乐段，也有一些 4 个乐句组成的乐段。结构方整、句逗分明。

中华人民共和国建国后，达斡尔族的民族音乐获得了发展，达斡尔族作曲家通福创作的作品《敖包相会》、《草原晨曲》家喻户晓。

第十一节　满族民间舞蹈音乐

满族是满洲族的简称，主要聚居在辽宁、吉林、黑龙江、河北、北京等地，人口为 10682262 人（2000 年统计）。满语属阿尔泰语系满洲—通古斯语族满语支。信奉萨满教。

满族的族源可以追溯到先秦时期的肃慎，以及后来的挹娄、勿吉、靺鞨、女真。是一个"以游猎、饲养为主，兼事农耕的山林民族。精骑射、善狩猎、好养猪，是满族自其先世以来即闻名于中原历朝的民族特点"。①长白山下，松辽平原，是满族的发祥地。此地物产丰富，尤以人参、貂皮、乌拉草著称。满族的传统节日是八腊节。

满族自古以来能歌善舞，民间音乐有民歌、歌舞、说唱、戏曲、器乐5类，采用中国音乐体系。

满族民间歌舞分为：1. 民俗歌舞，如莽式舞；2. 萨满歌舞，如抓鼓舞、腰铃舞、铜镜舞、跳鹰神、跳虎神等；3. 满汉两族共有的舞蹈，如高跷、太平鼓、秧歌等。

莽式舞主要在喜庆的日子里或举行婚礼时跳，据清人杨宾《柳边纪略》记载："满洲有大宴会，主家男女，必更迭起舞。大率举一袖于额，反一袖于背，盘旋作势，曰'莽式'。中一人歌，众皆以'空齐'二字和之，谓之'空齐'，犹之汉人之歌舞，盖以此为寿也"。清人吴振臣《宁古塔纪略》记载："满洲人家歌舞名曰莽势，有男莽势、女莽势。两人相对而舞，旁人拍手而歌，每行于新岁或喜庆之时。上于太庙中用男莽势礼"。保留至今的有"东海莽式"、"巴拉莽色"和"拍水舞"。

东海莽式 流传于黑龙江宁安一带，东海为古代女真族聚居地，"莽式"为满语"玛克沁"的音译，意为舞蹈。相传已有300余年的历史。原是民间宴会中必不可少的活动，传入宫廷后，发展成为追慕祖德、颂扬帝业的筵宴乐舞。该舞有9段舞蹈组成，具有鲜明的民族特色，表现了满族男子的粗犷、勇敢，女子的妩媚、柔美的性格。

巴拉莽式 俗称"野人舞"，流传于黑龙江宁安一带，巴拉人原是满族的一支，曾久居牡丹江西部张广才岭山区，长期从事狩猎。清代中后期下山定居后，仍保存着萨满教的信仰。每年春季举行祭天、祭山活动，活动结束后，由青年男女表演巴拉莽式，舞者皆赤膊披发，男着豹皮裙，持手铃，女着柳叶裙表演。

拍水舞 也叫"拍水茶茶妞"。"茶茶"，女真语为少女。流传于黑龙江宁安一带，由母亲、长女、次女3人表演。内容表现母亲教女如何使用盆、瓢、勺在河边舀鱼、嬉戏。

《空齐曲》多采用2/4、3/4变换拍子，旋律平稳，主要由宫、商、角3个音组成，节奏明快，情绪活跃。

跳家神 又名"放神"、"烧旗香"，是满族祭祀祖先和各种"大神"、

---

① 国家民委编：《中国少数民族·满族》，人民出版社，1981年。

"野神"活动中的舞蹈形式,属于萨满跳神遗风。祭祀时的司祝与歌舞者,皆为萨满(巫师)。祭祀的每个程序都有固定的神歌和舞蹈。此类舞蹈的音乐旋律流畅,节奏跳跃,律动感很强,如《请神调》、《排神调》、《饽饽神调》、《念杆子调》、《背灯调》等,分为独唱、对唱、一领众和等形式,用打击乐器伴奏。①

满族秧歌 又叫"地秧歌",俗称"达子秧歌"。流传于辽宁新宾、清原、抚顺等满族聚居区。秧歌表演时,由一名着清代官员服饰,佩带腰刀称作"达子官"的人指挥;另有一名反穿皮袄,斜背响铃,手执长鞭名为"克里吐"的人负责开路打场。其余人物不分角色,男着生活服装,女戴用纸、绢花制成的3—5支蝴蝶花冠(俗称"花山子")。每人斜披一条黄、白、蓝、红等不同颜色的绸带,表明属于八旗中的哪一旗,开始舞蹈。舞蹈充分体现出满族人民重礼节的古风,洋溢着来自山野的纯朴、自然之美。②

满族民间音乐中,宫、商、角3个音是核心音调,多采用宫调式、商调式,角调式次之,羽调式、徵调式罕见。以五声音阶为主,也有一些六声音阶的调式,七声调式很少。

满族的民间乐器主要是打击乐器,流传最广的是八角鼓,相传是满族八旗的首领各献一块木料镶嵌而成,象征八旗的团结。此外,还有抓鼓、大抬鼓、扎板、幌铃等。旋律乐器有口弦(满族人称"墨克纳"),为铁制单簧乐器。

中华人民共和国建国后,文艺工作者创作了歌舞剧《蚕娘》、神话舞剧《珍珠湖》等。为广大观众所欢迎。

思考题:

1. 蒙古族人民生活在哪几个省、区?
2. 蒙古族民间音乐有何特点?
3. 蒙古族民间歌舞的主要表演形式有哪几种?它们分别流行在什么地方?舞蹈与音乐有什么特点?
4. 最有特色的蒙古族乐器有哪几种?
5. 朝鲜族人民主要居住在什么省、区?

---

① 杜亚雄:《中国少数民族音乐概论》,上海音乐出版社,2002年。
② 庞志阳、吴佩筠:《新宾秧歌民族特点、艺术风格初探》,载《民族民间舞蹈研究》1986年3、4期。

6. 朝鲜族民间音乐的基本特点有哪些？

7. 朝鲜的乡乐分为哪几种调式？民间音乐分哪几种调式？

8. 朝鲜族民间音乐主要的节拍形式有哪几种？为什么三拍子系统是朝鲜族民间音乐最主要的节拍形式？

9. 朝鲜族代表性的乐器有哪些？

10. 默写下列鼓点：古格里、查金古格里、安旦、他令、挥莫里。

11. 鄂温克族、鄂伦春族主要居住在什么地方？民间音乐有什么特点？

12. 达斡尔族主要居住在什么地方？民间音乐有什么特点？

13. 满族主要聚居在什么地方？说出2—3种传统歌舞的名称？

第七章 西北地区部分民族的民间舞蹈音乐

第一节 丝绸古道上的维吾尔族歌舞音乐

新疆在祖国的西北边陲，约占全国面积的六分之一，是全国最大的省级行政单位。天山山脉横贯其中，将新疆分为自然风貌迥然不同的南疆和北疆两部分。

新疆是西北少数民族最集中的地区，有47个民族的人民在这里共同生活，其中人数较多的有13个民族，他们是维吾尔、汉、哈萨克、回、柯尔克孜、蒙古、塔吉克、锡伯、塔塔尔、乌孜别克、俄罗斯、满、达斡尔等民族。

维吾尔族主要聚居在新疆维吾尔自治区，大部分在天山以南，其中以和田、喀什、阿克苏、库尔勒地区最为集中，其余散居全疆各地，也有少数居住在湖南省桃源、常德等县，人口为8399393人（2000年统计），信仰伊斯兰教。"维吾尔"是本民族的自称，意为"团结"、"联合"。维吾尔语属阿尔泰语系突厥语族。维吾尔的先民在汉文史籍中，从公元前3世纪至公元3世纪称为丁零，公元3世纪以后称为高车、狄历、敕勒、乌护、韦纥、回纥、回鹘、畏兀儿。公元7世纪，居住在蒙古和西域境内的铁勒（敕勒）人均受突厥汗国的统治。唐天宝三年（744年），回纥灭突厥汗国，建立了回纥汗国。贞元四年（788年），改回纥为回鹘。开成五年（840年），漠北回鹘汗国为黠戛斯击败，回鹘诸部纷纷西迁，其中一支迁至河西走廊定居，后来逐渐演变为裕固族，另一支西迁至西域，与原来生活在那里的丁零人及其他民族长期相处融合发展，形成今天的维吾尔族。[1]

在汉代，人们称甘肃玉门关以西，即新疆塔里木盆地及其迤西一带的中亚地区为西域，西汉建元三年（公元前138年），张骞出使西域后，开通了中原通往西方的商路，即"丝绸之路"，"丝路"上的吐鲁番、库车、喀什、和田都成为重要的城镇，"丝路"促进了这些地区之间的经济文化交流。正如黄剑华《丝路上的文明古国》所说："丝绸之路作为中国和西域

---

[1] 引自包尔汉主编：《中国大百科全书·民族卷》，中国大百科全书出版社，1986年。

诸国之间最早的一条交往和通商之路,在雄才大略的汉武帝时代成功开通之后,很快发展成了一条横贯欧亚大陆的文化经济通道,世界东方的古老中国不再是一个封闭的区域,通过丝绸之路走向了世界,和其他区域文明建立起了密切的联系。东西方文化交流在汉唐时期出现了前所未有的繁荣,中华民族通过丝绸之路吸纳了其他区域文明的许多精华,同时也向世界展示了自己的伟大创造力和华夏文明的灿烂辉煌。"[①] 在张骞通西域后,西域的乐舞源源不断地输入中原,西域的乐器如胡笳、短箫、箜篌、琵琶等均被华夏民族所采用,在以后的隋唐时代,西域乐舞及各种乐器,如曲颈琵琶、筚篥等大量传入。唐代的宫廷舞蹈"软舞"、"健舞",其中相当一部分是从西域传入的。据《乐府杂录》载:"健舞包括《胡旋》、《阿连》、《胡腾》、《棱大》、《柘枝》、《剑器》。软舞包括《凉州》、《屈柘枝》、《绿腰》、《苏合香》、《甘州》、《团圆鼓》等。"[②] 唐代贞观十六年形成的宫廷乐舞《十部乐》,包括《燕乐》、《清商乐》、《西凉乐》、《天竺乐》、《高丽乐》、《龟兹乐》、《安国乐》、《疏勒乐》、《康国乐》、《高昌乐》,其中8部来自兄弟民族和外国,大都经丝绸之路传入。

维吾尔族人民继承了"疏勒乐"(以今喀什为中心)、"龟兹乐"(以今库车为中心)、"高昌乐"(以今吐鲁番为中心)、"于田乐"(以今和田为中心)、"伊州乐"(以今哈密为中心)等古代西域音乐以及古代回纥音乐的传统,同时又广泛地吸收新疆地区、中原地区和印度、伊朗、阿拉伯等东西方许多国家和民族乐舞的精华。近代又受使用欧洲音乐体系的哈萨克、柯尔克孜、俄罗斯、塔塔尔等族民间音乐的影响,逐步形成了本民族独具特色的、风格各异的民间音乐和民间舞蹈。

维吾尔族的民间音乐可分为民歌,歌舞音乐,说唱音乐,器乐曲和木卡姆等5类。

维吾尔族人民能歌善舞,不论男女老少都能随着手鼓的鼓点或悦耳的音乐而翩翩起舞,特别是在那些盛大的节日(开斋节、库尔班节、圣纪节)或喜庆的日子里,人们总要载歌载舞,尽情地欢乐。

维吾尔族歌舞音乐有以下特点:

1. 音乐与维吾尔族舞蹈中的各种动作相结合,有很多带舞蹈性的,有特色、有个性的节奏型。

切分节奏在维吾尔族的歌舞音乐中被广泛的运用,最典型的节奏型是

[①] 黄剑华:《丝路上的文明古国》,四川人民出版社,2001年。
[②] 彭松、于平主编:《中国古代舞蹈史纲》,浙江美术学院出版社,1991年。

咚嗒嗒 咚嗒｜，附点节奏也被大量地采用，与舞蹈动作紧密结合。

很多维吾尔族舞蹈可以在一个手鼓或一对铁鼓击奏的鼓点伴奏下完成。

2. 节拍的种类繁多，除常见的散板，2/4、4/4、3/4、3/8、6/8外，还有5/8、7/8等混合节拍形式。

3. 音乐富有歌唱性，又有活泼、愉快、开朗、幽默的特点。

4. 音乐的结构严谨，曲式多样。

5. 音阶、调式极其丰富，采用中国、波斯－阿拉伯和欧洲3个不同的音乐体系，其中主要是波斯——阿拉伯音乐体系和中国音乐体系，近代受到采用欧洲音乐体系诸民族的影响、在维吾尔族民间音乐中也出现了采用欧洲音乐体系的现象。南疆是维吾尔族的故乡，多采用波斯－阿拉伯音乐体系；北疆的民间音乐多采用中国音乐体系。

波斯－阿拉伯音乐体系把一个全音分为四等分，二度音程可分为小二度（2/4全音）、中二度（3/4全音）、大二度（4/4全音）和增二度（6/4全音）四种。波斯－阿拉伯音乐体系调式的基础是不同的二度音程构成的四音音列，每一个调式由两个相同或不同的四音音列叠置而成。由于各种四音音列的组合而产生不同的调式，波斯－阿拉伯音乐体系的调式数量众多，相当复杂。

6. 音乐材料十分洗练，常用重复、变奏、移调或调式交替等手法发展旋律。

维吾尔族舞蹈与新疆舞蹈是两个既有联系又有区别的概念，新疆舞的概念比较宽泛，包括新疆各民族的舞蹈，而维吾尔族舞蹈的概念比较具体，仅指维吾尔一个民族的舞蹈，所以，把维吾尔族舞蹈说成新疆舞是不够确切的。

维吾尔族民间舞蹈的表演形式有："**赛乃姆**"、"**多朗舞**"、"**夏地亚纳**"、"**萨玛舞**"、"**纳孜尔库姆**"、"**手鼓舞**"以及"**盘子舞**"、"**击石舞**"、"**萨巴耶舞**"等使用道具的舞蹈。

"木卡姆"是中亚、南亚、西亚、北非及整个伊斯兰世界普遍存在的一种乐舞形式，我国维吾尔族的木卡姆，源远流长，风格独特，曲目丰富，为世界所瞩目。

"木卡姆"一词源于阿拉伯文，原意为"最高的位置"用于音乐，即大型乐曲的意思，是一种包括歌曲、器乐曲、舞蹈的大型歌舞套曲，是维吾尔族音乐、舞蹈和文学的活化石。"木卡姆"在新疆各地都有流传，15世纪已盛行于新疆各地，但由于音乐的调式特征、曲式结构和演唱风格的差异，大致可以分为3种类型："喀什木卡姆"（又称"十二木卡姆"）、"多朗木卡姆"、"哈密木卡姆"等，内容多为歌唱爱情，反映人民痛恨黑暗势力和追求幸福生活的意愿等。

十二木卡姆是维吾尔族人民长期以来，根据自己艰苦的斗争经历，以天才的音乐智慧创作出来的，大曲以生动的音乐形象和音乐语言，鲜明地反映了劳动人民对封建统治势力的愤慨情绪和热烈追求光明幸福的愿望。由于它产生在民族民间音乐传统的艺术形式的基础上，因此，它又具有鲜明的民间音调和浓厚的民族风格色彩。共有12套木卡姆，它们是：拉克木卡姆、且比亚特木卡姆、木夏乌热克木卡姆、恰尔尕木卡姆、潘吉尕木卡拇、乌扎勒木卡姆、埃介姆木卡姆、乌夏克木卡姆、巴雅特木卡姆、纳瓦木卡姆、西尕木卡姆、依拉克木卡姆[①]。每套木卡姆具有不同的音调特点，但都可分"穹内额曼"、"达斯坦"和"麦西热甫"3个部分，如《且比亚特木卡姆》的场序如下：

一、穹内额曼部分：

1. 散板序唱	男声沙塔尔自拉自唱
2. 太孜	男女声齐唱
3. 太孜间奏曲及尾唱	女子集体舞
4. 怒斯赫	男女声齐唱
5. 怒斯赫间奏曲及尾唱	女子顶碗独舞
6. 小赛勒克	男女声齐唱
7. 小赛勒克间奏曲及尾唱	男女集体舞
8. 朱拉	女子独舞
9. 朱拉间奏曲及尾唱	女子三人舞
10. 赛乃姆	演唱演奏
11. 大赛勒克	双人歌舞
12. 太喀特	男女四人舞

二、达斯坦部分

1. 第一达斯坦	女声独它尔弹唱
2. 第一达斯坦间奏曲	器乐演奏

[①] 见新疆维吾尔自治区文化厅十二木卡姆整理工作组记谱、整理《十二木卡姆》上下册，音乐出版社、民族出版社，1960年联合出版。

3. 第二达斯坦 　　　　　　　　　　　　男声独唱
4. 第二达斯坦间奏曲　　　　　　　　　器乐演奏
5. 第三达斯坦　　　　　　　　　　　　男女声对唱
6. 第三达斯坦间奏曲　　　　　　　　　器乐演奏
7. 第四达斯坦　　　　　　　　　　　　女声独唱
8. 第四达斯坦间奏曲　　　　　　　　　器乐演奏

三、麦西热甫部分

1. 第一麦西热甫　　　　　　　　　　　集体歌舞
2. 第二麦西热甫　　　　　　　　　　　集体歌舞
3. 第三麦西热甫　　　　　　　　　　　集体歌舞
4. 第四麦西热甫　　　　　　　　　　　集体歌舞

穹内额曼　从散序开始，感情深沉，紧接慢速的太孜，到兴奋热烈的赛乃姆和大赛勒克，最后以轻快的太喀特结束。

达斯坦　由3－5首节拍不同的叙事歌曲组成，每首歌曲后有一个间奏曲，开始稍慢，情绪逐渐上升，速度加快。

麦西热甫　由3－6首节拍不同的舞蹈歌曲组成，情绪热烈紧张。麦西热甫是200多年前一位诗人的名字，十二木卡姆第三部分的曲调，一般都配上他的诗歌，因此这部分诗歌，民间就引用了诗歌作者麦西热甫的名字（麦西热甫也成为维吾尔族民间普遍的文娱活动形式，其中有歌唱、舞蹈、猜谜、对词等内容）。

全部"十二木卡姆"共有167首歌曲和72首乐曲，从始到终演唱一遍需要20多个小时，吐尔迪阿洪、肉兹弹拨尔等著名艺人对保存这部宝贵的音乐遗产做出了巨大的贡献。

第二节　赛乃姆音乐

"赛乃姆"是维吾尔族人民喜闻乐见的一种民间歌舞形式，广泛流传在新疆各地。每逢节日、喜庆或庆祝丰收，人们都要聚集在一起唱或跳赛乃姆，无论男女老幼都可参加，人数不限。如"麦西热甫"、"白雪节"、"库尔班节"、"肉孜节"等喜庆日子，赛乃姆这种歌舞是必不可少的。在"十二木卡姆"的穹内额曼部分也有赛乃姆舞蹈。

"赛乃姆"一词的由来和含义有多种解释，有人解释为"美丽的姑娘";阿拉伯语为"女神"的意思。也有人认为"赛乃姆"源于音乐节奏的名称。罗雄岩在《中国民间舞蹈文化教程》一书中引证了有关文献:"乾隆《钦定皇与西域图志·卷四十》'乐伎附'中有:'携诸乐器进,奏斯纳满、色勒喀斯、察罕、珠鲁诸乐曲,以为舞节。次起舞,司舞二人,舞盘二人……次呈杂技。'此段记载中的'斯纳满'即当时赛乃姆一词的音译。色勒喀斯即赛乃凯斯的音译,即现在赛乃姆表演中的转快部分。'以此为依据可以说,赛乃姆原是曲调、节奏的名称,后逐渐发展成以赛乃姆、赛乃凯斯为伴奏音乐的歌舞形式的名称。"[①]

赛乃姆舞蹈的音乐一般都从慢板或中板开始到欢快热烈的快板结束,歌唱与舞蹈分工明确,舞蹈者不歌唱,歌唱者不舞蹈,即采用以歌伴舞的形式。

由于赛乃姆流传在天山南北的广大地区,赛乃姆舞蹈的地区风格与各地赛乃姆的音乐的差异密切相关,人们往往在赛乃姆的前面标上地方名称以示区别,如流传在喀什的赛乃姆称喀什赛乃姆;流传在阿克苏的赛乃姆称阿克苏赛乃姆;流传在伊犁的赛乃姆称伊犁赛乃姆等。各地的赛乃姆曲调不同,鼓点的节奏一样。多为若干首歌曲相联缀的组曲形式。歌曲之间的连接非常紧凑,很少用间奏。音乐方整、对称、平衡。

喀什赛乃姆的音乐欢快、活泼;伊犁赛乃姆的风格豪放、热情;哈密赛乃姆平稳、安祥,与汉族民间音乐的音调比较接近。

赛乃姆的音乐旋律流畅、优美、活泼,歌唱性的旋律与舞蹈性的节奏相结合,能很好地表现乐观向上的、热烈欢快的情绪。

旋律型可分两种类型:一种以级进为主,常有音阶式的上下行(如《喀什赛乃姆》曲一);一种有较大幅度的跳进(六度、七度或八度)造成一种热烈的气氛(如《喀什赛乃姆》曲二)。

赛乃姆音乐的调式极其丰富,调式、调性的多变使音乐富有变化。一种情况是在段落内部变化,一种是在段落与段落之间变化。

赛乃姆音乐多为 2/4 或 4/4 节拍,附点和切分节奏的运用十分普遍,赛乃姆舞蹈的转快部分的鼓点为"赛乃凯斯"。

固定的手鼓的节奏型指导着音乐的发展,其旋法必须与这种舞蹈的节奏型相结合,但速度不是固定不变的。

节奏的另一个特点是许多歌曲或乐曲都从后半拍或后小半拍起句,

---

① 罗雄岩:《中国民间舞蹈文化教程》,中国戏剧出版社,1994年。

这与维吾尔族的语言有关,维吾尔族许多单音节词中的重音在最后一个音节上。

经过半个世纪的教学实践,舞蹈院校课堂伴奏曲日渐丰富,其中有维吾尔族民歌、器乐曲,也有不少是创作的歌曲、舞曲、乐曲,这些音乐与舞蹈及手鼓演奏的固定节奏型融为一体,如《达坂城的姑娘》、《塔里木河》、《毛主席的恩情深似海》、《歌唱新生活》、《赛乃姆舞曲》、《库尔班》、《昆仑山盛开大寨花》等。

《塔里木河》是一首流传很广的创作歌曲,在舞蹈院校中国民间舞表演课中,将其配以赛乃凯斯节奏,成为很好的垫步组合音乐,深受师生欢迎。

赛乃姆的伴奏乐器有:手鼓、铁鼓(纳格勒)、萨巴耶、它石(四片石)、热瓦甫、弹布尔、都它尔、扬琴、卡龙、艾捷克、萨它尔、唢呐、笛子等。① 乐器伴奏与歌曲的旋律基本一致,稍加变化即可,起到托腔的作用。

手鼓,原名达卜,是维吾尔、乌孜别克、塔吉克等民族的打击乐器,流行于新疆维吾尔自治区。在中国达卜最早见于北魏时期的敦煌壁画,可能是通过丝绸之路从西亚、中亚传入的。维吾尔族达卜在框内周边缀有许多小铁环,击鼓时晃动作响,传统蒙驴皮、羊皮,20世纪50年代以来常蒙蟒皮。击奏不同的部位可发出多种不同的音响,演奏技巧丰富,力度变化大。达卜自古以来在维吾尔族歌舞音乐中有重要地位。《西域闻见录》(云岫抄藏)卷七写道:"回乐以鼓为主","声音抑扬高下,随鼓而起落,而歌舞节奏之盘旋,亦以鼓为节。"

铁鼓(纳格勒)是维吾尔族、乌孜别克族等民族的打击乐器,流行于新疆维吾尔自治区。又叫哪噶喇、奴古拉。清《钦定大清会典图》卷三十九:"哪噶喇。铁匡冒革,上大下小,形如行鼓,……两鼓相联,左右手以杖击之。"清代将其列入回部乐。铁鼓的鼓身为铁铸,鼓腔中空,鼓面蒙羊皮或驴皮。常以两个为一对,一人击奏,两个鼓大小不一,音高相差四度,演奏时,将鼓置于地上,两手各执一鼓槌敲击,大鼓发音为"咚",小鼓发音为"嗒"。

沙巴耶 汉称铁环,是维吾尔族打击乐器,流行于新疆维吾尔自治区。沙巴耶原用羚羊角制作,现在流行的沙巴耶用两根并排的硬木代替羚

---

① 有关乐器的介绍参见袁炳昌、毛继增主编:《中国少数民族乐器志》,新世界出版社,1986年。

羊角，在木棒上装两个大铁环，每个大铁环又套上若干个小铁环。演奏时，右手持沙巴耶的下端上下摇动，或碰击左手、肩膀发出清脆的音响。沙巴耶可用于歌舞伴奏，也可作为舞蹈的道具。

它石 又名四片石，维吾尔族打击乐器，维吾尔人称其为恰克恰克，流行于新疆维吾尔自治区。它石由四块扁长的石片组成，演奏时左右手各执两片，手指晃动使石片互相碰击而发音。

热瓦甫 是维吾尔、乌孜别克、塔吉克等民族的弹拨乐器，流行于新疆维吾尔自治区。清代列入回部乐，汉译喇叭卜。维吾尔族热瓦甫，按其形制，流行地区及定弦方法的不同，通常分为喀什热瓦甫、多朗热瓦甫和乌孜别克热瓦甫（乌孜别克族和维吾尔族都用这种热瓦甫）等多种。热瓦甫的琴身为木制，音箱呈半球形，蒙羊皮、驴皮或蟒皮，琴头有起装饰作用的弯角，通常是中间一根弦主奏旋律，两根外弦及两根内弦定音相同。演奏时将乐器横置右肩，右手用拨子弹奏，也可将乐器横置胸前演奏。改革后的热瓦甫音域为 $g-g^2$，定弦法为：①g、g、d^1、g^1、g^1；②g、g、d^1、d^1、d^1。

弹布尔 是维吾尔族、乌孜别克族的弹拨乐器，又称丹不尔，弹拨尔流行于新疆维吾尔自治区，为清代回部乐的乐器。弹布尔的琴杆较长，音箱呈瓢形，木质，张五根金属弦。外弦奏旋律，中弦、里弦奏伴奏音型。音域为 $g-g^2$，传统的定弦法为 g、g、d^1、g、g。

都它尔 维吾尔族、乌孜别克族弹拨乐器，流行于新疆维吾尔自治区。都它尔的琴杆较长，用桑木或杏木制作，音箱为木制瓢形，较大，指板上设品，定弦为五度或四度。定弦：$f-c^1$ 或 $g-c^1$，音域：$f-a^2$。

艾捷克 维吾尔族、乌孜别克族拉弦乐器，又名哈尔札克。清代《律吕正义后编》曾将它列入回部乐。音箱为木制半球形，蒙羊皮或松木薄板，琴杆上有指板，张四根金属弦，用小提琴弓拉奏。改良艾捷克音域为 $g-a^2$，独奏时音域可扩展至 a^3，定弦为 g、d^1、a^1、e^2。

萨它尔 维吾尔族拉弦乐器。又称塞他尔，流行于新疆维吾尔自治区。属清回部乐乐器，琴身木制，琴杆较长，设指板，上设一根金属主奏弦。九至十三根共鸣弦，用马尾弓拉奏。音色浑厚刚健。定弦法因人而异。

第三节 多朗舞音乐

多朗（又称刀朗、多兰或吐兰），是古代维吾尔族居住在塔里木盆地边沿地带某些地区人们的自称,有人认为是"戈壁"的意思。多朗人是维吾尔族的一个支系,他们的生活习俗和语言特征与其他地区的维吾尔族有差异。多朗人具有勤劳勇敢的特点,是他们将自然条件极为恶劣的杂草碱滩变为绿洲。

多朗舞是维吾尔族的一种民间歌舞,流传于塔里木盆地西沿、叶尔羌河畔的麦盖提、巴楚、莎车、阿瓦提等地区,深为全疆人民所喜爱。多朗舞音乐和舞蹈的特点是粗犷、刚劲、豪迈、开朗,有浓厚的草原风格和劳动气息。

跳多朗舞时,人们围成一圈,不分男女老幼,席地而坐,中间为舞蹈者表演的场地。多朗舞多为两人一组男女相对的对舞形式。从散板开始,按照"多朗木卡姆"的顺序跳下来,伴奏多朗舞的音乐叫"多朗木卡姆",它和"十二木卡姆"不同,是另一种类型的歌舞组曲。多朗音乐的标题往往与居住的地名有联系,多用"比亚万"(意为戈壁草滩)命名。它是一种很有特点的舞蹈音乐组曲,每一段可以多次反复,按分节歌的形式来处理,然后再唱下面一段。歌词的内容很不固定,最早表现狩猎生活,后来又有表现战争或生产劳动的,也有反映劳动人民的爱情生活的。多朗木卡姆的音调高亢,旋律多在 $g^1—f^2$ 之间。

多朗音乐有固定的结构程式,由散序和 4 种节奏型组成。

散序由老艺人演唱,光唱不舞。艺人(乐手)用多朗热瓦甫和卡龙演奏一段节奏自由、气息悠长、伊斯兰风格的散板歌曲,此时舞蹈并不进入,只是和着唱词双手轻摇手鼓而并不击打。好像表现一群猎人召集牧民围猎,后来变为召集人们聚众歌舞的意思。散序一般不长,常把民歌和谚语融为一体。

奇克提麦节奏动作徐缓,舞者相对,交换位置。男子似搜索野兽的动作,女子举双手以示火把照明,配合默契。速度较慢,动作微颤,有压颤步、踩移步等。

赛乃姆节奏是以滑冲步为主的双人对舞,速度中等,常做出用弓箭矛棍与野兽搏斗和围捕野兽的动作。

赛乃凯斯节奏,速度逐渐加快,参加者形成大的圆圈,沿逆时针方向行进。反映了多朗人行走在沙土和沼泽地带的步态。动作具有滑冲的特点。

赛勒玛节奏,快速,由大圆圈又变为双人对舞,最后以竞技性的各自旋转形成高潮。

多朗舞的动律特点是"滑冲"与"微颤",没有"滑冲"不是多朗舞;没有"微颤"也不是多朗舞。

多朗舞音乐的结构方整、均衡、对称,固定节奏型,有很强的歌唱性。每段音乐由一个有特点的乐节发展而成,并由一个因素相贯串,通过变奏形成各种不同的节拍和段落,没有过多的新的音乐材料,而是从散序中找出最美的音调来进行变奏,情绪的变化是因舞蹈节奏以及速度的变化而实现的。速度规律为"散—慢—快—急",逐步推向高潮。

多朗奇克提麦节奏,按 6/8 记谱比 3/4 好,两者的区别主要是节拍重音的感觉不完全一样,绝大多数维吾尔族鼓手演奏这个鼓点时,重音在每小节的第二拍和第五拍,而第二拍比第五拍又略强些(也有少数鼓手在演奏时,节拍重音在第一拍和第四拍)。由于节拍重音的感觉不一样,音乐的风味是有区别的。另一方面,在与舞蹈的结合来看,记成 6/8 拍更符合舞蹈的特点。

多朗舞的伴奏乐器有卡龙、多朗热瓦甫、多朗艾捷克和小手鼓等古老的民间乐器。卡龙类似扬琴,音色接近筝,是多朗的主奏乐器;多朗热瓦甫浑厚有力;小手鼓(直径约 30 公分)是一种重要的特色乐器。演奏"赛乃姆"和"赛乃凯斯"时,其节拍重音往往在后半拍或小节的最后一拍,这种击奏方法扎实有力,与舞蹈动作的滑冲步结合时,使滑冲的动作更为有力,起到了很好的衬托作用。在高潮时,小手鼓常被鼓手高举过头用全掌猛击,效果强烈,加上人的呼喊声,使人们的情绪十分高涨。

卡龙是维吾尔族弹拨乐器,据史籍记载,13 世纪从中亚传入我国,称为七十二弦琵琶、喀尔奈,流行于新疆维吾尔自治区的麦盖提、和田、哈密等地。列入清代回部乐。卡龙的音箱为木质梯形,左直右曲。清《钦定大清会典图》载:"喀尔奈,钢丝弦十八,状如世俗洋琴。刳木中虚,左直右曲,前广后削……以手冒拨指或以木拨弹之。"[①]

多朗热瓦甫是维吾尔族弹拨乐器,与塔吉克族热瓦甫属同族乐器,流行于新疆维吾尔自治区多朗地区。音箱稍大,呈扁圆形,琴杆较粗,张一根或三根主奏弦,七至十根金属共鸣弦。麦盖提的多朗热瓦甫音域为 $g—d^2$。[②]

多朗艾捷克,维吾尔族拉弦乐器,流行于新疆维吾尔自治区多朗地区。用杏木或核桃木做琴头、琴杆,胡杨或沙枣木做半球形音箱,蒙羊皮

---

① 参见袁炳昌、毛继增主编:《中国少数民族乐器志》,新世界出版社,1986 年。
② 袁炳昌、毛继增主编:《中国少数民族乐器志》,新世界出版社,1986 年。

或驴皮，张一束或三束马尾为主奏弦。张六至十根金属共鸣弦，音色柔和，略带鼻音。①

第四节　萨玛舞音乐与夏地亚纳音乐

萨玛舞是维吾尔族带有宗教色彩的礼俗性民间舞蹈，流传于南疆的喀什、莎车等地。萨玛舞由古代萨满跳神活动演化而来，后与西域乐舞相结合逐渐发展成歌舞的形式。在肉孜节、古尔邦节时由男子在广场上集体表演。主要伴奏乐器是唢呐和铁鼓，有2/4、4/4、6/4、5/8等节拍。萨玛舞的参加者多是乡镇的劳动者，动作沉稳有力，情绪激昂，一些长者常带着虔诚的宗教心理忘我地跳动；青年人常做跳转等技巧。

罗雄岩在《中国民间舞蹈文化教程》中说："萨玛舞是在特定的鼓乐声中进行的，当鼓乐转入萨玛的节奏时，人们纷纷进场，自动地围拢，沿逆时针方向舞蹈前进。每人的动作虽然不同，但都合着鲜明的'咚'的鼓声落脚，因此，在各自悠摆舞动中又能取得整体的和谐一致，形成壮观的场面与磅礴的气势。节奏转快后，动作也随之激昂热烈，不断出现萨玛独有的'单步跳转'、'擦地空转'、'连续跳转'等技巧动作。舞者、观众互为呼应，增添了节日的气氛。过去跳萨玛的人，多是贫苦的农民，他们虽然带着不同的愿望和宗教的心理跳舞，但仍不失劳动者的动态特征，显示出浓郁的劳动生活气息，舞步稳健、扎实，动作开阔有力。"②

成书于12—13世纪的《真理入门》有以下记载："哲人竟跳起欢乐的萨玛手舞足蹈"。可见萨玛舞具有悠久的历史。

萨玛舞的音乐除常用民间的萨玛舞曲外，还常选用维吾尔族大型套曲《十二木卡姆》中的乐曲，《十二木卡姆》的第三大部分"麦西热甫"多是以萨玛舞曲开始的。

夏地亚纳是在节日和盛大聚会、欢庆场合中，群众集体跳的一种民间舞蹈，流传于全疆各地，南疆更为盛行。

夏地亚纳，维吾尔语意为"欢乐的"，舞蹈形式自由活泼。舞蹈特点是欢乐、跳跃、轻快，队形不固定，可根据本人的条件和所熟悉的动作自由发挥，常在跳萨玛舞之后进行。

夏地亚纳的曲调比较灵活，段落的长短、乐句的反复也较为自由。每

---

① 袁炳昌、毛继增主编：《中国少数民族乐器志》，新世界出版社，1986年。
② 罗雄岩：《中国民间舞蹈文化教程》，上海音乐出版社，2001年。

个地区夏地亚纳的曲调大致相同，但也有一些地区差别。伴奏的形式有：①唢呐加铁鼓。②弦乐加手鼓。③热瓦甫加手鼓。

第五节　盘子舞、萨巴耶舞音乐

盘子舞是维吾尔族古老的民间舞蹈之一，产生于库车，流传于乌鲁木齐、伊犁、喀什等地。属于女性抒情舞蹈，动作婀娜、优美。表演盘子舞时，舞者头上顶碗，双手各拿一个小盘子和筷子，用筷子敲击盘子而舞。舞蹈稳健、柔软、细腻、姿态性较强，多采用赛乃姆的基本步伐，如"三步一抬"、"前后点步"、"垫步"等，手的姿态有两臂平伸，一手在头上，一手在胸前；或一手在体旁，一手在胸前等。

盘子舞的音乐一般采用维吾尔族民歌或民间乐曲。

萨巴耶舞俗称铁环舞，流行于南疆喀什一带，属于男性舞蹈。萨巴耶是维吾尔族打击乐器，在长 30—40 公分左右的扁圆木棍上，用铁皮护住上端，并镶有两个铁环。击奏时，右手持把，将上端有节奏地碰击右肩或前后摇动，铁环发出清脆悦耳的声音。表演时舞者载歌载舞，围观者高呼"凯那—"（助兴），使欢乐气氛更加高涨。主要步伐有"三步一抬"、"垫步"、"进退步"等。

萨巴耶舞的基本节奏：$\times \underline{1\ 1} \times 1$。

中华人民共和国成立后，文艺工作者创作了一批维吾尔族优秀舞蹈作品，如《盘子舞》、《摘葡萄》、《葡萄架下》、《顶碗舞》等。

维吾尔族集体舞《盘子舞》，中央实验歌剧院 1955 年首演于北京（根据新疆伊犁哈萨克自治州文工团原作改编），改编导演：高地安、于颖等。舞蹈表现了维吾尔族人民在节日欢宴时的喜悦心情。

舞蹈由风趣、活泼的男女 5 人舞；优美稳健细腻的女子集体盘子舞和男女混合群舞三段组成。最后在五彩缤纷的舞裙飞旋和乐声、歌声、碟声、鼓声、铁环声的互相交织中戛然终止。该舞用北疆麦西热甫舞曲伴奏（伴唱），节奏欢快，气氛热烈，生活气息浓郁，民族色彩丰富，深受广大观众喜爱。

1957 年解放军总政治部歌舞团左哈拉·萨哈玛也娃再度加工并领舞的《盘子舞》，在第 6 届世界青年与学生和平友谊联欢节上获民间舞比赛银奖。

维吾尔族女子独舞《摘葡萄》，阿依吐拉和隆征丘根据热合曼的同名群舞改编，手鼓伴奏。舞蹈表现了维吾尔族姑娘培育葡萄并获得丰收的喜悦。该舞避开劳动过程的模拟，侧重表现人物的思情感情，其中姑娘摘尝"酸"和"甜"葡萄的情节表演细腻、生动。1959 年在第 7 届世界青年与学生和平友谊联欢节上获金质奖章，1994 年获"中华民族 20 世纪舞蹈经典作品"金像奖。

第六节　塔吉克族民间舞蹈音乐

塔吉克族主要居住在新疆维吾尔自治区帕米尔高原东部的塔什库尔干塔吉克自治县境内，其余分布在莎车、泽晋、叶城和皮山等县。主要从事畜牧业，信仰伊斯兰教，语言属印欧语系伊朗语族帕米尔语支，使用塔吉克语。人口 41028 人（2000 年统计）。"塔吉克族的族源可以上溯到公元前若干世纪分布在帕米尔高原东部使用东伊朗语的诸部落。两汉时属西域都护管辖。公元 2—3 世纪，在塔什库尔干一带出现了盘陀国，盘陀人是中国塔吉克族的远祖。在 3—4 世纪，他们已发展灌溉农业，过半农半牧生活。盘陀国有 12 座城堡和 10 多所寺院。以小乘佛教为国教。唐朝时，属安西都护府管辖。开元（713—741）中，在此设'葱岭守捉'戍所。元朝时，塔吉克族聚居的塔什库尔干称色勒库尔，属于察合台后王封地，明代后期，在色勒库尔的中心地带已有一批塔吉克族小村落。从 17 世纪后期到 19 世纪，帕米尔西部和南部的什克南、瓦罕等地的许多塔吉克人迁入色勒库尔，也逐渐成为中国的塔吉克族。"[1] 塔吉克族的主要传统节日有：古尔邦节、开斋节、罗巴提节、圣纪节等。

塔吉克族的音乐有弹唱曲、歌舞曲、刁羊曲、哀悼曲、情歌和宗教歌曲。舞蹈泛称鹰舞，形式多样，主要有恰甫苏孜、买力斯、拉泼依、刀舞、马舞、木偶舞等。

塔吉克民歌主要包括叙事歌、情歌和习俗性的歌曲。叙事歌以表现历史事件的内容为主，曲调短小，多为分节歌的形式，如《白鹰》、《巴图尔》等；情歌的比重很大，如《古丽碧塔》等；习俗性的歌曲包括送葬歌、婚礼歌以及宗教歌曲等。

塔吉克族采用波斯—阿拉伯音乐体系和中国音乐体系。塔吉克族的民间音乐角调式很常见，其中第三级经常升高半音（升 S01），出现增二度音程。形成特有的风格，在近现代创作的音乐中亦常与此相似。如电影《冰

---

[1]　引自包尔汉主编：《中国大百科全书·民族卷》，中国大百科全书出版社，1986 年。

山上的来客》的主题歌《花儿为什么这样红》就是这种升高第三级的角调式。节拍很有特点，7/8、5/8等混合节拍的音乐很普遍。塔吉克族所处的葱岭地区是古丝绸之路的重要地段，东西方文化、阿拉伯文化对它都有影响。塔什库尔干属高原地区，交通相对落后，因此，较好地保留了古西域音乐的传统。

恰甫苏孜　是即兴表演并带有竞技性的舞蹈形式，同时也是音乐节奏的名称，恰甫苏孜的节拍为7/8（3＋2＋2），多由男子表演，也有独舞和男女对舞的形式。塔吉克族的恰甫苏孜并非均分律动，听起来有点像2/4拍子，但又比2/4拍子的第二拍多出一点来，在每小节中，节拍重音的位置也不固定，是一种很难掌握又极具特色的拍子。

吐尔逊卡的尔作曲的歌曲《美丽的塔什库尔干》以及后来出现的同名小提琴独奏曲、二胡独奏曲、柳琴独奏曲、琵琶独奏曲中都有7/8拍子的片断，为我国各族人民所喜爱。

买力斯　塔吉克语为"特定节拍"，节拍为5/8（3＋2）、（2＋3），以单人表演、双人歌舞为主，也可2人，3人各自表演，在节奏的延伸中有跳动感。

塔吉克族民间舞蹈的伴奏乐器有：手鼓、鹰笛、热瓦甫、艾捷克等。鹰笛是鹰翅骨制成的三孔骨笛，历史悠久。舞蹈时多为男的吹鹰笛，女的打手鼓。

塔吉克族民间器乐曲，大多由鹰笛演奏，既可独奏，又可齐奏。也有一些是用弹拨乐器演奏的乐曲，此类乐曲基本上是用民歌的曲调变化而来的。

无论是塔吉克族民歌或器乐曲，结构都比较短小，常用变奏的手法使其变化，成为一首变奏曲。

影响较大的塔吉克族舞蹈有新疆军区歌舞团1961年首演的男子群舞《边防雄鹰》（又名《塔吉克刀舞》）等。

第七节　乌孜别克族民间舞蹈音乐

乌孜别克族居住在新疆维吾尔自治区的伊宁、乌鲁木齐、塔城、叶城、莎车、喀什等地，人口12370人（2000年统计）。乌孜别克语属阿尔泰语系突厥语族。信奉伊斯兰教。其先民为中亚的乌孜别克斯坦人，经"丝绸之路"到新疆或中原经商，16世纪以后一部分人定居于新疆。乌孜别克族的传统节日有：库尔班节、开斋节、圣纪节。

乌孜别克族的民间音乐包括民歌、歌舞音乐、说唱音乐，器乐和木卡姆5类。采用波斯—阿拉伯音乐体系和中国音乐体系。

民间舞蹈形式有：铃铛舞、热克斯、夏米拉、加扎依尔等。

铃铛舞 流传于新疆叶城、莎车等地。舞者多为女子，两手腕上系着用小铃铛串成的"手铃"进行表演。用旋律优美的乌孜别克民歌伴奏，节拍多为2/4，轻快、活跃。

热克斯 流传于新疆伊犁、喀什、莎车、叶城等地。舞蹈优美、轻快、富有技巧性。代表性的舞曲有：《加南》、《塔那瓦尔》、《加扎伊尔》等，还有歌舞曲《的勒哈拉奇》、《巴哈尔》等。舞蹈的名称常借用乐曲的名称。

夏米拉 流传于新疆伊犁、霍城等地，为男子独舞。表现乌孜别克人民勇猛、顽强的精神。伴奏乐器有热瓦甫、弹拨尔、独它尔、笛子等，多为4/4节拍。

小帽舞 女子独舞，属习俗舞蹈，动作源于劳动生活，富有乡土气息。

乌孜别克族的民间音乐与维吾尔族比较接近。旋律比较平稳；多采用七声调式；以羽、宫、徵调式最为多见；常用2/4、3/4、4/4、6/8等节拍；曲式短小，较为方整。回音、颤音、滑音、倚音等装饰音大量出现，因而较为细腻，风格性强，更具艺术魅力。

小歌舞曲《小水渠》具有乌孜别克族舞曲的典型风格：结构方整，大量运用维吾尔族常用的切分节奏。

乌孜别克族的民间乐器与维吾尔族接近，有手鼓、热瓦甫、弹拨尔、独它尔、艾捷克等。

第八节 哈萨克族民间舞蹈音乐

哈萨克族主要分布在新疆维吾尔自治区伊犁哈萨克自治州、巴里坤哈萨克自治县和木垒哈萨克自治县。少数分布在甘肃省阿克赛哈萨克自治县、青海省海西地区。人口1250458人（2000年统计）。信奉伊斯兰教。使用哈萨克语，属阿尔泰语系突厥语族，多兼通维吾尔语。

哈萨克族的族源可上溯到公元1世纪伊犁河流域的乌孙，融合了突厥、契丹和蒙古人的某些部落而形成哈萨克族，据民间传说哈萨克是"白鹅"的意思，也有人认为哈萨克是中国古代"曷萨"、"阿萨"或"可萨"的异名，还有人把哈萨克解释为"战士"、"自由的人"、"避难者"、"脱离者"等。主要传统节日有：库尔班节、开斋节、圣纪节。

哈萨克族的音乐分民歌、器乐曲（包括舞曲）两大类。民歌的演唱形式分独唱、对唱、冬不拉弹唱3类。器乐曲统称为"魁"，曲目丰富，多由冬不拉演奏。

哈萨克族民间乐器种类繁多，有斯尔那依（口弦）、阿德尔那（笛子）、可尔那依（铜号角）、冬不拉、霍布斯、哈拉（手鼓）、达吾勒帕孜（哈萨克定音鼓）等。冬不拉是哈萨克族最普及的弹拨乐器，音箱为木制，有扁平和瓢形两种，弹两根弦，常用冬不拉的定弦为 $d-c^1$，音域为 $d-g^2$。

哈萨克族的民间歌舞有黑走马、黑熊舞、刁羊、摔跤舞等，舞蹈以冬不拉为主要伴奏乐器，舞曲多选自器乐曲或民歌，曲目有《黑走马》、《劳动舞曲》、《圆月》、《甲尔甲尔》等。

黑熊舞　又叫护羊斗熊舞　流传于新疆特克斯、新源、巩乃斯等地。表现猎人护羊斗熊的故事，羊和熊由男子翻身白色和黑色皮袄装扮而成，动作以模拟为主。猎人多由弹奏冬不拉的人兼任。富有草原生活气息。

摔跤舞　由一名男子巧用皮大衣、筒靴扮成两人。模拟摔跤，相互扭打。舞蹈非常风趣逗人。

刁羊舞　舞蹈模拟刁羊的动作。

哈拉卓尔噶　又称走黑马，流传于新疆伊犁、木垒、巴里坤等地。形式自由，动作多为即兴发挥，可3—5人表演，也可两人表演。两人表演时，一人饰马，一个饰骑手，模仿骏马奔驰等形态。

哈萨克族同时使用欧洲音乐体系和中国音乐体系，以欧洲音乐体系为主，有如下一些基本特征：

1. **调式　音阶**

以七声音阶为主，同时也使用五声音阶和六声音阶，在五声调式中，以五声宫调式和五声羽调式最为常见，也有商调式和徵调式的乐曲。七声音阶的民歌常运用与五声旋法相穿插的办法，使七声与五声融为一体。

哈萨克族民歌中常出现降七级（♭7），并常与七级音（7）并存同一曲之中。

2. **旋律**

发展手法简洁，常出现四度、五度的进行，间以六度的穿插。常用重复、模进、延伸、扩展等手法发展旋律。

3. 节奏与节拍

哈萨克族民歌以二拍子或三拍子较多见,乐曲中常变换节拍,节拍的重音不一定在第一拍。冬不拉演奏的乐曲常用 6/8 拍。

抒情民歌《可爱的一朵玫瑰花》(又名《都达尔与玛丽亚》),在我国新疆和哈萨克斯坦都非常流行。

中央歌舞团于1980年首演的哈萨克族舞蹈《塔里木夜曲》(编导:赵宛华,编曲:刘者圭),在1980年第一届全国舞蹈比赛中获编导二等奖、作曲二等奖、服装二等奖、男角表演一等奖、女角表演三等奖。

第九节 回族民间舞蹈音乐

回族是我国少数民族中人口居第三位,分布最广的一个民族,全国大多数的县、市都有回族居住,以宁夏、甘肃、青海、新疆、河南、云南、山东等省、区居多,人口共有 9816805 人(2000年统计)。是"凭借着伊斯兰文化的巨大凝聚力,将不同国度,不同语种的穆斯林凝为一体,使外来成分与局部土著居民融于一炉的民族。"[①]

回族是回回民族的简称,"回回"一词源于"回鹘"。在宋代,"回回"主要是指在喀拉汗国统治下信仰伊斯兰教的回鹘人。公元13世纪初,蒙古军队西征期间,一批批信仰伊斯兰教的中亚各族人以及波斯人、阿拉伯人,不断地被官方签发或自动迁徙到中国各地,这些人也被称作"回回"。至明代形成一个民族,讲汉语。主要传统节日有:古尔邦节、开斋节、圣纪节。

西北地区的回族民间音乐包括民歌和器乐曲2类,采用中国音乐体系。回族的民间舞蹈有:宴席曲、花儿与少年等。

"宴席曲"是西北地区回族中广泛流行的一种自娱性民间歌舞,在婚礼上表演。"宴席曲"原是在宴席上唱的民歌,又叫"家曲",曲调优美抒情,节奏鲜明。随着民间艺人的即兴表演,一些曲目逐渐发展成回、撒拉、东乡、保安等民族的民间歌舞,以"宴席曲"作为歌舞形式的名称,多由男性表演。

花儿与少年 "花儿"是回族最有代表性的民歌,也是回、汉、撒拉、东乡、保安、土等民族群众中广为传唱的山歌。主要流行于甘肃、青

---

① 林松、和襲:《回族历史与伊斯兰文化》,今日中国出版社,1992年。

海、宁夏等地。20世纪50年代后，回族群众在唱当地的山歌"花儿"时，加上一些简单的舞蹈动作，后又吸收了汉族民间舞蹈的折扇作为道具，逐渐发展成一种群众自娱性的歌舞形式，它是回、汉两族群众的共同创造。融回、汉文化于一炉。

回族集体舞蹈《花儿与少年》，编导：章民新，作词：朱仲禄，编曲：吕冰，陕西省歌舞剧院1957年首演。舞蹈动作取材于青海民间舞蹈"八大光棍"（据说，此类持折扇表演的舞蹈，最早是由8名回族单身男青年在民间社火中表演而得其名），音乐根据青海同名民歌改编，旋律流畅，节奏鲜明。该舞描绘了青藏高原春天的美好景色及青年们像春天般美好的爱情。《花儿与少年》表演时载歌载舞，人见人爱。

青海"花儿"《四季歌》，流传甚广，并被音乐工作者改编成小提琴齐奏、二胡齐奏等形式，也是舞蹈"花儿与少年"的伴奏曲。

近年来，创作的回族舞蹈《心泉》等也获得了观众的好评。

西北地区回族的特色乐器有：口弦、咪咪、泥洼呜等。回族的口弦有铁制、竹制两种。咪咪是一种吹奏乐器，竹制，双管。泥洼呜用黄胶泥捏成。

思考题：

1. 维吾尔族音乐继承了什么音乐的传统？又吸收了哪些国家和地区音乐的精华而形成今天的民族风格？
2. 维吾尔族歌舞音乐有何特点？
3. 默写赛乃姆舞蹈的鼓点。
4. 多朗舞流行在什么地区？多朗木卡姆音乐由哪几部分组成？默写各部分的鼓点。
5. 默写萨玛舞的主要鼓点。
6. 塔吉克族主要居住在什么地方？说出两种塔吉克族民间歌舞的表演形式。音乐的调式、节拍等方面有什么特点？
7. 乌孜别克族主要居住在什么地方？民间歌舞的主要表演形式有哪些？
8. 哈萨克族主要居住在什么地方？音乐有什么特点？
9. 回族主要居住在什么地方？最有代表性的民间歌舞叫什么名称？

第八章　东南沿海地区部分民族的民间舞蹈音乐

第一节　壮族民间舞蹈音乐

壮族人民主要聚居在广西壮族自治区的南宁、百色、河池、柳州等地，其余的分布在云南省文山壮族苗族自治州及广东的连山、贵州的从江、湖南的江华等地，人口16178811人（2000年统计），是我国人口最多的少数民族。信奉多神。壮语属汉藏语系壮侗语族壮傣语支。壮族也是历史悠久的民族，是中国岭南土著古代越人的后裔，史称越、百越、西瓯、骆越、俚僚等。先秦时，生活在今广西壮族自治区西南部的骆越和东北部的西瓯两支，是今日壮族的先民和壮语中两大方言的基础，也是今天壮族音乐南北两大风格的根源。壮族的传统节日有：歌圩、春节等。

自古以来，壮族与汉族交往密切，很多壮族人都会讲汉语、懂汉文。两个民族在文化艺术上有很多共同的特点。

壮族的民间音乐有民歌、歌舞音乐、说唱音乐、戏曲音乐、民族器乐5类，使用中国音乐体系。民歌极为丰富，统称山歌，山歌和歌圩是壮族人民喜闻乐见的文化娱乐活动，已有上千年的历史，山歌有浓厚的民族风格，其中一部分多声部（两部或三部）歌曲很有特色。音乐多为五声调式和四音音列。旋律常出现连续四度或五度的跳进和上行七度跳进。壮族民间音乐与壮傣语支的其他民族（布依族、傣族）的民间音乐有较多的共同点。

壮族民间音乐中存在着大量的多声部音乐，足以打破西方某些学者认为中国的传统音乐只有单声部音乐的论点。多声部音乐多采用支声复调的手法，常出现大二度是壮族多声部音乐的特点。

壮族歌舞丰富多彩，歌舞剧《刘三姐》家喻户晓，影响相当大。舞蹈《春插》及其音乐也很受老百姓的喜爱。

歌舞的音乐可用打击乐，也可用山歌小调。可用一首民歌反复演唱，也可多首民歌联缀而成。代表性的民间舞蹈有师公舞、扁担舞、舞春牛、壮采茶等。

师公舞是流传在广西武鸣、河池、上林、钦州等地的一种梅山教派的祭祀舞蹈，表演者载歌载舞，音乐旋律活泼跳跃、节奏鲜明，舞蹈动作粗犷朴实。

扁担舞又叫"打房列"、"谷榔"，流传于广西壮族自治区的马山、都安等地。音乐以节奏为主，表演者一般为4人，也有多达10余人的，成双，舞姿优美，舞者手执扁担，用扁担击谷榔，间以扁担互击，奏出各种节奏而舞。

舞春牛　音乐以当地的春牛调为主，舞者2人扮牛，1人扮耕者兼歌手，在鼓吹乐伴奏下围牛起舞。

壮采茶是男女群舞，模拟种茶、铲茶、摘茶、炒茶等动作载歌载舞，有一定情节。音乐多为固定的曲牌，声乐器乐并重，近似歌舞小戏。

板鞋舞也是壮族人民喜爱的舞蹈，舞蹈时以3人为一组，双脚踩在木板上套住，协调步伐，3人和着音乐同时出左脚或右脚，体现了"步调一致才能得胜利"。下例是裘柳钦于1990年根据壮族民歌《幸福全靠共产党》编创的板鞋舞曲。音乐的速度中等，节奏鲜明，顿挫感强，基本以一个乐段的主题音乐作一些变化，最后速度加快，演员跌倒，音乐在唢呐模仿笑声中结束，幽默、风趣。（谱例略）

壮族民间歌舞的伴奏乐器有马骨胡、天琴、三弦、木叶、哨、笛子、铜鼓、边鼓等。

第二节　瑶族民间舞蹈音乐

瑶族主要居住在广西壮族自治区境内，其余的分布在湖南、云南、广东、贵州等省、区。人口2637421人（2000年统计），大部分居住在山区，自称"勉"、"金门"、"布努"、"炳多优"、"黑尤蒙"、"拉珈"等。因经济生活、居住或服饰不同，又有"盘瑶"、"山子瑶"、"顶板瑶"、"花篮瑶"、"过山瑶"、"白裤瑶"、"红瑶"、"蓝靛瑶"、"八排瑶"、"平地瑶"、"坳瑶"等称谓。中华人民共和国成立后，统称为瑶族。支系比较复杂，有将近一半人使用汉藏语系苗瑶语族瑶语支；约有2/5人属苗语支；少数为侗水语支。[①] 瑶族人民信奉多神，崇拜祖先。传统节日有：敬鸟节、坦勒拜、达努节、啪嘎节、耍歌堂、春节。

瑶族民间音乐采用中国音乐体系，分民歌、歌舞、器乐3类。瑶族民间舞蹈分为长鼓舞、祭祀舞、习俗舞3类。舞蹈动律以膝部有规律的屈伸、颤动及胯部连续扭摆为特点。

长鼓舞是瑶族传统的民间舞蹈，以使用长鼓舞蹈而得名。长鼓分大、小两种，大小长鼓两头均呈喇叭状，大长鼓长约110公分，鼓头直径24公分；小长鼓长约82.5公分，鼓头直径13.2公分。鼓面蒙羊皮。长鼓舞一般在瑶族传统习俗"祭盘王"和逢年过节串村走寨闹圩场时表演，也可在其他喜庆的日子里跳。

新中国诞生后不久，作曲家刘铁山随北京的音乐工作者组织的中央慰问团深入云南、贵州少数民族地区慰问演出，并收集、学习当地的民间音乐舞蹈。在此基础上谱写了《瑶族长鼓舞》的音乐。后又与作曲家茅沅合作将舞蹈音乐编成管弦乐曲《瑶族舞曲》，影响较大，为国内外听众所喜爱，后来作曲指挥家彭修文将其改编为民族管弦乐曲。

《瑶族舞曲》的曲式为带再现的三段体：

引子　　A　　B　　A′
　　　　a b

引子由中、低音乐器拨弦演奏，模仿瑶族长鼓的节奏。

A段由两个主题组成，第一主题a先在小提琴声部奏出，音乐甜美、柔和、委婉，似瑶族少女翩翩起舞。

主题a共演奏了3次，当主题在木管乐器上出现后，小提琴、中提琴拨弦，以五声音阶式的上下行作背景衬托，姑娘们跳起整齐的群舞，人们逐渐活跃。

年轻的小伙子不甘落后，跳起了雄壮健朴的舞蹈，音乐出现了第二主题b。

主题b的音乐被多次重复，参与的乐器由少到多，表现了热烈、欢快的舞蹈气氛。尔后，乐曲通过渐慢渐弱的过渡性乐句引出了对比式的中段B。乐曲由D羽调式变为D宫调式，实现了同主音的远关系转调，形成鲜明的由暗到亮的色彩对比。

第三段是第一段音乐的变化再现A′，乐队全奏，把音乐推向高潮，人

[①] 引自包尔汉主编：《中国大百科全书·民族卷》，中国大百科全书出版社，1986年。

们载歌载舞,沉醉在热烈欢腾之中。(谱例略)

祭祀舞是瑶族的又一舞蹈形式,瑶族请神驱邪活动频繁,祭祀仪式常由师公、道公主持。舞蹈称师公舞、道公舞。

瑶族的铜鼓舞也很有名,常在五月二十九日"达努节"上表演。

瑶族民间音乐的音阶较少采用完整的五声音阶,多见于三音列、四音列。主要乐器有唢呐、牛角号、五月箫、木叶、芦笙、芒筒、独弦胡琴、大长鼓、小长鼓、黄泥鼓、铜鼓等。

瑶族舞蹈《拉木歌》由广西歌舞团创作并于1975年首演,该舞反映了林业工人的劳动生活,用瑶族民间舞素材加工创作,通过工人扛木头、放木排等劳动,表现林业工人豪迈的精神风貌,得到观众的好评。

《拉木歌》的音乐富有劳动气息,曲式为带再现的三段体:

引子　A　　　　　　B　　　　　　A′
　　　　　　　　　b c a
　　中板快板　　（间有散板）　　中板稍快

A段的主题有人声伴唱,更好地体现出扛木头的劳动场景;B段,放木排的音乐根据第一乐段A的开头2小节进行发展;A′是第一乐段的再现,速度比第一段略快,把情绪推向高潮。(谱例略)

近年来创作的瑶族舞蹈《枯滴》、《瑶山绣》也取得了较好的效果。

第三节　黎族民间舞蹈音乐

黎族主要居住在海南省的中南部,人口有1247814人(2000年统计)。语言属汉藏语系壮侗语族黎语支,按方言区可划为5个支系:杞、侾、美孚、本地、德透。

黎族的族源属于古越人"骆越"中的一支,远在秦汉以前(距今约3000年),其先民已从两广地区陆续迁到海南岛定居。以祖先崇拜为主,杂以自然崇拜。春节也是黎族的传统节日。

黎族的民间音乐采用中国音乐体系,有民歌、器乐、歌舞3类,各支系在音乐上都有自己的特点。

黎族的民间舞蹈多为反映多神崇拜的"打鼓舞"、"跳娘";还有源于劳动生活的"舂米舞"、"打鹿舞";自娱性的"钱铃双刀舞"、"打柴舞"等。①

"打柴舞"又称"打竹竿"、"竹竿舞"。跳此类舞蹈时,场地上平放两根长竹杆或粗木棍作垫架,上面再横放4—5对细竹竿,妇女在竹竿的两头跪坐,两手握住竹竿两端,在统一的节奏声中,合击双手中的竹竿,或将竹竿击地。原先,舞者均为男子,在竹竿开合之际,舞者跳跃其间,避开夹击,轻盈而舞。近年,妇女也进场与男子同舞,更有气氛,更有变化,因而也更受人们的欢迎。击竿的节奏如下:

a. × 1｜× 1｜× 1｜× 1‖

b. ×× 1｜×× 1｜×× 11｜×× 1‖

c. ×× 11｜×× 11｜×× 11｜×× 11‖

注:"×"为竹竿击粗木棍,"1"为竹竿互相合击。

"舂米舞"与高山族的"杵歌"相似。舞时用木杵或木臼为道具,舞者4人或6人,围木臼绕转敲打臼底或臼梆,敲击声此起彼伏,别有风味。此舞流行于五指山地区杞黎支系。

黎族的民间乐器有椰胡、口簧、根冬、叮咚、鼓、锣、鼻箫、洞箫等。

中华人民共和国建国后,黎族文艺工作者创作的舞蹈节目有:《三月三》、《草笠舞》、《摸螺》、《竹竿舞》等。1960年由海南歌舞团首演的《草笠舞》(编导:陈翘,作曲:李超然),于1962年第8届世界青年与学生和平友谊联欢节上获金质奖章。《草笠舞》于1994年获"中华民族20世纪舞蹈经典作品"金像奖。

在中国芭蕾舞剧《红色娘子军》中,也吸收了黎族的民间舞蹈,如《黎族舞》等。

芭蕾舞剧《红色娘子军》第四场里面的《斗笠舞》的音乐与黎族民歌《五指山歌》有非常密切的渊源关系,将《五指山歌》不规整的节拍加以规整,使之舞蹈化,并加以升华、加工,成为一首非常著名的舞曲。

黎族的民间音乐与壮侗语族各民族(如壮、侗、傣、布依、水等族)的民间音乐有许多共同点;受汉族音乐的影响较深。

---

① 王国全编著:《黎族风情》,广东民族研究所,1985年。

第四节　高山族民间舞蹈音乐

高山族是1945年后对台湾先住民的统称，台湾本岛称他们为"山地民族"或"原住民"。他们是距今6000多年至距今500年左右期间，从许多地方迁入台湾的族群。主要居住在台湾省的山区及东部沿海平原和兰屿岛上，约30余万人，散居在祖国大陆的共4461人（2000年统计）。高山族的语言属南岛语系印度尼西亚语族。无本民族文字，通用汉文。广义的高山族应包括高山九族和平埔十族，现在一般不包括已基本汉化的平埔人。

高山九族简表

族名	译音	别名
泰雅	Atayal 又作 Taiyal	泰耶鲁、泰耶尔、太野罗
赛夏	Saisiat 又作 Saisiyat	萨斯特
布农	Bunun	布嫩
曹	Tsao 又作 Tsou	邹、朱欧、兹乌、卓猴
鲁凯	Rukai	萨利先
排湾	Paiwan	百宛、派宛、培旺
卑南	Puyuma	漂马、比由玛、比幼玛、毕玛
阿美	Ami 又作 Amis	阿眉、阿眉斯、自称邦杂
雅美	Yami	耶美、野眉、自称达悟

历史上，对高山族有一些不同的称谓，如三国时称"山夷"，隋代称"流求"，明代称"东番"、"夷"，清代称"番族"或"土番"等。关于高山族是一个民族还是几个民族的问题，现有很多争论，尚待实现祖国大陆与台湾和平统一后再确定。

高山族的宗教信仰是灵魂崇拜、祖先崇拜。传统节日有观月祭。

高山族的民间音乐有民歌、歌舞、器乐3类，采用中国音乐体系。高山族的民歌可分单声部民歌和多声部民歌两类，单声部民歌的演唱形式可分独唱、齐唱、对唱等；多声部民歌可分复调唱法与和声唱法等。

民间乐器有鼻笛、竖笛、膜笛、唢呐、拉线口弦、弓琴（弹奏乐器）、击奏乐器有杵、鼓、木琴等。

高山族的舞蹈形式以歌舞为主,主要形式有"拉手舞"、"口弦舞"、"杵舞"、"发舞"、"圆圈舞"等。

拉手舞　表演时舞者携手,载歌载舞。由当地有名的歌舞能手领唱,众人相随,多在祭祀活动中进行。

口弦舞　舞蹈时边拨奏口弦边舞,主要在泰雅人居住区内进行。舞蹈节奏较为鲜明。

杵舞　主要流行于乌来山区和日月潭一带。杵舞源于用木杵舂米的劳动,后发展成表演性的歌舞,舞时以木杵撞击石臼的不同部位,发出清浊各异的音色,妇女和杵踏歌,载歌载舞。

发舞　又称"甩发舞",以甩动头发为表演特点而得其名,是兰屿雅美妇女的传统舞蹈。表演时,姑娘们横列成排,一边吟唱一边甩动头发,动作由慢到快,俯仰屈伸,颇为壮观。

高山族音乐中常出现交错拍子,舞蹈动作的节拍常与音乐的节拍不一致,较为自由。

在1980年全国少数民族会演中,福建代表队演出的"杵歌"使观众耳目一新。

歌舞曲《美丽的家乡》,在高山族中甚为流行,填入新词后,仍适宜边歌边舞。

思考题:

1. 壮族人民生活在什么地方?民间音乐中最有光彩的特点是什么?民间舞蹈有哪些表演形式?
2. 瑶族人民主要聚居在什么地方?民间歌舞的主要表演形式有哪些?
3. 黎族人民居住在什么地方?说出2—3种黎族民间舞蹈的表演形式。
4. 高山族人民居住在什么地方?民间舞蹈的主要表演形式有哪些?

参考书目

1. 中国舞蹈艺术研究会筹委会编：《中国民间舞蹈选集》，艺术出版社，1954年。
2. 彦克著：《丰富多彩的藏族歌舞》，长江文艺出版社，1956年。
3. 新疆维吾尔自治区文化厅十二木卡姆整理工作组记谱、整理：《十二木卡姆》（上、下册），音乐出版社、民族出版社，1960年。
4. 〔朝〕文河渊、文钟祥著：《朝鲜音乐》，音乐出版社，1962年。
5. 中国音乐研究所编：《西藏民间歌舞——堆谐》，人民音乐出版社，1980年。
6. 中国音乐研究所编：《西藏古典歌舞——囊玛》，人民音乐出版社，1980年。
7. 李瑞林、战肃容编著：《东北大秧歌》，上海文艺出版社，1981年。
8. 李才秀、罗雄岩、纪兰蔚编著：《维吾尔族民间舞蹈》，上海文艺出版社，1981年。
9. 沈知白著：《中国音乐史纲要》，上海文艺出版社，1982年。
10. 胡登跳著：《民族管弦乐法》，上海文艺出版社，1982年。
11. 苗晶、金西等编著：《山东民间歌曲论述》，山东人民出版社，1983年。
12. 张浔、刘志军编：《山东鼓子秧歌》，人民音乐出版社，1983年出版。
13. 李西安、军弛编著：《中国民族曲式》，人民音乐出版社，1985年出版。
14. 乌兰杰著：《蒙古族古代音乐舞蹈初探》，内蒙古人民出版社，1985年出版。
15. 包尔汉主编：《中国大百科全书·民族卷》，中国大百科全书出版社，1986年出版。
16. 袁炳昌、毛继增主编：《中国少数民族乐器志》，新世界出版社，1986年出版。
17. 陈卫业、纪兰蔚、马薇编：《中国少数民族民间舞蹈选介》，人民音乐出版社，1987年出版。
18. 刘恩伯、张世令、何健安编写：《汉族民间舞蹈介绍》，人民音乐出版社，1987年出版。

19. 陶立璠著：《民俗学概论》，中央民族学院出版社，1987年出版。

20. 杨渭宾等编写：《中国少数民族概观》，天津古籍出版社，1988年出版。

21. 吕骥、贺绿汀、吴晓邦主编：《中国大百科全书·音乐舞蹈卷》，中国大百科全书出版社，1989年出版。

22. 彭松、于平主编：《中国古代舞蹈史纲》，浙江美术学院出版社，1991年出版。

23. 吕艺生主编：《舞蹈大辞典》，中国戏剧出版社，1994年出版。

24. 袁禾著：《中国舞蹈意象论》，文化艺术出版社，1994年出版。

25. 袁炳昌、冯光钰主编：《中国少数民族音乐史》，中央民族大学出版社，1998年出版。

26. 纪兰蔚、邱久荣主编：《中国少数民族舞蹈史》，中央民族大学出版社，1998年出版。

27. 张志萍著：《傣族舞蹈教程》，中央民族大学出版社，2000年出版。

28. 袁静芳主编：《中国艺术教育大系·音乐卷·中国传统音乐概论》，上海音乐出版社，2000年出版。

29. 黄剑华著：《丝路上的文明古国》，四川人民出版社，2001年出版。

30. 罗雄岩著：《中国艺术教育大系·舞蹈卷·中国民间舞蹈文化教程》，上海音乐出版社，2001年出版。

31. 潘志涛主编：《中国艺术教育大系·舞蹈卷·中国民间舞教材与教法》，上海音乐出版社，2001年出版。

32. 田静主编：《中国舞蹈名作赏析》，人民音乐出版社，2002年出版。

33. 杜亚雄编著：《中国艺术教育大系·音乐卷·中国少数民族音乐概论》，上海音乐出版社，2002年出版。

图书在版编目(CIP)数据

裘柳钦民间舞蹈音乐文选 / 裘柳钦著. —北京:中央民族大学出版社,2014.2
ISBN 978-7-5660-0520-5

Ⅰ.①裘… Ⅱ.①裘… Ⅲ.①裘柳钦-自传 Ⅳ.①K825.76

中国版本图书馆CIP数据核字(2013)第238756号

裘柳钦民间舞蹈音乐文选

作　　者	裘柳钦
责任编辑	白立元
封面设计	魔弹文化
出 版 者	中央民族大学出版社
	北京市海淀区中关村南大街27号　邮编:100081
	电话:68472815(发行部)　传真:68932751(发行部)
	68932218(总编室)　　68932447(办公室)
发 行 者	全国各地新华书店
印 刷 者	北京宏伟双华印刷有限公司
开　　本	787×1092(毫米)　1/16　印张:21
字　　数	360千字
版　　次	2014年2月第1版　2014年2月第1次印刷
书　　号	ISBN 978-7-5660-0520-5
定　　价	68.00元(上、下)

版权所有　翻印必究